페미니즘하는 엄마

페미니즘 하는 엄마

파라 알렉산더 지음
최다인 옮김

불평등을 강요하는 세상에서
우리 아이를 행복한 인간으로 기르는 법

AGORA

차례

들어가며

밀레니얼 세대가 태어나기 시작한 1980년대에는 시간 여행이 크게 유행했다. 〈백 투 더 퓨처〉의 마티 맥플라이는 과거로 가서 미래의 자기 엄마와 썸을 타고, 〈엑설런트 어드벤처〉의 빌과 테드는 테드가 '완전 죽여주는' 것과는 거리가 먼 군사 학교에 끌려갈 위기에 처하자 타임머신을 활용해서 위험을 피한다. 사람들을 열광하게 했던 이런 영화들의 핵심 개념을 요약하자면 이렇다. 우리가 과거로 돌아가서 미래를 바꿀 수 있다면?

우리는 과거를 이해하고 현재와의 관계성을 알아보기 위해 역사를 공부한다. 현재 우리의 삶은 과거에 내린 결정의 합으로 이루어진다. 예를 들어 수정헌법 제1조가 제정되었기에 나는 지금 이 책을 쓸 수 있다. 나는 임신을 했고, 그래서 지금 두 아이가 있다. 나는 빨래를 하지 않았고, 그 결과 우리 애들은 오후 세 시인 지금도 잠옷 차림이다. 행동에는 영향이, 원인에는 결과가 따르게 마련이다.

과거로 돌아가서 미래를 바꾼다는 생각은 실현 불가능하다. 키아누 리브스가 시간 여행을 하는 게 무척 재미있어 보였지만, 참으로 안타깝게도 우리는 그렇게 할 수 없다. 홀로코스트 같은 전 지구적 비극을 막고자 시공을 넘어 히틀러에게 초콜릿 바를 건네줄 수 없다는 얘기다. 과거를 살짝 바꿔서 현재에 영향을 줄 수 있는 가능성은 전혀 없다.

하지만 변화를 끌어낼 수 있는 가능성 자체는 사라지지 않았다. 과거가 현재에 영향을 준다는 것이 명백한 사실이라면 현재는 미래에 영향을 미치지 않겠는가? 과거에 한 사람이 했던 사소한 행동이 미래에 커다란 영향을 미친다고 한다면, 우리는 미래를 바꾸기 위해 지금 어떤 행동을 해야 할까?

주변을 둘러보면 현재 세상은 마치 불타오르는 것처럼 보인다(기후 변화를 진지하게 받아들이지 않으면 머지않아 세상이 문자 그대로 불타오르겠지만). 미국은 심각하게 분열되었다. 리얼리티 TV 쇼 진행자(도널드 트럼프는 〈어프렌티스〉라는 TV 쇼를 진행한 경력이 있다—옮긴이)를 미국 대통령으로 뽑는 것은 좋은 선택이 아니었음이 밝혀졌다. 민주주의는 쇠퇴하고 있다. 사람들은 고통받는다. 전례 없는 전염병이 돌고, 사람들은 이제 종말의 징조인 메뚜기 떼가 나타나는 것은 아닌지 불안해 한다. 뉴스 속보가 뜨면 사람들은 말한다. "아, 젠장. 이번엔 뭔데?" 상황은 정말로 좋지 않다.

너무 좋지 않은 나머지 역사에 기록될 정도다. 이 순간들은 미래의 역사책에 새겨져 길이 남을 것이다. 이 시대를 공부할 우리 손주들은 당신이 어디서 무얼 하고 있었는지 궁금해하리라. 현재 당신의 행동은 이 시대의 기록으로 남을 것이다. 어떻게 해야 손주 앞에서 당당히 대답할 수 있을까?

역사를 되짚어 볼 때 자신이 '착한 편'에 속하는 사람이라고 생각하는가? 당신은 안네 프랑크의 일기를 읽으면서 당신도 아우슈비츠에서 학살당할 운명에 처한 유대인을 구하기 위해 법을 어길 수 있다고 생각했는가? 사실 그런 상황이라면 자신이 어떻게 행동했을지 궁금해 할 필요는 없다. 지금 무엇을 하고 있는지 확인해보면 되기 때문이다. 지금도 수용소에 있는 수많은 난민들은 유예 상태로 망명을 허락받을 수 있을지, 아니면 돌아가면 죽을 게 뻔한 본국으로 송환될지를 초조하게 기다리고 있다. 마틴 루서 킹의 「버밍햄 교도소에서 쓴 편지」를 읽으면서 당신도 인권을 위해 그와 함께 행진했을 게 틀림없다고 생각했나? 하지만 여전히 흑인은 무분별하고 냉혹하게 죽임을 당하기에 블랙 라이브스 매터(Black Lives Matter, 흑인의 생명도 소중하다) 운동이 존재하며, 흑인 인권운동은 계속되고 있다. 세상을 바꿀 기회는 지금도 주변에 널려 있다.

엄마들은 현재를 바꿔 미래에 영향을 미칠 수 있는 독특한 위치에 있다. 편견, 여성혐오, 불평등에 맞서는 저항운동을 이끄는 사람들은 대체로 여성, 특히 엄마들이다. 유모차를 끌고 시위에 나서거나 힙시트로 아기를 안은 채 유권자로서의 권리를 행사하는 사회운동가들 말이다. 그 순간 우리는 단지 사회운동에 참여하는 게 아니라 미래를 키우는 중이다.

현재 온 사방에 만연한 혐오와 편견이 없는 세상에 살고 싶다면 우리 아이들에게 사랑과 평등을 가르쳐야 한다. 이 작은 인간들을 키워내는 엄마라는 역할의 장점은 우리 뜻대로 아이들의 세상을 빚을 수 있다는 것이다. 당신이 인간은 누구나 존중과 품위, 공정함으로 타인을 대해야 한다고 믿는다면 아이 또한 그것을 진실로 믿도록 가르쳐야 한다. 아이가 더 따뜻하고 정의로운 미래에서 살아가기를 원한다면 정말로 그런 세상이 오도록 온 힘을 다해 노력해야 한다.

가족의 바쁜 스케줄을 소화하는 사이사이에 학교 과제물과 방과 후 활동을 끼워넣고, 회사 일로 바쁘지만 아이 숙제까지 도와주는 엄마들은 참 대단한 사람이다. 그렇게 정신없는 와중에 우리는 차별에 맞서고 세상도 구해야 한다.

이 책에서는 사회운동으로 변화를 끌어내기 위해 싸울 때 갖춰야 할, 또는 더 갈고닦아야 할 도구를 제시한다. 자신의 시간, 능력, 부모라는 위치를 활용해서 당신은 이 세상에 뚜렷한 영향을 미칠 수 있다. 이 책을 길잡이 삼아 당신의 힘을 십분 활용하고 열정을 행동으로 바꾸는 방법을 배워보자.

엄마로서 우리가 느끼는 문제점들은 수없이 많다. 이 책에서 나는 그런 문제, 예를 들어 여성의 재생산 권리 침해 위협, 여성을 위한 적절한 의료 및 자기 관리 지원 부족, 가정 내 불평등, 공동체 내 불평등, 엄마 전쟁, 정계에서의 여성 대표 부족 등을 하나씩 자세히 다룰 예정이다.

하지만 당신이 현재 상황에 화만 내도록 놔둘 생각은 아니다. 각 문제를 다룰 때는 거기 맞서기 위해 쉽게 실천할 수 있는 방법을 제시할 것이다. 특별히 나쁜 의도가 있는 건 아니지만 누군가를 차별하는 발언을 한 친척의 말을 바로잡아주는 등의 아주 간단한 방법도 있다("이제 추수감사절에 인종차별 발언은 그만 하세요, 마이크 삼촌. 그쪽에 있는 감자 좀 주시고요"). 공직에 직접 출마하기 같은 직접적 노력이 필요한 방법도 있다. 시간 투자와 난도에서 차이는 있지만, 접근성과 능력 면에서는 모두 충분히 실행 가능한 방법이다. 직접 해결하러 나서보면 아이스크림 통을 끌어안고 분노에 찬 트윗을 올릴 때보다 훨씬 기분이 좋아질 것이다(경험에서 우러나온 이야기다).

우리에게는 여러 문제들이 있다. 아이들이 알아서 예의범절을 배우고 채소를 덥석덥석 먹게 될 리가 없는 것과 마찬가지로 그 문제들도 저절로 해결되지 않는다. 또한 아이에게 엄마가 필요하듯 지금 우리 사회와 나라에도 엄마가 필요하다. 더 나은 내일을 위해 세상을 바꿀 아이들을 키워내자.

1부

선택

1장
집 안에 가부장제를 들이지 마라

파시즘, 편견, 소수자 혐오, 그 외 불의에 맞서는 저항의 역사를 살펴보면 그 투쟁들의 중심에는 늘 페미니즘이 있었다. 여성의 권리가 바로 인권이라는 선언이 나온 지 이미 오래지만, 세계 곳곳에서는 여전히 여성 억압이 벌어지고 있다. 이런 사태의 심각성을 제대로 파악한 인물 가운데 한 명이 바로 지미 카터였다.

맞다. 그 지미 카터 얘기다. 진짜배기 페미니스트라는 말에 전직 대통령이자 땅콩 농장주였던 카터를 곧바로 떠올리기는 아마 어려우리라. 하지만 인권 문제의 권위자였던 그가 여성 억압을 중요한 문제로 인정했다는 점에서 가부장제가 전세계 여성에게 끼치는 해악이 얼마나 심각한지 잘 알 수 있다.

신앙심과 신념이 강했던 카터는 어떻게 하면 인권을 보호하고 증진시킬 수 있을지 그 해답을 찾는 것을 필생의 업으로 삼았다. 수십 년간 세계를 돌며 비할 데 없이 폭넓은 견문을 쌓은 뒤 그는 지구상에서 벌어지는 인권 침해 중 가장 심각한 것은 여성과 소녀 들이 겪는 학대라는 결론을 내렸다.

그 근거로 카터는 종교적 신념, 또는 그의 표현에 따르자면 종교적 곡해 탓에 여성들이 강제 결혼, 여성 성기 절제, 명예살인 등의 희생자가 된다는 사실을 지적했다. 더불어 빈곤층 착취와 구금 문제를 다루며 인신매매, 성폭행, 임금 차별과 유색인 여성에게 더욱 가중되는 학대를 언급했다.

카터는 세상을 바로잡기 위해 자기 본분을 다하고 싶다면 무엇보다 먼저 여성을 대하는 방식을 바꿔야 한다는 점을 이해하는 사람이었다. 그가 지적한 문제는 몇십 년 전 또는 먼 곳의 외국 여성들만 겪는 문제가 아니다. 그런 일들은 바로 지금 여기서 벌어지고 있다. 하지만 여성을 위해 더 나은 미래를 가꾸어나갈 수 있는 희망은 존재하며, 그 임무에 앞장설 사람은 바로 엄마들이다.

부모는 자기 아이의 세계를 빚어낸다는 멋지고도 벅찬 책임을 맡게 된다. 아이는 궁금한 것이 수없이 많고 부모는 아이의 빈칸을 채워주어야 하며, 부모의 대답은 그대로 아이의 진실이 된다. 아이는 세상에 관해 부모가 가르쳐주는 것이라면 뭐든지 빨아들이는 스펀지임을 깨달은 순간, 나는 변화를 주도할 꼬마 페미니스트들로 세상을 가득 채워버리자는 사악한 계획을 세우기 시작했다.

자, 생각해보자. 한밤중에 아이가 자는 동안 날개 달리고 반짝거리는 요정이 방에 들어와서 빠진 이를 가져간다고 당신이 얘기하면? 아이는 그 말을 믿는다. 덥수룩한 수염에 빨간 옷을 차려입고 겨울마다 굳이 굴뚝으로 비집고 들어와서 선물을 두고 가는 낯모를 이타주의자는 또 어떤가? 애들은 있을 법한 얘기라고 생각한다. 이와 비교하면 남자와 여자가 동등하게 대우받아야 한다고 가르치는 것은 그렇게 터무니없는 얘기는 아닐 것이다.

재앙과도 같았던 2016년 대선 이래로 믿을 수 없을 만큼 여성 차별적인 사건이 거듭 벌어졌다. 계속 뒤로 밀쳐지는데도 묵묵히 앞으로 나아가기란 몹시 힘든 일이다. 그렇기에 낙담한 엄마들이 묻는 소리가 끊임없이 들려온다. "이제 어쩌죠? 어떡해야 하나요?"

그냥 엄마로 있으면 된다.

당신이 세상에서 보고 싶은 변화는 가정에서 시작된다. 부모에게는 아이를 세상에 필요한 사람으로 키워낼 힘이 있다. 성평등을 지지하고 편견을 거부하며 신념을 지키려고 행동하는 자세를 가족의 가치관으로 삼을 수 있다는 뜻이다.

성역할과 정치 성향이 정해지는 과정에서 아이들이 자기 부모를 똑같이 흉내 내지는 않는다. 하지만 아이가 부모와 맺는 관계, 그리고 가정 내에서 특정 주제를 다루는 방식은 그 과정에 큰 영향을 미친다. 당신 아이가 부모와는 정반대로 극우 언론에서 퍼뜨린 유행어를 주워섬기며 지배 계층 남성에게 가해지는 상상 속 탄압에 분개하는 불평분자가 될 일은 절대로 없다고 보장하기는 어렵지만, 적어도 그렇게 될 확률을 줄일 수는 있다.

아이는 복잡한 감정을 느낄 줄 알며 이 드넓은 세상에서 자기 길을 찾으려고 애쓰는, 아직 배우는 중인 꼬마 어른이다. 지금은 엄마가 하는 이빨 요정 이야기를 믿을지 모르지만, 아이는 곧 세상이 어떻게 돌아가야 하는지에 관한 자기만의 이론을 내세우며 독립적이고 비판적으로 생각하게 될 것이다.

정치학자 크리스토퍼 오제다와 피터 하테미는 부모의 정치적 성향과 청소년기에 지지 정당이 정해진 이후 자녀의 정치적 성향 사이의 관련성을 연구했다.

그 결과 부모와의 관계가 건전하고 부모의 지지와 감정적 연대를 강하게 느낄수록 청소년 자녀가 부모와 같은 정치적 성향을 공유할 가능성이 크다는 사실이 밝혀졌다. 반면 부모와의 관계가 부정적이며 부모가 정치에 관한 자녀의 생각과 감정을 무시한다면 자녀는 부모의 정치관을 거부할 가능성이 높은 것으로 나타났다.

하지만 아이와 긍정적 관계를 유지하는 것은 아이가 언젠가 정치나 성평등 같은 문제에 관한 부모의 신념을 공유하도록 유도하기 위한, 자기 잇속만 차리는 행위가 아니다. 그건 그냥 좋은 육아다!

아이를 가부장제가 가장 두려워할 만한 존재로 키우기 위한 몇 가지 방법을 알아보자.

당신의 자녀를 존중하라

파란 컵이 아니라 녹색 컵을 줬다고 아득바득 떼를 쓰는 아이에게 공감하려고 애쓰는 것이 얼마나 속 터지는 일인지 나도 잘 알지만, 지독히 어렵더라도 아이를 이해하고 공감하려 최대한 노력해보자. 남에게 공감하고 타인을 진심으로 대하며 그들의 어려움을 이해하는 태도는 연민의 토대가 되며, 많은 경우 연민은 정치적 행동에 나서도록 우리를 이끄는 계기로 작용한다. 더불어 부모는 사회운동에 나설 때뿐 아니라 가정에서 자기 아이에게 연민을 보일 줄 알아야 한다.

아이의 감정을 인정해주자. 아이가 속상하다고 할 때 "별일 아니야"라는 말로 아이의 감정을 무시하는 것은 바람직하지 않다. 대신 아이가 자신의 감정을 파악하도록 이끌면 아이를 적절한 방식으로 도울 수 있다. 아이가 자기 기분을 말할 때는 귀를 기울이자. 감정은 아이에게 진지한 문제이므로 부모가 자기 말을 들어준다는 느낌을 받는 것이 중요하다.

심리학자처럼 굴며 아이의 감정을 완전히 해부하려 들 필요는 없다. 그저 당신이 아이 말을 듣고 있으며 아이 기분을 이해한다는 점만 알려주면 된다. 그냥 "지금 너는 슬픈 기분이구나. 엄마가 옆에 있을게" 정도면 충분하다.

대화의 창구를 열어둠으로써 부모는 아이의 안식처가 된다. 아이는 마음이 아플 때 당신에게 오면 당신이 귀 기울여주고 위로해주리라는 확신을 갖게 될 것이다. 아이가 자라면서 까다로운 질문을 하거나 속내를 털어놓을 사람이 필요해질 때 이런 유대감이 특히 중요한 역할을 한다.

아기 말투는 되도록 쓰지 말자. 아이는 대체로 남들보다 훨씬 작고 서툰 사람이지만, 그 역시 사람이다. 그러므로 대화 수준을 높여, 아이를 대할 때도 어른을 대할 때와 크게 다를 바 없이 말하려고 노력하는 편이 좋다. 기본적이고 복잡하지 않은 단어를 사용하되, 옹알이 하듯 귀여운 척하는 말투는 쓰지 말자.

누군가가 갑자기 자기 동년배에게 쓰는 것보다 훨씬 단순하고 기본적이고 유치한 말투로 당신에게 말을 걸었다고 상상해보자. 아니, 이 책을 읽는 당신이 성인 여성이라고 가정하면 어차피 맨스플레인에 이골이 났을 테니 굳이 상상할 필요도 없으리라. 알다시피 그런 말투는 기분이 나쁘다. 상대가 나를 얕잡아 보며 무시하는 느낌이 들기 때문이다. 반면 부모가 어른을 대할 때와 똑같은 방식으로 아이에게 말을 걸면 아이는 부모가 다른 어른만큼 자신을 존중한다는 사실을 깨닫게 된다.

특정 나이에 이른다고 아이가 마법처럼 갑자기 자신을 존중받을 가치 있는 존재로 여기게 되는 것은 아니다. 일찍부터 일상적으로 아이에게 존중을 보이자. 아이는 곧 자신이 존중받을 만한 존재라고 여기게 될 테고, 자신이 받아 마땅한 존중을 표하지 않는 사람이 나타나면 우리 바람대로 그 상황을 알아차리고 부당함을 참지 않는 사람으로 자랄 것이다.

우리 사회에서 아이들은 부당한 대접을 받거나 마땅히 받아야 할 온정을 누리지 못할 때가 너무나 많다. 아이로 산다는 것은 그리 만만한 일이 아니다. 어린 시절에 겪었던 힘든 경험에 큰 상처를 받아 어른이 된 지금까지 잊지 못하는 사람도 적지 않다. 아이들은 항상 부모의 규칙 아래서 살아가며, 허락 없이는 자기 인생에 관련된 결정도 스스로 내리지 못한다. 물론 관리 감독은 중요하다. 내버려두면 아이들은 설탕 범벅 시리얼만으로 연명하고 유튜브에서 본 온갖 목숨 건 묘기를 따라 할 게 뻔하기 때문이다. 그래서 부모의 규칙은 중요하지만, 아이는 답답하다고 느낄 수 있다.

아이들은 종종 가혹한 취급을 받으면서도 어른과 똑같은 방어 수단을 동원하지 못한다. 누가 나를 때리면 나는 그 사람을 폭행죄로 고소할 수 있다. 폭행은 불법일 뿐 아니라 옳지 않다. 의도적으로 남을 아프게 하는 행위는 허용되지 않는다. 사람들은 대부분 자기 자녀에게 남에게 손대면 안 된다는 이 규칙을 기본으로 가르친다. 하지만 부모가 아이를 때리는 것은 그다지 큰 문제가 아니라고 생각하는 사람들이 많다. 반세기도 더 전부터 체벌이 아동에게 해로움을 증명하는 연구 결과가 수없이 나왔음에도 여전히 체벌은 정당한 벌의 한 형태로 취급받으며 널리 행해진다. 왜 어린이는, 아직 발달 중이며 모든 사람 가운데 가장 연약한 아이들은 어른과 똑같은 권리를 인정받지 못할까?

체벌은 아이를 존중하지 않는 행동의 한 예다. 아이를 때린다는 것은 아이에게 연민을 보이지 않는다는 뜻이며, 즉각적인 신체적 고통을 가하는 동시에 장기적 악영향을 끼치는 해로운 행위다. 하지만 체벌이라는 개념 자체와 이를 용인하는 사회 분위기에서 가장 우려스러운 것은 어린이를 어떤 식으로든 어른과 다르고 더 열등한 존재로 본다는 점이다. 그런 식으로 체벌은 정당화된다. 그건 연민이 아니라 억압일 뿐이다. 가정 내에서 억압을 허용하면서 어떻게 세상의 억압에 맞서 싸울 수 있을까? 우리는 항상 남에게 연민을 베풀어야 하며, 자기 아이도 그 대상에 포함된다는 점을 잊지 말아야 한다.

분홍과 파랑의 이분법에서 벗어나자

미국에서는 임신 중에 의사가 아이 성별을 알려주면 친지를 초대해서 여는 '성별 공개 파티'가 여전히 유행하고 있으며,

이런 파티에서는 대개 성별에 따라 둘 중 하나를 고르게 되어 있는 장식품이 활용된다. 리본일까요, 콧수염일까요? 하이힐일까요, 자동차일까요? 보석일까요, 권총일까요? (안타깝게도 마지막 것도 진짜로 있다.)

파란색이 딸이거나, 분홍색이 아들이면 뭐 어떤가? 복잡하게 생각하지 말자. 아직 세상에 나오지도 않은 아기에게 성별에 관한 선입견을 갖다 붙일 필요는 없다. 이런 고정관념은 모두 사회적 산물일 뿐이다. 19세기에는 분홍색이 힘을 상징하는 남성적 색깔로 간주되어 남아 전용으로 쓰였고, 파란색은 여성성을 상징한다고 해서 여아에게 주로 쓰였다. 하지만 19세기 사람들도 아기 옷은 금방 더러워지고 얼룩은 표백해야 지워진다는 사실을 알았기에 성별과 관계 없이 아기에게는 그냥 흰색 옷만 입혔다. 어린아이들은 성별에 따라 특정 색깔을 선호하는 경향이 없다는 사실이 과학적으로 밝혀지기도 했다.

솔직히 젖먹이 딸에게 나풀나풀한 드레스를 입히거나 아들에게 꼬마 신사 같은 단추 달린 셔츠를 입히고 싶은 마음은 이해한다. 갓 태어난 아기는 처음에는 딱히 남자티나 여자티가 나지 않기 때문이다. 대부분은 그냥 감자처럼 생겼다.

하지만 아들이나 딸을 임신해서 당신이 품었던 소소한 꿈들을 아이가 전부 받아주지는 않을 가능성도 염두에 두어야 한다. 어쩌면 당신 딸은 발레 학원에 가기 싫어하지만, 아들이 가고 싶어할지도 모른다. 아들은 축구를 싫어하지만, 딸은 좋아할지도 모른다. 처음부터 아이가 하고 싶은 대로 하도록 놔둬보자. 아이에게 자기가 즐기는 것을 직접 찾아낼 자유를 주자. 아들이든 딸이든 상관 없이 다양한 장난감을 가지고 놀게 하자. 성별과 관계 없이 인형과 트럭에 관심을 보이는 아이를 보고 깜짝 놀라게 될지도 모른다.

성별 구분형 장난감 뒤에 숨은 논리는 성차별적일 때가 많다. 왜 여자아이는 소꿉놀이를 하고 인형을 재울까? 그래야 집안일을 하고 아이를 키우는 연습을 할 수 있어서란다. 그렇다면 언젠가 아빠가 될 남자아이들도 똑같이 인형을 가지고 놀아야 말이 되지 않을까?

어린이는 놀이를 통해 배우며, 연구에 따르면 다양한 장난감은 다양한 능력을 길러준다고 한다. 퍼즐과 블록 같은 장난감은 시각적·공간적 능력 성장을 촉진한다. 일반적으로 남자아이는 이런 장난감을 가지고 노는 경향이 있으며 공간 지각 능력에서 더 뛰어나다. 인형이나 찻잔 세트 같은 장난감은 사회성과 소통 능력을 기른다. 여자아이는 이런 장난감을 가지고 노는 경향이 있으며 대개 남자아이보다 사교성 측면에서 앞선다.

이런 능력은 아동의 성장에 매우 중요하며 지속적 영향을 미친다. 아이가 성별 구분형 장난감만을 가지고 놀게 하는 부모는 아이가 폭넓은 능력을 키울 기회를 제한하고 있는 셈이다. 그러므로 남자애는 인형 따위를 가지고 놀면 이상해져서 안 된다고 간섭하는 고리타분한 심술쟁이 친척 아저씨들의 말은 틀렸다. 도리어 남자아이는 인형을 가지고 놀지 않으면 이상해질 것이다.

모든 아이들은 성별과 관계 없이 다양한 장난감을 가지고 노는 것이 가장 바람직하다. 한 종류의 능력만 강화하는 대신 다양한 장난감을 접하면서 공간 지각력과 사회성을 동시에 키울 수 있기 때문이다.

아이들이 전통적 성역할에서 벗어나는 것은 좋지 않다고 생각하게 되는 것은 주로 외부의 영향, 특히 광고의 영향 탓이다. 잡지 《성역할》에 소개된 연구에 따르면 성별에 따른 전형적 역할을 보여주는 광고에 노출된 아동은 그런 정해진 틀에 자신을 맞추려는 경향이 강해진다고 한다.

실험은 다음과 같이 진행되었다. 우선 한 무리의 여자아이들에게 광고를 보여준다. 광고에서는 한 소녀가 이렇게 말한다. "안녕! 내가 제일 좋아하는 장난감은 마이 리틀 포니야." 광고를 본 여자아이들은 곧 다양한 장난감을 건네받았고, 광고에 나온 아이와 똑같이 조랑말 장난감을 골라서 가지고 놀았다. 남자아이들에게도 이와 비슷하게 남자 어린이가 나와서

"안녕! 내가 제일 좋아하는 장난감은 자동차야"라고 말하는 광고를 보여준다. 여자아이들 때와 마찬가지로 남자아이들은 광고를 본 뒤 자동차를 골라서 가지고 놀았다.

이번에는 다른 여자아이들에게 다른 광고를 보여주고, 이번 광고에서는 여자아이가 "안녕! 내가 제일 좋아하는 장난감은 자동차야"라고 말한다. 그렇다면 이 여자아이들은 뭘 가지고 놀았을까? 자동차다. 다른 남자아이들에게도 같은 시나리오의 실험이 진행되었다. 새로운 광고(남자아이가 마이 리틀 포니를 가지고 노는)를 본 뒤 남자아이들은 놀이 시간에 조랑말 장난감을 골랐다.

〈퍼피 구조대〉를 연달아 보는 동안(그게 나쁘단 말은 아니다) 툭툭 튀어나오는 광고, 그리고 어른과 또래 친구 들이 던지는 메시지 사이에서 아이들은 어떤 장난감은 자기가 가지고 놀아도 되고 어떤 것은 그렇지 않다고 생각하게 되고, 이는 아이의 선택에 커다란 영향을 미친다.

부모로서(그리고 주로 장난감을 구매하는 소비자로서) 우리는 장난감 회사와 상점이 성 고정관념을 강화하는 어리석은 짓을 그만두도록 영향력을 행사할 수 있다. 부모들이 주도하는 시민단체인 '렛 토이스 비 토이스'는 성별에 따른 장난감 구분을 없애야 한다고 목소리를 높였고, 실제로 성과를 거두고 있다. 예를 들어 대형마트 체인점인 타깃은 남아용 장난감과 여아용 장난감을 따로 진열하던 방식을 버리고 성 중립적 장난감 판매대 하나로 통합하겠다고 발표했다.

장난감만큼은 아이가 직접 선택하게 두고, 네가 좋아하는 것을 계속 좋아해도 괜찮다는 점을 분명하게 알려주자. 남자아이가 블록과 기차를, 여자아이가 인형과 주방 놀이 세트를 가지고 놀아도 문제는 전혀 없지만, 먼저 아이에게 가능한 모든 선택지를 보여주고 스스로 원하는 것을 고를 자유를 주어야 한다.

당신은 어떤 말을 하고 있는가

자기 아들이 말썽을 부리면 남자애는 원래 그렇다고 변명하는 부모들이 있다. 물론 그렇게 말하기가 쉽다는 건 나도 안다. 나는 아이들에게 전형적 성별 표준을 넘어서는 자유를 주려고 노력했고, 우리 아들과 딸은 여러 면에서 완전히 딴판이다. 딸은 모험심 강하고, 감정적이고, 활발하고, 그리고 좀…… 시끄럽다. 아들은 주의깊고, 다정하고, 친절하고, 역시 시끄럽기는 하지만 딸의 필살기인 귀청을 찢을 듯한 비명을 선보인 적은 없다.

나 또한 무심코 이렇게 생각한 적이 있다. '이건 얘가 여자애라서 그런가?' '남자애들은 원래 이런 걸까?' 나도 모르게 우리 꼬마 공주님, 우리 멋쟁이 아들이라며 아이들에게 판에

박힌 칭찬을 퍼부은 적도 있다. 물론 가끔 실수하는 건 괜찮다. 하지만 부모가 아이에게 성별에 관한 이야기를 할 때는 어떤 어휘를 사용하는지에 세심하게 주의를 기울여야 한다.

자기 아들이 말썽을 부렸을 때 '남자애들은 다 그렇다'고 변명하지 말자. 남자아이도 여자아이와 마찬가지로 지적이며 자기 행동을 교정할 능력이 있다. 아이가 정해진 규칙을 따르게 하라. 아이의 성별에 따라 다른 규칙을 적용해서는 안 된다. 당신은 충분히 할 수 있다! 아이가 꼬마 허리케인이 되어 눈에 보이는 것들을 몽땅 파괴한다 해도 그건 그 아이가 아들이기 때문이 아니다. 모든 아이가 별 이유 없이 가끔 그러듯 청개구리 짓을 하는 것뿐이다.

마찬가지로 딸이 전형적인 '여자애다운' 말썽을 부린다고 적당히 넘겨서는 안 된다. 딸이 마트 한복판에서 울며불며 귀가 떨어질 듯한 비명을 지른다면 그냥 도망쳐. 아니, 방금한 말은 농담이다. 당장 아이의 행동을 제지하고, 사람들 앞에서 목청껏 소리를 지르는 행위는 용납되지 않는다는 걸 아이에게 단단히 일러야 한다.

아이가 옳지 않은 행동을 한다면 즉시 바로잡아줘야 하며, 특정 행동이 여자아이나 남자아이에게 전형적으로 나타난다는 고정관념을 버리는 것이 중요하다. 어떤 사람들은 살아가는 내내 자기 행동의 결과를 책임지지 않으며, 주변 사람들이 그것을 용인해주는 경우도 있다. 도널드 트럼프가 TV 쇼 〈액세스 할리우드〉의 인터뷰 전에 특파원 빌리 부시에게 자기가 "여자 거기를 움켜잡았다"고 자랑했을 때, 많은 수의 사람들이 그의 언행을 그냥 '남자들끼리 하는 농담'이며 남자 특유의 철없는 짓(쉰여섯 먹은 남자가 저지른 성추행이 아니라)이라고 감싸며 그를 미국 대통령으로 뽑은 것처럼 말이다.

부모로서 우리는 아이가 대중매체에서 보이는 이런 예에 물들지 않도록 끊임없이 주의해야 한다. 아이들이 아장아장 걸어다닐 때는 별일 아닐지 모르지만, 그런 행동을 계속 봐주다 보면 돌연변이 여성혐오자를 키워내게 될지도 모른다.

대중은 종종 여성에게 가혹하고 남성에게 관대한 성차별적 이중 잣대를 들이밀기도 한다.

여성에게는 너무 감정적이라는 고정관념이 씌워진다. 그래서 권위 있는 자리에 오르려는 여성은 인간적 모습과 감정을 지나치게 드러내지 않는 절제 사이에서 균형을 잡아야만 한다. 여성이 감정을 너무 적게 드러내면 날카롭고 차갑다고 비판받는다. 하지만 당연하게도 사람들이 보기에 딱 적당한 만큼의 기준을 조금이라도 벗어나면 여성은 불안정하며 감정적이라서 안 된다는 평가를 받는다.

힐러리 클린턴을 예로 들어보자. 리비아 벵가지에서 미 영사관이 습격당해 미국인 네 명이 사망한 사건으로 힐러리 클린턴은 상원에서 열린 청문회에 출석했고, 열한 시간에 걸쳐 공화당 상원의원들이 맹공을 퍼붓는 동안 차분하게 질문에 답했다.

까다로운 질문에 감정적으로 굴거나 화를 내지 않고 솔직히 답한 꿋꿋함과 체력을 칭찬받는 대신 그녀는 충분히 감정을 내보이지 않았다고 비판받았다. 폭스 뉴스 아나운서 K. T. 맥팔랜드는 벵가지 청문회를 통해 클린턴의 영혼을 엿볼 수 있었으며 그건 아주(불길한 음악 주세요) "소름 끼쳤다"고 말했다(맥팔랜드는 나중에 트럼프 행정부에서 상원 인준이 필요 없는 자리인 국가안전보장회의 부보좌관으로 발탁되었다).

그런가 하면 이해될 만한 상황에서 실제로 감정을 드러내도 여성은 여전히 비판받는다. 크리스틴 블라지 포드 박사는 자신이 10대였을 때 대법관 후보 브렛 캐버너가 자신을 강간하려 했다고 증언하며 갈라진 목소리로 눈물을 삼켰다. 블라지 박사는 이런 증언을 함으로써 얻을 것보다 잃을 것이 훨씬 많을 명망 높은 학자였고 진실만을 말하겠노라 선서를 했음에도 불구하고, 그녀의 증언을 들은 많은 사람들은 그녀가 감정을 꾸며내는 거짓말쟁이라고 일축했다.

남자들은 비슷한 상황에서 클린턴과 블라지보다 훨씬 감정적인 모습을 보였지만, 그들의 행동은 용납되었을 뿐 아니라 오히려 칭송받았다. 여러 여성이 대법관 후보 브렛 캐버너를

성적 위법 행위로 고발한 후 캐버너는 이 혐의와 관련해 상원에서 증언대에 섰다. 청문회 도중 캐버너는 눈물을 훔치고, 상원의원들을 조롱하고, 버럭 화를 내고, 자신이 얼마나 맥주를 좋아하는지 서른 번이나 언급했다.

청문회 과정에서 캐버너는 린지 그레이엄 같은 공화당 상원의원들에게 칭찬을 받았다. 그레이엄은 청문회를 '지옥'이라고 표현하며 캐버너 같은 선량한 남자가 이런 혐의로 무너져서는 안 된다고 거듭 강조했다. 청문회 후 캐버너는 결국 미국 사법부 최고 기관에 입성했다.

폭력적이고 유해한 행동이 전형적 남성성으로 치부되어 용서받는 사례가 너무 많다. 남자들은 다 그렇다는 해로운 고정관념에 둘러싸여 자라는 남자아이는 유해한 남성성을 갖추는 것이 진정한 남자가 되는 것이라 생각하기 쉽다.

'유해한 남성성'이란 용어는 종종 급진파 페미니스트나 쓰는 말로 폄하되지만, 사실 이 논의를 처음 시작한 사람은 남성이었다. 성평등 교육자 잭슨 캐츠는 TED 강연에서 여성이 겪는 폭력에 관해 다루며 종종 '여성 문제'로 취급되는 가정폭력과 성폭력은 사실 본질적으로 남성의 문제라고 설명했다. 캐츠는 폭력적 행위는 남성성의 정의 자체와 연결되어 있고, 우리 모두 유해한 남성성을 변화시키는 데 앞장서야 한다고 주장했다.

남자라고 태어날 때부터 폭력적이지 않고, 여자라고 태어날 때부터 연약하지 않다. 연구에 따르면 남아와 여아의 사고방식에는 별 차이가 없다. 이들이 보이는 '여자애다운', 또는 '남자애다운' 행동은 단지 학습된 것일 뿐이다.

물론 우리 아이들은 학교나 또래 친구, 친척, TV 등으로부터도 사회화와 관련된 영향을 받지만, 여자 또는 남자로서 어떻게 살아가야 하는지 가르친다는 점에서 부모의 영향력은 실로 막대하다.

그러므로 굳이 구분 짓는 대신 성별과 상관 없이 그냥 우리 아이들에게 어떤 어른으로 자라야 한다고 가르치는 것은 어떨까? 남자아이든 여자아이든 똑똑하고, 다부지고, 꿋꿋하고, 상냥할 수 있다.

여자라고 해서, 또는 남자라고 해서 좋은 인간이 되지 않아도 될 이유는 없다.

본보기의 중요성

아이들은 가정과 사회에서 남성과 여성이 하는 역할을 보면서 많은 고정관념을 학습한다. 특정 분야에서 한 성별이 활동하는 모습밖에 보지 못했다면 아이는 당연하게도 그 분야가 한 성별의 전유물이라고 생각하게 된다.

아이들은 아주 일찍부터 자라서 어떤 사람이 되고 싶은지 생각하기 시작한다. 만 네 살 어린이들은 대부분 뚜렷한 장래 희망이 있지만, 직업을 생각할 때 성별에 따른 강한 편향을 보인다. 남자아이는 전형적으로 남자의 일로 여겨지는 직업(소방관! 경찰관! 조종사!)을 고르는 경향이 있다. 여자아이는 대개 전형적으로 여자가 맡는 직업(엄마! 선생님! 간호사!)을 택한다. 물론 나이가 어릴 때는 여전히 상상력의 영향도 적지 않으므로 커서 유니콘이 되고 싶다고 말하는 아이도 있다.

자라면서 아이들은 장래 희망을 더 현실적으로 바라보기 시작한다. 상상 속 유니콘은 사라지고, 유감스럽게도 성별에 따른 편견은 점점 굳어진다. 하지만 편견에 맞서 아이들에게 자신이 꿈꾸는 모습대로 될 수 있다고 가르치는 것은 불가능하지 않다.

아이의 장래 희망과 관련된 고정관념을 타파하는 과정에서 가장 큰 걸림돌을 치우는 방법은 아주 간단하다. 그저 너도 할 수 있다고 말해주면 된다. 아이들이 고정관념을 품는 이유는 단지 그때까지 본 근거가 그것뿐이며 그렇지 않다고 말해주는 어른이 없었기 때문일 때가 많다. 연구에 따르면 언어는 어린이에게 자신의 꿈이 성별로 제한되어서는 안 된다고 알려주는 데 매우 효과적인 도구가 될 수 있다.

특정 직업을 가리키는 단어의 기본형이 한쪽 성별만을 가리키는 것으로 굳어진 경우도 많다. 따라서 직업을 뜻하는 단어를 사용할 때는 주의할 필요가 있다. 예를 들어 기본적으로 의사는 남성, 간호사는 여성으로 상정하고 반대의 경우를 '여의사'와 '남간호사'로 부르는 습관은 지양해야 한다. 언어상의 아주 작은 차이지만, 아이들에게는 큰 영향을 미친다.

소비자로서 우리는 어떤 사람에게 서비스를 받을지, 아이가 어떤 사람을 만나게 할지 정할 수 있다. 이 과정에서 자녀에게 전달되는 메시지에 신경을 쓰자. 병원에 가서 만나는 의사나 인테리어를 할 때 집에 드나드는 현장 작업자가 죄다 남자라면 아이는 그런 분야가 남자만의 독무대라는 결론을 내릴지도 모른다.

반면 다양한 분야에서 활동하는 남자와 여자를 모두 본 아이는 성적 고정관념이라는 렌즈를 거치지 않고 이런 여러 분야를 바라보게 된다. 자기와 성별이 같은 사람이 다양한 직업군에서 활약하는 모습은 아이의 흥미를 자극하고 자신감을 키워준다.

불가능해 보였는데도 당신이 기어코 이뤄냈던 성취를 떠올려보자. 남자들만의 성역에 발을 들여 그들을 깜짝 놀라게 한 적이 있는가? 중대한 성과를 올린 최초의 여성이었던 적은? 목표를 향해 나아가면서 성적 편견을 겪었던 적은? 그런 경험을 아이와 함께 이야기해보자. 당신이 어떤 장애물을 만났고 그걸 어떻게 넘어섰는지 들려주자. 그럼으로써 아이에

게 용기를 주고 자기 부모가 얼마나 끝내주는 사람인지 알려
줄 수 있다.

당신의 지인 가운데 성적 편견을 거부하는 직업적 성취를
이룬 멋쟁이 여성이 있다면 적극적으로 도움을 구하는 것도
좋다. 아이에게 그 친구 이야기를 들려주자. 친구에게 아이 학
교의 '직업 소개의 날'에 참석해달라고 부탁해보는 건 어떨까?
엄마 친구가 유리 천장을 깨뜨린 것처럼 너도 충분히 할 수 있
다고 아이를 격려해주자.

아이가 다양한 분야의 수많은 여성 영웅들을 접하게 하고
싶다면, 새로 책 몇 권을 구해서 아이의 책장에 꽂아주기만
하면 된다. 첼시 클린턴의 『그녀는 끈질겼다』는 오프라 윈프리
를 비롯해 미국 최초의 히스패닉 대법관 소니아 소토마요르,
미국 최초의 여성 우주비행사 샐리 라이드, 흑인 인권운동가
해리엇 터브먼 등 열세 명의 이야기를 담은 책이다. 루스 베이
더 긴즈버그의 이야기를 다룬 데비 레비의 『나는 반대합니다』
는 불평등에 맞서 싸운 변호사 시절부터 이의 제기로 유명했
던 대법관 시절까지 베이더의 반골 기질에 초점을 맞춘다. 엘
레나 파빌리와 프란체스카 카발로의 유려한 그림책 『굿 나이
트 스토리즈 포 레벨 걸스: 세상에 맞서는 100명의 여자 이야
기』는 고생물학자, 작가, 록스타, 정치가, 천체물리학자, 역도
선수 등 폭넓고 다양한 직업의 세계에서 활약하는 뛰어난 여

성 백 명을 소개한다.

아이에게 "너는 네가 원하는 대로 무엇이든 될 수 있고, 나는 네가 할 수 있다고 굳게 믿는다"고 꾸준히 말해주면 아이도 당신 말을 믿기 시작할 것이다.

차별에 맞서는 싸움에 아이를 동참시켜라

80년대에 태어난 밀레니얼 세대인 나는 정치처럼 싸움 나기 좋은 주제를 피하는 베이비붐 세대 부모 슬하에서 자랐다. 내가 처음으로 부모님에게 정치 관련 이야기를 꺼낸 것은 우리 집 앞마당에 민주당 대선 후보 존 케리의 표지판을 세워도 되냐고 물었을 때였다. 당시 나는 고등학생이었기에 내 소유의 마당 같은 건 없었다. 내가 알기로 우리 부모님은 꼬박꼬박 투표를 하셨다. 사실 우리 아빠는 출근하기 전 새벽 여섯 시에 투표소에 들러 가장 먼저 투표하고 나오는 분이었다. 하지만 두 분 부모님 모두 자신의 정치적 의견을 표명하는 것은 바람직하지 않다고 생각하셨다. 내가 마당에 선거운동 표지판을 세워도 되는지 물었을 때도 정확히 그렇게 말씀하시며 마지못해 허락해주셨다.

점잖게 정치 이야기를 피함으로써 우리 엄마는 확실히 나처럼 페이스북에서 많은 사람에게 차단당하지도 않았고 불편한 대화도 피할 수 있었던 것 같다. 하지만 나는 정치와 사회적 담화에 관한 전반적 대화 부족이 이해 부족으로 이어지기도 한다고 생각한다. 우리 사회는 너무나 심하게 분열되어 정치의 핵심 쟁점을 파악하지 못하고 사람들이 같은 문제를 저마다 완전히 다른 방식으로 바라본다는 사실도 이해하지 못하는 듯하다.

열린 마음으로 다른 사람의 의견에 귀를 기울이면 서로 많은 것을 배울 수 있다. 특정 문제를 두고 합의하지는 못하더라도 서로 존중하기로 합의하고 평화롭게 공존할 수는 있다. 어릴 때부터 정치적 대화에 익숙해지게 하면 아이가 어른이 되어 그런 가교를 만들어야 할 때 도움이 될 것이다. 어린 시절 우리 부모님은 내가 관심을 보일 때까지 정치 이야기를 꺼내지 않았다. 하지만 어른이 되고 난 뒤 나는 개인적 경험이 현재의 정치적 상황에 대한 내 관점과 생각에 어떤 영향을 미쳤는지에 관해 부모님과 매우 유익한 대화를 나눴다. 심지어 아빠는 종종 새로 나온 정치 관련 밈을 내게 문자로 보내시기도 한다.

시사나 정치 관련 대화를 모조리 아이가 잠든 뒤로 미룰 필요는 없다. 하지만 군수 산업 같은 무거운 주제로 아이에게 부담을 줄 필요도 없다. 부자연스러운 느낌이 들거나 아이가 잘 받아들이지 못하면 억지로 대화를 이어나가지 않아도 된다. 나이에 맞춰 아이가 이해하고 공감할 수 있는 방식으로 중요한 주제를 함께 이야기하는 적절한 균형을 찾자.

벌써 당신이 하는 사회운동이나 특정 주제에 관한 당신의 생각을 묻기 시작한 아이가 있을지도 모르겠다. 엄마는 무슨 시위에 나가요? 시위는 왜 하는데요? 그 배지는 무슨 뜻이에요? 왜 엄마는 식당에서 TV에 숀 해니티(폭스 뉴스 채널의 보수파 정치 평론가—옮긴이)가 나오면 인상을 써요?

유감스럽게도 살다 보면 당신과 당신 아이는 여성혐오와 편견을 직접 겪게 될 수밖에 없다. 하지만 아이와 대화를 나눔으로써 당신은 아이가 맥락을 이해하고 차별을 바라보는 관점을 형성하도록 돕는 중대한 역할을 하게 된다.

불평등에 맞서야 할 때 어린이도 제 몫을 할 수 있다. 사실 나는 어린이의 순수함과 낙천성이 편견의 추함과 선명한 대조를 이룬다는 점에서 아이들이 특히 중대한 역할을 할 수 있다고 생각한다.

메건 마클(미국의 배우이자 영국 해리 왕자의 부인—옮긴이)은 서식스 공작부인이 되기 한참 전인 열한 살 무렵, "미국 곳곳에서 여성들은 냄비와 프라이팬 기름때 때문에 애를 먹습니다"라고 주장하는 아이보리 색 세제 광고를 보고 몹시 기분이 상했다. 광고를 보고 같은 반 남학생 두어 명이 킥킥대며 역시 여자 자리는 부엌이라고 말하는 것을 듣고 더욱 치가 떨렸다.

몇십 년이 지난 뒤에도 마클은 그 노골적 차별로 분노하고 상처받았던 기분이 지워지지 않는다고 했다. 마클이 그 문제에 관해 아버지에게 털어놓자 그녀의 아버지는 딸에게 편지를 써보라고 격려했고, 마클은 열한 살짜리가 떠올릴 법한 가장 힘 있는 사람들, 즉 힐러리 클린턴, 여성 인권 변호사 글로리아 알레드, 어린이 채널 니켈로디언의 〈닉 뉴스〉 앵커 린다 엘러비, 그리고 문제의 세제 제조업체 P&G에 편지를 보냈다.

엘러비는 곧 〈닉 뉴스〉 팀원들을 보내 마클을 인터뷰 하게 했다. 90년대 어린이에게 이는 CNN 앵커가 집 앞으로 찾아온 것만큼이나 대사건이었다. 1993년 당시 마클은 〈닉 뉴스〉 팀에게 간단히 이렇게 말했다. "저는 아이들이 모든 일을 엄마 혼자 한다고 생각하며 자라는 게 옳지 않다고 생각해요."

P&G는 마클이 제안한 대로 '여성'이란 단어를 빼고 "미국 곳곳에서 사람들은 냄비와 프라이팬 기름때 때문에 애를 먹습니다"라고 대사를 수정한 광고를 내보내는 조치를 취했다.

마클은 편지를 쓸 여유 시간 약간과 우표 몇 장, 차별에 맞서라는 부모의 격려밖에 없는 어린이였지만, 거대 기업을 상대로 전국에 방송되는 광고를 정정시키는 동시에 성차별 문제에 주의를 촉구하는 쾌거를 이뤘다.

차별을 목격하거든 아이와 이야기를 나누자. 마음을 다잡고 정확히 무슨 일이 일어났으며 그게 왜 부당한지 아이에게 설명하자. 아이에게 그 상황을 어떻게 생각하는지 묻는 것도 좋다. 그런 다음 어떻게 하면 변화를 일으킬 수 있을지 아이와 함께 고민하자. 메건 마클이 어렸을 때 실천했던 미시적 수준의 행동이든 더 거시적인 수준이든 상관없다. 편견을 보거든 거기 맞서겠노라 다짐하는 것은 모든 이에게 더 공정한 세상을 위해 싸우는 평생의 여정일 수도 있다. 일찍부터 아이를 그 싸움에 동참시키는 것은 우리 사회가 그 목표를 향해 나아가게 하는 방법이다.

어린이 자신도 변화를 일으키는 강력한 원동력이 될 수 있다. 교육을 받겠다고 주장하다가 탈레반에게 총을 맞은 어린 소녀였던 말랄라 유사프자이는 노벨 평화상을 받았고, 현재 옥스퍼드 대학교에 다니고 있다. '꼬마 미스 플린트'로 불리며 미시간 주 플린트 시의 수돗물 문제에 이목을 집중시킨 여덟 살배기 마리 코페니는 오바마 대통령을 만나고 자기 지역공동체를 돕기 위해 엄청난 금액을 모금했다. 고작 열한 살이었던 나오미 와들러는 총기 규제 지지 시위인 '우리 생명을 위한 행진'에서 최연소 연설자로서 만연한 총기 폭력 해결을 위해 행동에 나서야 한다고 역설했다.

기후 변화에 가장 큰 영향을 받는 대상, 즉 어린이가 최고의 환경운동 투사로 활동하는 사례도 있다. 널리 유명세를 탄 노란색 우비를 입고 전세계를 돌며 행동을 촉구한 그레타 툰베리는 《타임》이 선정하는 올해의 인물로 뽑혔다. 어텀 펠티

어는 겨우 여덟 살 때부터 환경운동가로 활동했다. 어텀은 국제연합에서 물 보존과 공급에 관해 로비를 벌이며 자기 부족 문화에서 물이 지니는 신성함을 역설했다.

당신의 아이를 꼭 말랄라나 마리, 어텀, 나오미로 키울 필요는 없다. 하지만 그렇게 될 수도 있음을 아이에게 알려주자. 작은 아이가 커다란 영향을 미치지 말란 법은 없다. 아이가 변화를 만들어내는 자신의 힘을 깨닫도록 도와주자. 아이가 자기만의 길을 닦을 수 있게 자유와 격려를 제공하자.

모든 인간은 평등하게 대우받을 자격이 있다는 지극히 단순하고 상식적인 원칙을 토대 삼아 변화를 이끄는 사람으로 아이들을 키워낸다면 다음 세대는 편견을 거부하고, 우리 시대에는 아직 존재하지 않는 평등을 향해 힘차게 나아갈 것이다. 우리 부모들은 그렇게 하는 데 힘을 보탤 수 있다.

약간의 도움만 있다면 아이들은 긍정적으로 세상을 바꿀 수 있다. 우리는 그저 아이들이 해낼 수 있게 등을 밀어주기만 하면 된다.

2장
우리 몸, 우리 선택

오늘 난 내 몸에게 뭐가 필요한지 물었어
꽤 큰맘 먹고 한 질문이야
별로 뭘 바란 적 없는
그런 삶을 살았거든
몸에 뭐가 필요할지 모르겠다 생각했어
단백질이나
채소나
요가나
보충제나
아니면 운동이라도
그런데 샤워를 하면서
살이 튼 자국을,
납작했으면 좋겠는데 볼록한 곳을,
탄탄했으면 좋겠는데 말랑한 곳을,
어딘가 어긋난 기분이 들게 하는
이 모든 만들어진 소망을 들여다보고 있자니
내 몸이 가만히 속삭였어
그냥 날 이대로 사랑할 순 없겠니?
—홀리 홀든

자신을 사랑하라

내 생각에는 신체 자율권이라는 기본적 인권 문제와 재생산 선택권 얘기로 들어가기 전에 먼저 거쳐야 할 중요한 단계가 하나 있다. 바로 자기 몸과 화해하는 것이다.

물론, 나는 진지하다.

자, 우선 나는 자기 몸을 긍정하는 태도를 널리 퍼뜨리는 것이 그리 간단하지 않다는 점부터 짚고 넘어가고 싶다. 당신은 자기 자신과 자기 몸을 사랑한다는 의식적 선택을 힘들이지 않고 해냈기를 바란다. 신체 긍정의 아이콘인 리조의 음악을 큰 소리로 들으며 몸집이 크더라도 과감하게 배꼽티를 사는 것으로 해결될 만큼 쉬웠으면 좋겠다. 실제로 그렇게 간단하다고 느끼는 사람도 있으리라. 어쩌면 여러분 중에는 이미 자기 몸과 화해했을 뿐 아니라 자기 몸을 사랑하며, 어떤 상황에서든 자신의 가치를 잘 아는 여성의 자신감과 아름다움을 발산하는 사람이 있을지도 모른다. 당신이 바로 그런 사람이라면 남들은 다 아는데 당신만 몰랐던 자신의 아름다움을 발견한 것을 축하하고, 그렇게 되기까지 당신이 들인 노력에 박수를 보낸다. 계속 멋지게 살아가시길.

하지만 대다수 여성에게 이는 매우 어려운 일이다. 자기 몸을 볼 때마다 자신이 몸의 통제권을 쥐지 못했을 때의 트라우마, 학대, 폭행의 경험을 떠올리는 사람도 적지 않다. 또는 자기 몸을 깡마른 모델과 끊임없이 비교하며 포토샵의 영역 밖에는 존재하지도 않는 체형이 되려고 갖은 애를 쓰면서 살아가는 사람도 있다. 임신 뒤에 남은 튼살 자국을 보면 뿌듯함 대신 평생 함께였던 자기 몸이 갑자기 낯설어졌다는 기분이 든다.

5킬로그램, 아니 50킬로그램을 뺀다고 해도 다이어트와 운동 계획이 우리 몸을 둘러싼 온갖 문제의 무게를 덜어주는 것은 아니다. 그 무게는 체중계로 잴 수 없다. 우리는 뭔가 무거운 것을 짊어지고 있고, 그건 군살의 무게가 아니다.

나는 그들과 친해진 게 내겐 정말 행운이었다고 생각하는 여자 친구들이 있다. 놀라운 일들을 해내고, 진심으로 남을 생각할 줄 알고, 항상 격려를 아끼지 않고, 친구가 성공하면 축하해주고, 실패하면 떠받쳐주고, 중요한 문제에서 서로 뜻이 맞는 유형의 여성들이다. 여자들이 다 그렇듯 우리는 참 바쁘다! 그래서 항상 만날 시간을 내기가 어렵다. 하지만 마음을 온기와 영감으로 채워주는 이 친구들은 어떻게든 짬을 내서 만날 가치가 차고 넘치는 사람들이다.

그런데 몇 달에 한 번씩 애써 시간을 맞춰 만나면 우리가 무슨 얘기를 하는지 아는가? 빌어먹을 다이어트다. "아, 나는 요즘 탄수화물을 피하는 중이야. 아니, 황제 다이어트랑은 다른 거야. 키토 요법이야!" "아, 나는 칼로리를 계산하고 있어.

이 앱은 써봤어?" 이건 정말 아니잖은가?

솔직히 나는 친구가 아주 끝내주는 피자 가게를 새로 찾아냈고 지금 당장 나를 거기 데려가겠다는 게 아니면 음식 얘기는 듣고 싶지 않다. 콜리플라워가 얼마나 놀라우며 얼마나 많은 탄수화물을 대신할 수 있는지 얘기하는 데 우리가 함께하는 소중한 시간을 조금도 쓰고 싶지 않다. 우리의 시간은 친구에게 어떤 멋진 아이디어가 있는지, 주변 세상에 관해 어떻게 생각하는지 얘기하는 데 썼으면 좋겠다.

물론 친구가 건강을 위해 뭔가를 시작했고 그 무언가가 삶에 긍정적 영향을 미치고 있다면 좋다. 그런 얘기는 듣고 싶다. 근력운동을 하니까 튼튼하고 강해진 기분이 든다는 얘기도 기꺼이 듣고 싶다. 술을 좀 줄였더니 더 또렷하고 빠릿빠릿해진 것 같다는 얘기도 환영이다.

하지만 자기 몸이 얼마나 싫은지에 관한 얘기는 듣고 싶지 않다. 친구들이 자기 자신에 관해서 하는 심한 소리와 조금이라도 비슷한 말을 처음 보는 사람이 했다면 나는 이렇게 쏘아붙였을 것이다. "저기요! 지금 뭐라고요? 내 친구한테 그딴 식으로 말하지 마세요." 그런데도 여자들은 항상 자기 몸에 관해 끔찍한 말을 하고, 그 말을 들은 우리는 친구에게 '너는 아름다우며 너 자신에게 더 너그러워져야 한다'고 말하는 대신에 친구의 말에 맞장구치며 자신은 자기 몸의 어떤 부분이 싫은지를 늘어놓는다.

'우리'라는 단어를 쓴 이유는 나 또한 이 문제에서 자유롭지 못하기 때문이다. 처음으로 다이어트라는 말을 입에 담았을 때 나는 초등학교 2학년이었다. 걸스카우트 모임에서 케이크 한 조각을 받은 나는 다이어트 중이라고 설명하며 예의바르게 거절했다. 왠지는 몰라도 내 기억에 아홉 살짜리가 다이어트를 하느라 케이크를 먹지 못하겠다고 했는데도 아무도 기겁하거나 하지는 않았다. 아마도 다들 어린애가 무슨 뜻인지 정확히 알지도 못하면서 하는 말이라고 그냥 넘겼던 모양이다. 실제로도 나는 정말로 '다이어트'를 하는 중은 아니었고, 그게 무슨 뜻인지 잘 몰랐다. 그저 주변의 여자 어른들이 하는 행동을 따라 하면서 여자는 원래 그렇게 행동한다고, 다이어트를 하고 케이크를 거절해야 한다고 생각했을 뿐이다.

케이크를 먹으라거나 먹지 말라는 말을 하려는 게 아니다. 당뇨병이 있거나 건강상의 이유로 다이어트를 해야 하는 사람도 있고, 나는 의사가 아니다. 내가 의학적 조언을 해주길 바라면 절대로 안 된다. 나는 매일 커피를 입에 달고 살고, 치즈케이크로 사랑을 표현하는 사람이다. 그러니 당신이 어떤 음식을 주 에너지원으로 삼든 당신의 선택을 존중한다.

내가 제안하고 싶은 단 한 가지는 지금부터 자기 자신과 자기 몸을 사랑하기로 마음먹으라는 것이다. 살을 빼고 난 뒤,

근육이 좀 더 붙은 뒤, 뭐가 됐든 목표를 달성한 뒤에야 자신을 사랑하겠다고 미루지 마라. 지금 자신을 사랑하자.

당신은 지금 당장, 그 모습 그대로 사랑받을 가치가 있다.

자신을 사랑하고 자기 몸을 있는 그대로 받아들이는 데 필요한 과정이 엄청나게 어려울 수 있음은 나도 잘 안다. 어쩌면 혼자 해낼 수는 없어서 상담사의 도움이 필요할지도 모른다. 긍정적 자기 확인을 반복해서 연습해야 할 수도 있다. 이는 비록 힘들지라도 들일 가치가 있는 노력이다. 당신이 가진 몸은 하나뿐이고, 자기 몸에 대한 감정은 옷을 살 때뿐 아니라 당신의 삶 전반에 커다란 영향을 미치기 때문이다.

지금쯤 이런 생각이 들지도 모른다. '이게 페미니즘하고 무슨 상관이지?' 상관이 있다는 근거는 많다.

자기애는

◆ 신체 자율권의 표현이다.

◆ 여성혐오를 물리친다.

◆ 정신적 시간을 보다 건전하게 관리하는 데 도움이 된다.

자, 조금만 더 내 얘기를 들어주시길. 신체 자율권은 기본적 인권으로 여겨진다. 요점은 아주 간단하다. 사람은 자기 몸을 통제할 권리가 있다는 거다. 이는 "내 몸, 내 선택"이라는 시위 구호를 뒷받침하는 원칙이다. 역사적으로 여성에게 매우 중요한 권리이기도 하다. 신체 자율권은 미국 헌법에 명시되지는 않았지만, 미 대법원에서는 사생활 보호에 관한 수정헌법 제4조에 이 권리가 함축되어 있다고 판시했다. 이 사생활 보호권은 여성에게 남편의 동의 없이 피임할 권리(그리즈월드 대 코네티컷 주 사건, 1965년)와 낙태할 권리(로 대 웨이드 사건, 1973년)를 부여한 기념비적 판결의 토대가 되었다.

우리는 자기 몸을 통제하고 지배할 권리를 위해 싸운다. 이는 오랜 세월에 걸쳐 강인한 여성들이 결사적으로 지키려 했으며 앞으로도 지켜져야 할 권리다. 자기 몸으로 무엇을 할지 선택할 권리가 있는데, 왜 우리는 몸을 싫어하는 쪽을 택한단 말인가?

다이어트 문화, 셀룰라이트도 환상적으로 보이게 하는 디지털 보정, 캣콜링(남성이 길에서 여성에게 휘파람을 불거나 희롱하는 행위. 고양이를 부를 때 하는 행동을 여자한테 한다고 해서 캣콜링이라고 부른다—옮긴이), 기타 각종 고약한 것들이 만연한 세상에서 자기 몸을 사랑한다는 것은 사실 파격적인 행위다. 하지만 우리는 자기 몸의 지배자로서 파격적으로 나서서 신체 자율권을 주장하고 자기 몸을 사랑하는 쪽을 택해야 한다.

둘째, 여성의 몸을 비하하는 습관은 여성혐오에 깊이 뿌리박혀 있다. 여성에게 모욕적인 말, 특히 몸을 비하하는 말을 던지는 것은 여성혐오자가 가장 좋아하는 취미다. 여성혐오자는 머리로 승부하는 유형이 아니므로 대개는 성차별적 농담, 성희롱, 유치한 언어폭력에 의존한다.

도널드 트럼프를 생각해보자. 트럼프는 30여 년간 굳이 대중이 지켜보는 앞에서 무수히 많은 여성을 모욕했다. 심지어 이 가운데 일부는 완전한 무작위 공격이었다.

여성에 대한 트럼프의 모욕은 그냥 예고도 맥락도 없이 트위터나 보도 매체를 통해 튀어나왔기 때문이다. 트럼프는 너무 오랫동안 너무 많은 여성을 아찔한 속도로 공격했기에 그런 광기 속에서 체계성을 찾아내기란 불가능하다. 그는 무작정 여성을, 특히 여성의 외모를 노골적이고 무분별하게 공격할 뿐이다. 하지만 다른 여성혐오자와 마찬가지로 트럼프는 한 가지 면에서는 상당히 예측 가능하게 행동한다. 똑똑하고 힘 있는 여성이 공개적으로 그에게 반대한다면(트위터 알림 소리 주세요) 트럼프는 매체를 활용해 저속하고 유치한 모욕적 언사로 이 대담한 여성을 공격할 것이다. 강한 여성이 주장하는 문제에 관해 실제로 논쟁을 벌일 지적 토대가 없기 때문이다. 그래서 그 여성에게 뚱뚱하다느니 못생겼다느니 하는 유치원생 수준의 형용사를 자기 내키는 대로 주워섬길 뿐이다.

여성의 외모를 공격하는 것은 전형적인 여성혐오적 행동이다. 그런 공격은 아무런 의미도 없다. 아마도 '괜찮은 남자'가 여자에게 말을 걸 때 이런 행동을 보거나 들은 적 있을 것이다. 괜찮은 남자가 다가와 인사를 하고, 아무 근거도 없이 자신이 '괜찮은 남자'라고 주장하며 대화를 시작하려 한다. 여자는 예의 바르게 대응한다. 괜찮은 남자가 제안한다. "데이트 할래요? 술 한잔 어때요? 아니면 그냥 우리 집에 갈래요?" 여자는 정중하게 거절한다. 관심이 없기 때문이다. 괜찮은 남자는 여자에게 뚱뚱하다고 한다. 아니면 못생겼다고. 아니면 걸레라고. 아니면 뭐가 됐든 머리에 떠오르는 유치원생 수준의 어휘로 모욕을 가한다.

이런 현상은 데이트나 만남 앱에서만 벌어지는 일이 아니다. 여성이 공적 영역에서 여성혐오자의 심기를 거스르는 의견을 내놓으면 마치 페미니스트가 뭔가 말할 때마다 여성혐오자들을 결집하는 여성혐오 자경단 호출 신호라도 있는 것처럼 잽싸게들 튀어나온다. 이들이 뱉는 모욕은 십중팔구 외모와 관련되어 있다. 좁아터진 식견으로는 날카로운 반박이 불가능하므로 그들은 비열한 방법을 고집한다. 그들은 당신의 몸무게, 얼굴, 옷차림, 눈에 보이는 모든 것을 공격할 것이다. 덧붙여 그런 말은 당신의 실제 외모와는 아무런 관련이 없다.

당신은 아름답고 용감하며 사람들이 귀 기울여야 할 목소리를 지닌 사람이다. 하지만 실제로 목소리를 사용할 때는 웬 얼간이 여성혐오자가 당신을 모욕하고 외모를 공격할 것에 대한 마음의 준비가 필요하다. 유감스럽게도 여성혐오자는 어디에나 있기 때문이다.

상황이 달라질 때까지는 이런 공격이 여성혐오자 자신의 추한 내면을 반영할 뿐이며 당신과는 아무런 관계가 없다는 점을 마음에 새겨야 한다. 덧붙여 당신이 자신을 사랑함을 기억하자. 그러지 않을 이유가 대체 어디 있을까? 당신은 진정으로 아름답고 똑똑하다. 당신의 생각은 너무나 강력해서 실제로 웬 딱한 좀팽이가 지레 겁을 먹고 당신이 신경조차 쓰지 않을 치졸한 모욕을 마구 던져댈 지경이다. 이래도 당신이 여신이 아니라고?

여성혐오자들은 상대가 상처받기를 바라며 이런 역겨운 모욕을 한다. 그들은 여성을 존중하지 않는다. 여성이란 단순하고 천박하므로 자신이 외모를 모욕하면 가장 크게 상처받으리라 생각한다. 여성을 하찮게 여긴 나머지 우리가 남자에게 매력적으로 보이는 것을 최우선으로 둔다고 착각한다. 우리가 자기 같은 남자의 의견에 목을 매는 연약한 인형이며, 저급한 모욕으로 우리를 무너뜨릴 수 있다고 믿는다.

그들이 틀렸음을 보여주자. 커다랗고 포근한 담요 같은 자기애로 자신을 감싸자. 그들에게 만족감은 1그램도 줘서는 안 된다. 그들의 역겹고 무의미한 말이 당신에게 상처 주지 못하게 하라. 그렇게 하면 여성혐오자는 힘을 잃는다. 그들은 간절히 원하던 관심을 얻지 못한다. 우리가 그저 자신을 사랑하기로 마음먹고 무가치한 혐오자들을 무시하기만 하면, 그것은 여성혐오에 적극적으로 맞서는 행동이 된다.

자기애를 받아들여야 하는 마지막 이유는 우리에게 시간이 없기 때문이다! 알다시피 우리는 이미 일과 인간관계에 시간과 정신적 에너지를 쏟아붓고 있다. 여자들은 과로해서 녹초가 된 상태다.

사람에게 시간이란 귀하고 순식간에 사라지는 자원이지만, 당신에겐 열정이 있다. 당신은 주변 세상에 신경을 쓰고 그 세상을 모든 이에게 더 바람직하고 따뜻하고 다정한 곳으로 바꾸기 위해 자기 몫을 다하기로 마음먹었다. 이건 아주 큰 다짐이다. 당신이 추구하는 대의를 위한 봉사활동이든 사람들을 정치적 활동에 참여시키려는 노력이든 당신이 하는 일은 매우 중요하고, 그런 일을 하는 당신은 정말로 놀라운 사람이다!

하지만 당신이 당신의 관심사와 사회운동에 들이는 노력들은 모두 시간이 필요한 것들이다.

사회운동에 더 열심히 참여하고 싶다면 시간과 정신적 에너지를 잘 배분해야 한다. 시간 배분과 자기관리에 관해서는 나중에 더 자세히 다룰 예정이다. 우선은 시간과 정신적 에너지가 귀중한 자원임을 인식할 필요가 있다. 당신의 시간은 몹시 소중하므로 단 1초라도 자기 몸이나 자기 자신을 싫어하는 데 쓰여서는 안 된다.

자기 몸 사랑하기를 실천하는 과정에서는 항상 이것이 가치 있는 노력임을 잊지 말아야 한다. 평생 우리는 자기 자신으로서, 자기 몸 안에서 살아간다. 자신을 사랑하기로 마음먹는 것은 여성혐오에 저항하는 행동이자 신체 자율권과 관련해서 여성이 첫 번째로 택해야 할 길이다.

다른 여성을 존중하고 사랑하라

끝없는 낙태 논쟁에서 재생산 권리 지지파는 선택할 권리가 지켜져야 한다는 주장을 뒷받침하기 위해 종종 마음 아픈 사연들을 활용한다. 아이를 몹시 원했으나 아주 심각한 의학적 문제로 임신을 중단한다는 힘든 결정을 내린 엄마, 강간을 당했고 그로 인해 생긴 강간범의 아이를 도저히 낳을 수 없었던 젊은 여성의 이야기는 다들 들어보았으리라. 이런 예는 대개 낙태가 이상적이지 않기는 해도 이런 극단적 상황도 존재한다는 사실을 보여줌으로써 상원의원 미치 매코널 같은 골수 낙태 반대파의 마음마저 뒤흔들어서(하, 하, 농담이다. 미치 매코널은 마음이란 게 없다) 그들이 마지못해 "알았어요, 알았어. 그런 낙태는 어쩔 수 없죠"라고 인정하게 하는 데 사용된다.

하지만 여성이 낙태를 하는 이유에 관해 알아둘 점이 하나 있다. 바로 이유는 중요치 않다는 것이다.

물론 앞서 나온 가슴 아픈 예도 당연히 중요하게 다뤄져야 하지만, 재생산 선택권의 관점에서는 아니다. 여성이 강간당하고 임신해서 낙태를 선택했다면 문제는 그녀가 강간당했다는 데 있다. 그렇다면 당연히 강간을 방지하고 치유될 때까지 생존자들을 지원하는 데 초점을 맞춰야 한다. 심각한 의학적 문제로 임신을 중지하기로 했다면 지극히 어려운 결정을 해야 하는 여성을 지원하고 적절한 산전 검사를 홍보해서 임신부의 안전과 건강을 지키는 데 중점을 두어야 한다.

앞서 말했듯 재생산 관련 판결의 헌법상 근거는 사생활 보호라는 기본권이다. 그러므로 낙태도 때로는 정당화될 수 있다고 억지로 설득하려면 이런 감정적 이야기가 유용할지는 모르지만, 애초에 정당화는 필요치 않다. 정당하거나 정당하지 않은 낙태의 등급 따위란 없다. 강간의 결과로 임신한 여성이 지극히 평범하게 피임에 실패해서 임신한 여성보다 사정이 딱하므로 더 정당하게 낙태할 권리가 있는 것은 아니다. 각자의 사정은 우리가, 남들이 상관할 바가 아니기 때문이다.

대법원에서 로 대 웨이드 사건(미국에서는 1970년대 초까지 대부분 주에서 낙태가 불법이었다. 1969년 노마 맥코비라는 여성이 강간을 당해 임신해 낙태 수술을 요청했으나 거부당하자, 제인 로라는 가명으로 위헌 소송을 제기했다. 그녀의 가명과 이 소송의 피고인이었던 검사 헨리 웨이드의 이름을 따 이 소송은 '로 대 웨이드 사건'이라 불리게 됐으며, 소송 결과 대법원은 낙태 금지가 위헌이라는 결정을 내렸다.─옮긴이)을 판결할 때 어떤 것이 '정당한' 낙태고 어떤 것은 아닌지 정해주지 않았다. 여성의 낙태 여부와 이유는 누가 상관할 바가 전혀 아니라는 것이 최종 판결 내용이었다. 그리고 여전히, 50여 년이 지난 지금도 그건 남이 상관할 바가 아니다.

물론 여성의 재생산 선택권은 여전히 식을 줄 모르는 뜨거운 논쟁거리지만, 타인의 사생활에 간섭하지 않는 예의는 더 넓은 범위로 확대되어야 한다. 여성의 모든 결정, 특히 자신의 몸에 관한 결정은 뭐가 됐든 존중받아야 마땅하다.

여성은 유해한 방식으로 대우받을 때가 너무 많고, 이런 사례 가운데 상당수는 같은 여성이 저지르는 행동이다. 많은 여성이 자기도 모르게 조금씩 여성혐오적 행동을 저지르면서 가부장제가 공고히 유지되도록 돕는다는 뜻이다. 예를 들어 우리는 자신에게 이익이 될 여성 후보자를 굳이 뽑지 않으면서 "그 여자는 인상이 별로야"라고 자기합리화를 한다. 연예인의 셀룰라이트 사진을 싣고 그들의 사생활을 소재로 소설을 쓰며 학대 문제를 선정적으로 다루는 삼류 잡지를 사서 읽기도 한다. 때로는 그냥 대놓고 다른 여자들과 서로 못되게 굴기도 한다. 서로 사생활을 들추려고 안달하고, 상대 여성이 아기를 가지려고 노력 중인데도 임신이 잘 안 되는 건 아닌지 어떤지 알지도 못하면서 아기는 언제쯤 가질 계획이냐는 질문을 아무렇지 않게 한다.

우리는 종종 다른 여성의 결정을 비난하며, 특히 엄마들은 이런 함정에 빠지기 쉽다. 자기 육아법만 옳다고 유난을 떠는 엄마들(줄여서 유난맘)은 임신 테스트기에 두 줄이 뜨는 순간부터 당신에게 잔소리를 하기 시작한다. "어머, 커피 마시게요? 카페인 조심하지 않으면 천방지축 원숭이가 태어나는 거 모르세요?" "어머, 무통 주사 맞으려고요? 3킬로그램짜리 아기를 밀어내면서 소중한 곳이 찢어지는 고통을 온전히 느껴야 하지 않을까요?" "어머, 애를 공립학교에 보내려고요? 그런 데서는 애들이 마약 하는 거 모르세요?"

이런 말들은 전부 여성에게 상처를 주는 가부장적 헛소리다. 여성혐오를 물리치고 자신과 자기 몸을 존중하기로 마음 먹었다면 우리는 다른 여성에게도 같은 존중을 표할 필요가 있다. 자신을 사랑하고 애정과 존중으로 대하려고 적극적으로 노력하고 있다면 당신 주변의 모든 여성들 또한 애정과 존중으로 대해보자. 삶이 훨씬 풍요로워질 것이다. 더 많은 여성이 이런 태도를 취한다면 우리 세상이 얼마나 달라질지 생각해보자. 모든 여성이 자신에게 상처를 주고 부담을 지게 했던 어리석은 굴레에서 벗어날 수 있다.

현재 우리 사회에서 이런 노력이 말도 안 되게 파격적인 행동으로 보일 수 있다는 점은 잘 안다. 하지만 파격적이면 어떤가? 자신을 사랑하고, 모든 여성을 사랑하고, 이 웃기지도 않은 가부장적 담론에서 우리 몸과 우리 자신을 되찾아오자.

다른 여성의 선택을 존중하라

엄마가 된 여성은 많은(너무 많은) 선택을 해야 할 상황에 부닥치게 된다. 아이를 가지면 카페인 음료를 마실지 말지부터 시작해서 아이의 성별을 확인할지, 어떤 방식으로 출산할지까지 모든 것을 결정해야 한다. 아이를 입양하기로 했다면 아이 생모와 서로 정보를 공개할지, 아이를 국내와 외국 중 어디서 데려올지 정해야 할 수도 있다. 부모가 되는 과정에서 까다로운 결정을 내리느라 애먹지 않는 부모는 없다. 그 뒤 아이가 세상에 나오고 나면 새로 태어난 꼬마 인간을 보살핀다는 막중한 책임을 받아들이며 또다시 무수한 선택지에 직면한다.

큰 것만 꼽아도 우선 모유를 먹일지 분유를 먹일지, 회사에 나갈지 집에 있을지, 어떤 식으로 아이를 훈육할지 택해야 한다. 한 가지 상수는 당신이 어떤 선택을 하더라도 오지랖 넓은 누군가가 튀어나와 당신이 뭘 잘못 생각하고 있는지 가르치려 들 거라는 점이다.

여자와 엄마는 기본적으로 야무진 사람들이다. 우리는 맹렬하게 아이를 돌보고 사랑하며 아이를 위해 최고의 선택을 하려고 애쓴다. 가끔은 뭐가 최선인지 처음부터 알지는 못할 때도 있지만, 그렇기에 우리 가족에게 가장 알맞은 방식을 찾아낼 때까지 검색하고 배운다. 그리고 대개는 자기 결정에 꽤 만족한다!

같은 선택의 갈림길에 선 다른 엄마 또한 사랑과 배려로 자기 가족에게 가장 좋은 선택지를 고른다는 같은 목표를 향해 나아간다. 하지만 이 엄마는 다른 결정을 내린다.

그런데 이 두 엄마는 무엇보다 엄마 역할이 엄청나게 어려우며 이런 결정을 내리는 일이 결코 쉽지 않다는 것을, 또는 둘 다 사랑이라는 같은 토대에 기반을 두고 자기 아이에게 알맞은 선택을 하려 했을 뿐이라는 사실을 인정하는 대신 왜 자기 결정이 최선이며 왜 다른 선택을 하는 엄마들은 볼 것도 없이 틀렸는지를 증명하려고 기를 쓴다.

'엄마 전쟁'이라고 알려진 이 어처구니없는 현상은 엄마들뿐 아니라 여성과 페미니즘 전반에 해로운 영향을 미친다. 나는 지금 이 얘기를 하는 것만으로도 바보가 된 기분이 든다. 하지만 여러분이 이 전쟁에 참여해서 더 많은 뇌세포를 파괴하는 사태를 막으려면 반드시 짚고 넘어가야 할 문제다.

엄마 전쟁 참가자들이 자주 맞붙는 주제인 모유 수유를 예로 들어보자. 일반적으로는 '모유가 최고'라는 말이 신성한 진실로 받들어진다. 실제로는 모유가 최고일 수도 있고 아닐 수도 있으며 이는 전적으로 개인의 선택에 달린 문제다.

모유가 최고일 수 없는 경우는 수없이 많다. 유방암으로 양쪽 유방을 절제한 엄마에게 모유는 최고가 아니다. 트라우마가 있는 성폭행 생존자에게도 최고가 아닐 수 있다. 모유 수유 중에는 쓸 수 없는 약으로 산후우울증을 치료해야 하는 엄마도 있다. 그냥 모유 수유를 하고 싶지 않은 엄마에게도 모유는 최고가 아니다. 이 중에서 남에게 이유를 설명해야 하는 엄마는 아무도 없다.

분유는 독이 아니며, 아기에게는 그저 영양 공급이 필요할 뿐이다. 일반적으로 모유 수유에 장점이 있는 것은 확실하지만, 그 장점이 과장될 때가 너무 많다. 아무리 열렬히 모유 수유를 지지하는 사람이라도 유치원 교실에서 모유로 자란 아이와 분유로 자란 아이를 구별하기란 불가능하리라.

엄마들을 가장 심하게 갈라놓는 주제는 대개 신체 자율권과 관련된 문제, 즉 영유아 수유, 진통과 출산 시의 통증 관리, 자녀 계획 여부와 시기 등과 관련되어 있다. 아이를 품고, 낳고, 먹일 수 있다는 이유만으로 엄마가 자기 몸의 통제권을 잃는 일이 생겨서는 안 된다.

엄마들이 서로 비판하고 창피를 주는 이 역학관계가 우스꽝스러운 이유는 다른 여성혐오와 똑같이 여성에게 상처를 줄 뿐 아니라 아무 의미가 없기 때문이다. 무통 주사 없이 출산을 견뎠다고 트로피를 받는 엄마도 없고, 그 과정을 거쳤다고 해서 다른 엄마보다 더욱 엄마다운 것도 아니다. 슈퍼맘을 자처하며 남의 육아를 비판하는 오지랖 여사는 엄마에게도 아이에게도 전혀 도움이 되지 않는다. 사실 이런 싸움은 하나도 중요하지 않다. 몇 년만 지나면 우리 아이들은 손도 못 댈 개구쟁이가 되어 치킨 너겟만 먹겠다고 우기고, 대체 어떻게 거기 들어갔는지 소파 쿠션 사이에 몸이 낀 채 도와달라고 소리칠 게 뻔하기 때문이다.

그러니 엄마 전쟁 같은 덴 참여하지 마라. 다른 엄마의 선택은 당신 선택에 대한 공격이 아니다. 다른 엄마의 선택을 비난해서 그러잖아도 어려운 육아를 더 어렵게 만드는 행동은 아무에게도 도움이 되지 않는다.

딱 한 가지 예외는 엄마 또는 아이가 위험에 처한 상황이다. 종류가 어떤 것이든 어린아이가 위험에 처한 것 같다면 망설이지 말고 끼어들어라. 하지만 연민을 기반으로 접근하는 것이 중요하다. 제대로 먹지 못했거나 적절한 카시트에 앉아 있지 않은 아이를 보고 걱정이 된다면 왜 그렇게 됐는지 생각해보자. 그 아이의 엄마가 정말로 경제 사정이 좋지 않을 가능성이 있을까? 그렇다면 지원 방법을 알아본 다음 호의적으로 접근하자.

항상 공감하는 마음으로 다른 엄마들에게 다가가라. 사람의 삶은 각자 다르다. 뭐든 뭉뚱그려 판단하지 말자. 예를 들어 나는 예방접종을 하는 것에 적극적으로 찬성한다. 우리 아이들은 접종 가능한 백신들을 전부 맞았다. 이제 소아마비도 홍역도 두렵지 않다. 그리고 물론 독감 주사도 재깍재깍 맞는다. 하지만 나는 자기 아이에게 백신을 맞히지 않는 엄마들을 싸잡아 비난하지는 않을 것이며 그래서는 안 된다고 생각한다. 그럴 만한 이유가 있는 예외가 항상 존재하기 때문이다. 백혈병에 걸려 화학 요법을 받는 중인 아이는 면역력이 저하된 상태고, 대개는 백신을 맞을 수 없다. 이런 사례야말로 백신을 맞아도 될 만큼 건강한 사람이 빠짐없이 백신을 맞아서 집단 면역에 이바지해야 한다는 확실한 근거가 아닐까 한다. 잠깐 옆길로 샜지만, 핵심은 육아에서 모든 사람에게 해당하는 정답이 있다고 생각되는 문제에서도 미처 고려하지 못한 요소가 있을지 모르며, 그렇기에 자기 방식만이 유일한 길은 아니라는 것이다. 절대로.

오지랖은 아예 내다 버리는 편이 좋다. 잘 개서 벽장에 넣어두거나 침대 밑에 보관하지 마라. 다시 펼치고 싶은 마음이 들지 않게 그냥 태워버리는 편이 낫다.

다양성은 필수

트럼프 취임 직후, 애초에 그의 당선에 큰 영향을 미쳤던 여성혐오와 차별에 항의하는 뜻에서 워싱턴에서 행진이 열릴 예정이라는 소식을 듣자마자 나는 반드시 그 행진에 참여하기로 마음먹었다. 그리고 친구 두어 명과 우리 엄마와 함께, 주민 대다수가 백인이며 공화당 지지자인 우리 동네에서 워싱턴까지 가는 버스표를 예매했다. 좁아터진 버스를 타고 밤새 열두 시간을 달려간 우리는 행진에 참여한 뒤 다시 그 지긋지긋한 버스를 타고 열두 시간을 달려 집에 돌아왔다.

돌아온 뒤 나는 내가 행진에 참여했다는 사실을 역겨워하는 사람이 많다는 현실에 직면하게 되었다. 여러 명의 페이스북 친구들이 나를 차단했고, 그 중에는 나와 성씨가 같은 일가친척도 있었다. 동네 엄마 모임에서는 따돌림을 당하기도 했다. 상황이 묘해졌다.

주민 60퍼센트가 트럼프를 찍는 동네에서 살다 보면 트럼프 지지자들과 알고 지낼 수밖에 없다. 당신은 소수파에 속하게 된다. 그들은 온 사방에 있다. 그들은 당신의 이웃, 당신 아이의 선생님, 심지어 형제자매나 부모일 수도 있다. 빠져나갈 길이 없었던 나는 적어도 나를 차단하거나 따돌리지 않은 이들에게라도 행진 과정과 내가 그 행진에 참가한 이유를 어떻게든 얘기하고 싶었다. 아주 사소한 방식으로라도 주변 사람들과 간절히 소통하고 싶었던 것이다.

그래서 나는 그날 있었던 연설의 내용이나 나를 비롯한 많은 사람들이 행진했던 정확한 이유를 언급하는 대신, 그 행진이 얼마나 평화로웠는지 얘기하기 시작했다. 미국 역사상 가장 많은 인파가 몰렸던 하루 시위에 내가 참여했고, 그 시위는 완벽히 평화로웠노라고. 단 한 명도 체포되지 않았다. 심지어 내가 만났던 경찰들은 미소를 띤 채 나와 하이파이브를 하며 지나갔다!

이 얼마나 바보 같은 소리였는지.

물론 실제로 행진은 평화로웠다. 정말로 아무도 체포되지 않았다. 하지만 나는 왜 참가자 대부분이 나와 비슷한 모습이었음을 바로 깨닫지 못했을까?

캘리포니아 주 검찰이 스테펀 클라크를 죽인 경찰관들을 기소하지 않기로 했을 때도 평화적 시위가 일어났다. 스물두 살 흑인 청년 클라크는 자기 할머니 집 뒷마당에서 총에 맞아 사망했다. 어이없게도 그의 손에 들려 있던 휴대전화를 무기로 오인한 두 경찰관이 쏜 총에 맞아서였다. 그 시위에 참여한 사람들은 대부분 흑인이었고, 시위가 일어났던 부유한 지역 주민과 성직자도 포함되어 있었다. 그 중 여든네 명이 체포되었다.

당신이 나와 같은 백인 여성이라면 이런 극명한 대비를 보고도 훈훈함을 느낄 리는 없다. 아마도 마음이 불편하고 찝찝한 기분이 들 것이다. 하지만 이런 불편한 대화를 피해서는 안 된다. 우리가 누리는 특권과 권력이 역사적으로 소외된 집단의 희생 위에 성립된 것임을 안다면 훈훈함이나 느끼고 있을 때가 아니다.

내가 '여성'이라고 할 때는 1992년경에 나온 크리스털 펩시처럼 무색투명하게 모든 여성을 가리킨다는 것을 알아주기 바란다. 행진에 참여할 때든 정책 결정이 이루어지는 곳에서 한 자리를 차지하기 위해 싸울 때든 간에 주위를 둘러보니 거기 있는 모든 여성이 다 백인이라면 곤란하다. 여성에게 영향을 미치는 문제를 다루면서 백인 여성만을 대상으로 삼아서는 안 된다. 변화를 이끌고 차별과 여성혐오에 맞서기 위해 뜻이 같은 여성들과 연대할 때도 자신과 똑같이 생긴 사람들끼리 모이는 것은 바람직하지 않다.

그러므로 여성이라는 범주에 속하는 모든 사람을 고려하자. 성소수자 여성, 가난한 여성, 이민자 여성, 불법 체류 여성, 종교가 있거나 없는 여성, 감금된 여성, 장애가 있는 여성, 소수민족 여성, 원주민 여성 등 정말로 모든 여성을 생각하자.

진정한 공감을 위해서는 자기 경험이라는 렌즈로 바라본 세상을 벗어나서 타인의 권리를 위해 싸워야 한다. 누군가가 여전히 억압받고 있다면 아무도 진정으로 자유로울 수 없고, 억압이 일어나지 않는다고 부정할 수도 없다.

일반적으로 여성에게 부정적 영향을 미치는 문제 중 어느 것을 골라도 그 문제로 불균등하게 심한 피해를 받고 있을 가능성이 큰 것은 소외 계층 여성이다. 예를 들자면 미투운동 덕분에 사람들이 성범죄를 바라보는 관점에 혁명이 일어났고, 아마도 역사상 처음으로 여성들이 겪어온 성희롱과 성폭행의 진짜 규모가 드러났다. 하지만 소외 계층 여성은 성범죄의 피해자가 될 확률이 훨씬 높다. 게다가 사회 구조적 차별과 기타 수많은 이유로 이들의 말은 신뢰받지 못한다(크리스틴 블라지포드 같은 아이비리그 출신의 부유한 백인 숙녀조차 대중에게 신뢰받지 못하는 판국이니…… 문제는 매우 심각하다).

예를 들어 백인 여성 중 약 19퍼센트가 강간을 당했다. 그런데 흑인 여성은 22퍼센트, 미국 원주민 여성은 27퍼센트, 다민족 여성은 33퍼센트가 강간을 당했다. 거의 절반에 달하는(47퍼센트) 트렌스젠더 여성이 성폭행을 당했다. 그러면 불법 체류 여성은? 구금이나 추방을 당할까 봐 신고를 기피하는 데다 출입국 관리 수용소에서도 성폭행이 빈번히 일어나는지라 집계조차 어렵다.

이런 문제를 논할 때는 모든 여성의 목소리에 귀 기울이고 항상 다른 여성의 관점을 염두에 두는 것이 매우 중요하다. 여성 전체에 영향을 미치는 문제를 다루면서 자기 자신, 또는 자신이 포함된 집단이 받을 영향에만 초점을 맞춰서는 안 된다. 그 문제가 소외 계층 여성에게 어떤 영향을 미치는지 확인하고 그들의 목소리까지 대변하려고 노력해야 한다.

나처럼 이성애 관계를 유지 중이며 생물학적 성과 성정체성이 일치하는 시스젠더 백인 여성 얘기만 하는 것이 아님을 확실히 밝히고 모든 여성을 아우를 목적으로 나는 '소외 계층'이라는 용어를 썼다. 이 말은 비백인 여성, 성소수자 공동체, 빈곤층 여성, 구금된 여성, 불법 체류 여성을 비롯해 기본적으로 더욱 심한 불평등을 겪는 모든 여성 집단을 포괄하므로 내 생각을 나타내기에 가장 적합하다고 본다.

소외는 사회 안에서 누군가를 권력이 없는 위치에 놓는다는 의미다. 누군가를 소외한다는 말은 곧 그 사람을 사회의 변두리로 밀어낸다는 뜻이다. 불평등에 관해 생각할 때는 이 점을 반드시 유념하기 바란다. 우리가 맞서는 많은 문제의 핵심은 여성으로서 우리가 어떤 식으로든 소외된다고 느낀다는데 있다. 우리는 삶을 좌우하는 정책 결정 과정에서 밀려난다. 하지만 소외 계층 사람들은 더 멀리까지 밀려난다는 점을 잊지 말아야 한다. 변두리보다 훨씬 중심에 가까운 곳에서 자기 자리를 지키려고 싸우는 사람은 모든 사람을 함께 데려가려고 애써야 한다.

변명하지 마라

자기 선택은 오롯이 자기 것이다. 당신은 자기 손이 닿는 모든 정보를 토대로 능력을 최대한 발휘해 선택지를 골랐다. 당신이 내린 결정은 지극히 개인적이며, 같은 처지의 다른 누군가는 같은 선택을 하지 않을지 몰라도 그건 당신 결정이 틀렸다는 뜻은 아니다.

당신은 똑똑하고, 능력 있고, 가치 있으며, 자기 몸과 삶에 관한 문제를 스스로 결정할 자격이 충분한 사람이다. 그런 결정을 내리기에 당신보다 더 알맞은 사람은 없다.

당신이 자기 이야기와 경험을 남들과 공유하면서 힘을 얻는 사람이라면 얼마든지 그렇게 해도 된다. 따뜻한 지지를 받게 될 것이다. 하지만 그 또한 자기 선택이고, 경험을 공개하는 것이 안정감과 정신건강에 해가 된다면 공유하지 않는 것도 전적으로 타당한 결정이다.

그저 호기심을 채우려는 사람들에게 설명해줄 의무는 전혀 없다. 끊임없이 당신이 한 선택을 정당화하거나 변명할 필요도 없다. 당신의 선택을 굳게 믿고 가슴을 펴라. 우리는 평등을 위해 싸우고 여성혐오에 맞서느라 바쁘니, 양해를 구할 필요도 없는 우리의 선택에 대해 굳이 변명할 시간이 없다. 우리는 존중받아 마땅하다. 우리는 서로 존중해야 한다. 나아가 자신을 존중해달라고 당당히 요구해야 한다.

3장
아이의 몸, 아이의 선택

우리 엄마, 가장 친한 친구 둘, 그리고 나와 마찬가지로 불만에 찬 페미니스트 수백만 명과 함께 제1회 '우먼스 마치'(Women's March, 트럼프 당선에 반발하며 시작된 여성주의 행진―옮긴이)에 참여한 나는 백악관 근처에 있는 19세기 신고전주의 양식의 옛 우체국 건물 옆을 지나고 있었다. 워싱턴 D.C.에서도 당당하고 아름답기로 손꼽히는 이 건물은 아주 매력적이다. 1차 세계대전이 시작될 무렵까지는 지역 우체국으로 쓰였다고 한다. 하지만 천박한 금색 글자로 정면에 '트럼프'라고 떡하니 이름까지 박힌 지금은 여기저기 널린 트럼프 호텔들 중 하나일 뿐이다.

집결 장소 근처였던 그 건물에 우리가 다다를 무렵 사람들은 가지고 있던 팻말을 건물 앞에 버리기 시작했다. 트럼프 간판이라는 상스러움으로 더럽혀졌던 이 멋진 건물 입구는 이내 "꽃보다 기본권", "내 몸, 내 선택", "혐오는 미국을 위대하게 하지 못한다" 등의 구호가 적힌, 문자 그대로 수천 개의 팻

말들로 뒤덮였다.

건물은 다시 아름다워 보였다.

그때 아기띠로 아이를 가슴에 안은 젊은 엄마가 우리 근처를 걸어가고 있었다. 나와 똑 닮은 데다 늘 휴대폰을 손에서 놓지 않는 사람답게 우리 엄마는 아기를 안은 여성에게 사진을 좀 찍어도 되겠냐고 물었다. 아기 엄마는 예의 바르게 미소로 답했다. "그럼요!"

엄마가 부산스레 휴대폰을 꺼내서 사진을 찍으려고 전화기를 들어올리는 순간, 아기는 코를 찡그리며 고개를 마구 저었다. 3월 말인 그날은 쌀쌀했고, 수백만 인파가 몰린 행진이 끝나가는 참이었다. 아기가 사진 찍을 기분이 아닌 것도 어쩌면 당연했다. 아기 엄마는 다정하게 웃으면서 아이 머리에 뽀뽀를 하며 말했다. "알았어. 네 몸이니까 네 마음이지." 그러고는 우리 엄마에게 죄송하지만 사진은 안 되겠다고 양해를 구했다.

역사적 순간이었던 그날 고작 30초쯤이었던 이 만남이 유독 또렷이 기억나는 것은 자기 아이의 신체 자율권을 존중하는 엄마의 태도가 상식적이면서도 왠지 파격적으로 느껴졌기 때문이다.

부모로서 우리는 자기 아이가 하는 행동, 먹는 음식, 입는 옷, 삶을 사는 방식의 상당 부분을 통제한다. 일반적으로 그건 별 문제가 되지 않는다. 내버려두면 이 조그만 그렘린들은 색색으로 물들인 마시멜로만 먹으며 연명하고 그 조그만 뇌가 완전히 백지 상태로 변할 때까지 유튜브 영상을 반복 재생할 게 뻔하기 때문이다. 그리고 아이가 젖먹이일 때는 부모가 자기 마음대로 옷을 골라 입히고 아기의 일과를 정하는 것도 어쩔 수 없는 일이다. 내가 보기에 아기는 커다란 머리를 가느다란 목으로 가누느라 바빠서 자기 의상에 관한 의견을 내세우기 어렵다. 주기적으로 먹고 싼다는 것을 제외하면 젖먹이를 데리고 다니는 것은 아주 연약한 감자 한 자루를 들고 다니는 것과 약간 비슷하다. 그러니 자기 아이로 살아있는 인형놀이를 하고 싶다면 이 시기야말로 우습고 귀여운 옷들을 마음껏 입힐 절호의 기회다.

하지만 곧 아기는 어린이가 되고 자기 몸으로 뭘 하고 싶은지 의견을 내기 시작하며, 해롭지 않은 한(즉 위험한 행동이 아니라면) 아이의 소망은 존중받아야 한다. 부모는 최대한 빨리 아이에게 자기 몸에 관한 권한이 있음을 가르쳐야 한다는 뜻이다.

일찍부터 아이의 몸은 아이 것이며 아이에게 권리가 있음을 분명히 해두는 것이 중요하다. 아이가 어릴 때부터 신체 자율권을 행사하도록 허락하다 보면 사회적으로 다소 부적절하고 어색한 상황이 벌어지기도 한다. 맑은 날에 장화를 신고

엘사 드레스를 입은 딸을 어린이집에 데려다주면서 다른 부모들의 곁눈질을 애써 무시해야 할 수도 있다. 아니면 해럴드 큰할아버지에게 자기 어린 아들이 작별 인사로 뽀뽀해드리지 않을 것이며 이유는 아이가 원치 않기 때문이고, 그래도 괜찮다고 생각한다고 구구절절 설명해야 할지도 모른다.

이런 잠깐의 어색함을 견디면 당신이 아이 말에 귀 기울이고 아이의 마음을 존중한다는 사실을 아이에게 알려줄 수 있다.

부모로서 우리의 궁극적 목표 가운데 하나는 아이가 우리 없이 살아갈 수 있도록 준비시키는 것이다. 우리는 아이가 버르장머리 없는 꼬맹이로 자라지 않도록 아이에게 예의를 가르친다. 대학 등록금용 적금을 붓거나 대학 진학을 준비하는 방법을 알려주기도 한다. 길을 건너기 전에는 양쪽을 다 살펴봐야 한다고 신신당부도 한다.

이와 마찬가지로 신체 자율권을 가르치는 것도 아이를 보호하고 미래를 대비하게 하는 방법에 속한다. 자녀를 대학에 보낸다는 전형적 통과의례를 생각하면 우리는 대개 미니밴에서 이삿짐 상자를 내리고, 아이의 기숙사 방을 정리해주고, 떠나기 전에 아이를 한 번 더 있는 힘껏 안아준 다음 차를 몰아 돌아오는 장면을 상상한다. 하지만 부모로서 당신이 이런 시나리오를 떠올릴 때 여자 학부생 다섯 중 한 명이 성폭력을 경험한다는 사실도 계산에 넣었을까?

내가 당신 기분을 망치고 있으며 유아의 육아 과정에 일종의 성교육을 끼워넣는다는 생각이 불편하다는 점은 이해하지만, 이건 해야만 하는 이야기다. 대학에서 성폭력이 일어난다는 끔찍한 현실을 수많은 엄마가 잘 아는 이유는 본인이 직접 겪었기 때문이다. 자기 아이도 대학에서 그런 경험을 하지 않기를 바라는 것은 당연한 일이다. 자, 그러면 어떻게 해야 할까?

우선 자기 몸에 관한 궁극적 통제권은 자신에게 있으며 누가 됐든 멋대로 그 통제권을 빼앗을 수 없다는 점을 선제적으로 가르쳐서 아이에게 권한을 줄 수 있다. 마찬가지로 남들도 자기 몸에 관한 통제권이 있으므로 남의 권한을 침해하는 것도 옳지 않다고 알려주어야 한다. 부담스럽게 들릴 수도 있지만, 당신에게는 충분히 해낼 만한 능력이 있다!

동의는 언제나 필수

아이를 키우면서 동의를 생활화한다는 것은 정말 중요한 개념이지만, 우리 부모들은 대체로 거기에 몹시 소질이 없다. 사실 그건 쉬운 일이 아니며, 특히 이 개념을 처음 접한 사람이라면 실수를 자주 저지르게 마련이다. 그래도 괜찮다! 자신을 너무 나무라지 말고 실수는 자연스러운 것임을 받아들여

교훈을 얻어서 다음에 더 잘하면 된다. 완벽함보다 발전에 초점을 맞추자. 그렇게 하면 누구라도 할 수 있다.

이것이 그렇게나 어려운 이유는 아이가 아주 어릴 때 부모가 아이 대신 거의 모든 일을 도맡아야 했기 때문이다. 사실 젖먹이 아기는 할 줄 아는 게 하나도 없다! 당신은 흔들거리는 아기 머리 받치기부터 엉덩이 닦기, 먹이기까지 몽땅 담당해야 했다. 유아기에 접어든 지금도 아마 아이 대신 엄청나게 많은 일을 하고 있을 것이다. 애들은 세수와 양말 신기 실력이 형편없다는 사실은 나도 잘 안다.

따라서 동의의 생활화가 어려워지는 것은 그게 다소 부자연스럽게 느껴지는 데다 어엿한 어른이며 대개는 자녀보다 능숙한 당신이 알아서 하는 편이 낫기 때문이다. 당연한 일이다! 물론 당신은 거의 뭐든지 끝내주게 잘하고, 남들과는 비교도 되지 않는다. 그러니 그냥 당신이 주도권을 잡는 게 훨씬 합리적이다.

하지만 부자연스럽고 다소 불편할지라도 이 과정은 정말로 중요하다. 아주 기본적인 방법 몇 가지만으로도 아이에게 자신이, 그리고 오직 자신만이 자기 몸의 통제권을 갖는다는 사실을 가르칠 수 있다. 꾸준히 실천하다 보면 아이는 누가 존중 없이 자기 몸에 접근할 때 그 상황이 괜찮지 않다는 사실을 배운다. 초등학교에서든 대학교에서든 동의 없는 접촉이 일어나면 아이 머릿속에서 무언가가 크게 잘못되었음을 알리는 경보가 울리게 될 것이다.

동의의 생활화 실천이 답답하게 느껴질 때는 이 목표를 되새기자. 당신은 아이에게 신체 접촉이 일어날 때 다음과 같은 조건이 필요하다고 가르치는 중이다.

◆ 본인이 접촉의 이유를 이해해야 한다.
◆ 본인이 허락해야 한다.
◆ 본인이 접촉을 편안하다고 느껴야 한다.

이게 전부다. 아이와 신체 접촉을 할 때마다 이 세 가지 기준이 충족되는지 확인하자. 실제로 이 기준을 적용하려고 하면 조금 어색하게 느껴질지도 모른다. 하지만 계속하다 보면 아마도 왜 해야 하는지 이해하게 될 것이다.

예를 들어 아이를 씻길 때는 엄마가 씻겨도 되냐고 짧게 물어보자. 확인에는 몇 초밖에 걸리지 않으니 시간을 낭비할 염려가 없다고 내가 보증한다. 아이가 좋다고 하면 바로 씻기면 된다. 아이가 싫다고 할 때는(이것도 엄연한 선택지다!) 그러면 네가 직접 해야 한다고 설명하고, 필요하다면 말로 지시하면서 스스로 씻게 하자.

이 방식을 기본으로 삼아 화장실에 갈 때나 옷을 입을 때 등 아이에게 도움이 필요하고 그 과정에서 신체 접촉이 일어나는 모든 상황에 적용하면 된다. 아이의 몸에 대한 통제권을 포기하고 아이에게 권한을 양도하자.

심리상담사인 내 남편은 어른들도 몇 년은 상담을 받아야 익힐 만한 입담을 우리 아이들에게 잔뜩 전수해놓았다. 내가 자기 방 청소하기 같은 썩 재미있지 않은 무언가를 하라고 하면 우리 애들은 차분하게 거절하기도 한다. 그랬는데도 내가 고집을 부리면 아이들은 이런 식으로 받아친다. "엄마는 내 주인이 아니잖아요. 엄마는 엄마의 주인일 뿐이고, 내 주인은 나잖아요." 누구 자식인지 참 뿌듯한 동시에 몹시 짜증이 난다. 내 허리춤에도 안 닿는 꼬마 심리학자와 말다툼하는 기분이란.

아이에게 동의를 얻는 방법을 설명한 부분을 읽으면서 이 문제를 눈치챈 분이 있을지도 모르겠다. 어떻게 하면 아이의 자율성을 존중하는 동시에 책임을 가르칠 수 있을까? 나는 우리 아이들에게 이런 식으로 설명한다. "그래, 네 주인은 너지. 그러니까 너의 주인으로서 너는 너 자신을 돌볼 책임이 있어."

덧붙여 내가 지금 미래의 자주적 성인을 키워내려고 노력하고 있음을 기억하면서, 내가 겪었던 비슷한 경험들을 아이들에게 가감 없이 들려준다. 엄마도 하기 싫거나 좋아하지 않는 일이 있지만, 나 자신을 제대로 보살피려면 그런 일도 해야 한다고 설명한다. 무언가를 하거나 하지 않으면 그로 인한 결과가 빚어질 수밖에 없다. 나는 청소가 싫지만, 청소를 하지 않으면 그 결과를 감수해야 한다. 먼지 탓에 알레르기가 심해질 테고, 쇼핑백이며 비닐봉지가 사방에 나뒹굴어서 쓰레기 쌓아두는 사람들을 소개하는 TV 프로그램에 누가 나를 제보할지도 모른다. 그러니 청소를 하는 수밖에!

나는 동의 문제에 관해서 선택권은 아이들에게 있다고 처음부터 확실히 말한다. 신체 접촉이 싫을 때는 거부할 수 있어야 한다. 예를 들어 목욕할 때 엄마가 욕조에서 비누칠을 해주는 것은 아이 선택에 달렸다. 하지만 목욕 자체는 아니다. 책임 있는 사람이 되려면 개인위생에 신경 써야 하므로 스스로 씻어야 한다. 아이에게 있는 선택권은 스스로 씻을지 아니면 도움을 받을지를 정하는 것이지 아예 씻지 않고 꼬질꼬질하게 지내는 것이 아니다. 아이에게 묻는 것 자체가 어색하고 부자연스럽게 느껴질 수 있다는 점은 이해한다. 하지만 필요 이상으로 복잡하게 생각지 말자. 그냥 아이 몸은 아이 것이며 아무도, 심지어 엄마조차 동의 없이 아이 몸에 손대서는 안된다는 점만 분명히 해두자.

넘치도록 애정 표현을 하는 엄마인 나는 온종일 아이들의 토실토실한 뺨에 뽀뽀하고 싶어서 안달한다. 하지만 지금은 꼭 먼저 물어본다. 아주 간단하다. "뽀뽀해도 돼?" "엄마 안아줄래?" 대부분은 쉽게 허락을 받는다. 어쩌다 허락받지 못하면 기분 나빠하지 않고 거기서 대화를 끝낸다. 나도 가끔은 남편과 꼭 끌어안고 싶을 때도 있고, 혼자 침대에 대자로 눕고 싶을 때도 있다. 애들하고 같이 소파에서 뒹굴고 싶을 때도, 오늘은 이만하면 됐다 싶을 때도 있다. 애들도 마찬가지다.

이 원칙은 다른 사람들에게도 적용된다. 애정 표현을 당연히 여기거나 강요해서는 안 된다. 가족 모임에서는 흔히 아이들에게 작별 인사로 안아주거나 뽀뽀해달라고 요구하는 경우가 매우 흔하다. 해럴드 삼촌께는 죄송하지만, 이런 관습에는 종지부를 찍어야 한다. 애정 표현은 필수가 아니지만, 동의는 필수다. 그러므로 작별 인사로 포옹이나 뽀뽀를 강요하는 대신 그렇게 하고 싶냐고 물어야 한다. 아이가 거절하면(거절해도 괜찮다) 손 키스나 손 흔들기로 인사하는 건 어떤지 물어보자. 그것도 싫다고? 그래도 괜찮다.

아이가 싫다는데도 뽀뽀하라고 강요하는 요지경 세상에 비하면 이건 전혀 이상한 얘기가 아니다. 당연하게도 나는 억지로 입맞춤이나 포옹을 하라고 강요받고 싶지 않고, 다른 어른이 그런 일을 당하는 것을 보고만 있지도 않을 것이다.

작더라도 우리 아이들은 인간이다. 어른과 똑같이 감정도 있고 자기 의견도 있다. 아이는 소품이나 장신구가 아니고, 어른의 기대를 충족하기 위해서 존재하는 것도 아니다. 우리가 아이의 감정을 무시하면서 아이가 자기 몸으로 무엇을 하고 어떻게 애정을 표현해야 하는지 일일이 정해준다면 아이에게 어떤 메시지가 전해질지 생각해보아야 한다. 아이는 어떤 메시지를 품고 청소년으로, 어른으로 자라게 될까? 아이들은 끊임없이 배운다. 우리는 아이에게 동의의 중요성을 올바로 가르쳐서 아이 자신이, 오직 자신만이 자기 몸을 통제한다는 메시지를 간직하고 자랄 수 있도록 도울 필요가 있다.

경계선!

어느 날 내가 조용하고 평화롭게 큰일을 보려고 힘을 주고 있을 때, 갑자기 딸깍거리는 소리와 함께 문손잡이가 돌아가는 게 보였다. 당연히 문은 잠겨 있었다. 하지만 용케도 우리 꼬맹이 딸은 30초도 지나지 않아 문밖에서 잠긴 문을 따는 방법을 찾아냈다. 나는 무릎을 모으고 손을 앞으로 뻗으면서 말했다. "안 돼! 엄마가 변기 쓰고 있어." 그런데 이런 대답이 돌아왔다. "그냥 안아주고 싶어서요. 간식 먹어도 돼요? 엄마 똥 누고 있어요?" 결국 화장실 구석에 아예 자리를 잡고 앉은 딸은 나를 안심시키듯 이렇게 말했다. "여기 있을 테니까 필요하면 불러요."

경계선. 애들은 참 선을 지킬 줄 모른다.

우리가 성범죄와 동의에 관해 논할 때, 동의를 생활화하는 연습을 해두면 아이가 나중에 신체 접촉과 애정 표현에 있어 무엇이 적절하거나 부적절한지 탐색하는 데 도움이 되리라는 사실을 예리하게 깨달은 분도 있으리라. 아마도 우리 아이들이 자라서 연애를 하게 됐을 때 그 관계에서 해도 되는 것과 그렇지 않은 것을 구분하고 동의는 언제나 필수라고 명확한 선을 그을 줄 알게 될 것이다.

하지만 아이들에게는 남의 경계선을 넘지 않는 법도 가르쳐야 한다. 경계선은 조심스럽고 미묘하게 침범되는 경우가 많다. 시사 프로그램에서는 10대 소녀들이 밴을 모는 중년 남자에게 납치당한다는 '위험한 이방인' 이야기를 크게 부각하지만, 여성 대부분이 살면서 겪는 성범죄는 그와는 좀 다르다. 수많은 여성이 공유하는 이야기는 이방인이 아니라 대개는 당시 낭만적 관계에 있던 남성이 경계선을 침범하는 이야기다.

유명인사가 성범죄 가해자로 드러났을 때 대중의 반응을 보면 꽤 흥미롭다. 미투운동의 도화선이 된 하비 와인스틴 같은 작자들은 자신이 철저히 악하다는 사실을 잘 안다. 그런데 유명인사가 사태 수습용 사과문을 발표하기 전에 사람들이 진심으로 충격받는 모습을 보면 나는 항상 이런 생각이 든다. '와. 그게 잘못인지 지금껏 몰랐단 말이야?'

당연히 그건 잘못이다. 와인스틴처럼 수십 명을 성추행해야 잘못으로 간주되는 것은 아니다. 동의 없이 남을 희롱하거나 신체에 접촉했다면 그건 잘못이다. 얘기 끝. 그리 어려운 개념도 아니건만, 지금껏 그런 규칙이 있는 줄도 몰랐다며 기막혀

하는 남자가 무수히 많다.

적어도 다음 세대에서는 이 부분을 바로잡아서 아무 생각 없는 남자가 여성에게 성폭력을 저지르고 그게 잘못인지 몰랐다며 선처를 호소하는 악순환을 끊어야 한다. 이를 위해 우리가 할 수 있는 간단한 방법은 아이들에게 경계선 지키는 법을 가르치는 것이다. 누가 자기 몸을 만져도 괜찮을 때가 언제인지 알려주는 목욕 실습은 아이가 자기 경계선을 확립하고 타인을 존중하는 법을 배우는 데 꼭 필요한 시간이다.

대학 시절 나는 대형 철물점에서 아르바이트를 했는데, 고객들의 치근거림이 심각한 지경이었다. 직원 교육용 영상에는 그런 행동에 대처하는 법이 나오지 않았으므로 직원들은 각자 알아서 대처해야 했다. 나는 누가 내 사적 공간을 침범할 때마다 앞치마 주머니에 손을 넣어 가게에서 지급받은 줄자를 꺼냈다. 그런 다음 말없이 줄자를 90센티미터 길이로 뽑아서 내 몸 앞에 대고 제자리에서 한 바퀴 돌았다. 대개 말은 전혀 필요하지 않았다. 다들 이게 내 사적 공간이며 당신이 그걸 침범하고 있다는 메시지를 알아들었다. 당황해서 미안한 듯 물러서는 사람도 있고, 고객에게 예의가 없다고 투덜거리고 씩씩대며 사라지는 사람도 있었다. 하지만 어느 쪽이든 내 뜻을 알아듣고 물러났으니 목적은 달성된 셈이다!

문자 그대로 자기 영역의 경계선을 자로 잴 필요는 없다. 웬

만하면 다들 그게 어디까지인지, 누가 침범했는지 아닌지 안
다. 경계선 침입 상습범인 아이들조차 이 개념을 생각보다 쉽
게 이해한다.

실제로 아이들에게 이 개념을 가르칠 때는 엄마가 너에게
하는 것과 똑같이 너도 다른 사람을 존중하라고 하기만 하면
된다. 평소에 꾸준히 동의를 생활화하고 있다면 아이들은 그
게 정상이라고 생각한다. 따라서 자신이 동의해야만 신체 접
촉이 일어나는 것과 똑같이 남에게 접촉하려면 먼저 상대의
동의가 있어야 한다는 점을 이해할 것이다.

아이에게 어느 정도의 사적 영역과 사생활을 보장해주자.
아이가 괜찮다고 하기 전에는 아이의 공간을 침범하지 말고,
아이도 허락 없이는 다른 사람의 공간을 침범하지 못하게 하
자. 신체적이든 정신적이든 누구에게나 경계선은 있고, 멋대로
선을 넘는 것은 옳지 않다.

경계선은 많은 수의 어른들도 가끔은 어려워하는 개념이다.
하지만 왠지 몰라도 아이들은 이를 꽤 쉽게 받아들인다. 유치
원이나 학교에는 대부분 '남에게 손대지 않기'나 '내가 싫은
행동은 친구에게도 하지 않기' 같은 기본적이고 보편적인 규
칙이 있다. 사실 경계선도 이와 비슷한 개념이다. 우리 집 남
매 중에서는 어린이집 다닐 나이인 딸이 더 민감해서 제 오
빠가 너무 가까이 붙는다 싶으면 잽싸게 "경계선!"이라고 소

리친다.

아이들과 경계선 얘기를 할 때는 "안 돼"라고 말해도 괜찮다는 점도 가르쳐주자. 거절은 언제나 가능하며, 안 된다는 말은 그 자체로 온전한 대답이다. 아이가 엄청나게 귀여워서 인스타그램에 올려야겠다 싶어 사진을 찍어도 되는지 물었는데 아이가 싫다고 한다면? 인스타그램에 못 올리는 거다. 당신은 파파라치가 아니니까. 아이가 친구 집에서 자고 오기로 했다가 무슨 이유로든 불편해져서 집에 오고 싶다고 한다면 그래도 괜찮다고 알려주고 집으로 데려오자. 뽀뽀해주고 싶더라도 아이가 그럴 기분이 아니라면 그냥 참아야 한다.

가끔은 내가 어느새 이렇게 나이를 먹었는지 모르겠다는 생각이 들지만, 우리는 아픈 허리를 부여잡고 공과금을 내야 하는 성숙한 어른이다. 아이가 자신의 경계선을 넘는 무언가에 대해 "싫어"라고 말하면 우리는 곧이곧대로 그걸 완전한 대답으로 받아들여야 한다. 어떤 상황에서도 아이를 조종하려 들지 마라. 입을 삐죽 내밀거나 "정말 안 돼?"라고 조르면 안 된다. 거절은 거절이고, 그걸로 끝이다. 아이가 어른이 됐을 때 그 점을 이해하길 바란다면 어릴 때부터 똑바로 가르치자.

어느 정도 아이의 사생활을 보장해주는 것도 필요하다. 아이가 위험에 처했다고 의심되는 상황이 아니라면 사생활을 보호해주자. 아이가 일기를 쓰고 있다면 방에 몰래 들어가서 훔쳐보려고 하면 안 된다. 아이가 학교 생활 이야기를 자세히 들려주지 않으려 해도 억지로 묻지 마라. 단지 뭔가가 잘못되거나, 불안하거나, 누가 자기 영역을 침범해서 기분이 나쁠 때 부모는 언제든지 마음을 털어놓을 수 있는 안전한 피난처임을 아이에게 분명히 알려야 한다. 하지만 당신이 아이의 경계선과 사생활을 존중할 거라는 점도 설명해주어야 한다.

아이가 자기 경계선을 확립하고 타인의 경계선을 존중하도록 가르침으로써 당신은 언젠가 아이가 좋은 사람을 알아보고 자신도 좋은 파트너가 되어 건강한 관계를 맺는 데 필요한 토대를 닦아줄 수 있다.

패션 테러리스트가 될 자유

아이들에게 자기표현은 극도로 중요하다. 나는 2012년에 산 중저가 브랜드 레깅스를 아직도 잘만 입는 반면 우리 딸은 내가 비싸게 주고 산 브랜드 아동복을 안 입겠다고 하는 걸 보면서 이런 교훈을 얻었다. 옷을 골라 입을 때 나는 일단 고무줄 바지에(산후조리는 평생 하는 거잖아요, 맞죠?) 잊어버리지 않고 빨아서 옷장에 걸어둔 옷이면 아무거나 걸치고 본다. 하지만 아이들은 대체로 자기가 입는 옷을 자기표현으로 생각하고, 그것을 상당히 진지하게 생각한다.

사소한 것처럼 보일 수도 있다. 하지만 집 안을 둘러보고 아이의 관점에서 생활환경을 살펴보면 아이가 자신에게는 선택의 자유가 거의 없다고 느낄 수도 있다는 점을 깨닫게 될 것이다. 냉장고와 찬장은 부모가 고른 음식으로 가득하고, 자기가 원하는 무지갯빛 젤리와 아이스크림이 저녁으로 나오는 일은 없다. 집의 실내장식도 아이 취향보다는 어른 눈높이에 맞춰져 있다. 아이들은 거의 모든 것이 남의 손으로 선택된 세상에 사는 셈이다.

사실 이건 어쩔 수 없다. 아이들에게 선택을 맡기기는 좀 어렵다. 영화 〈빅〉과 〈나 홀로 집에〉를 봤으면 알겠지만, 아이들에게 알아서 선택하라고 맡기면 끔찍한 결정을 내린다.

하지만 아이가 알아서 끔찍한 결정을 내리도록 놔두면 아이의 자신감과 자율성을 기르는 데 도움이 된다! 자기가 입을 옷을 직접 고르는 것은 사소한 패션 범죄 외에는 별다른 해를 끼치지 않으면서 자율성을 기르고 자신을 표현하는 손쉬운 방법이다. 최악의 결과라고 해봤자 어울리지 않거나 우스꽝스러운 옷을 고르는 것 정도니 별일 아니다. 다들 그러려니 할 것이다.

옷차림에 그다지 관심이 없는 아이도 있다. 우리 아들은 어차피 자기가 원하는 대로 훌딱 벗고 다닐 수 없다면 내가 골라주는 편이 낫단다. 한편 딸은 자기주장이 뚜렷해서 내가 자기 마음에 안 드는 옷을 고르면 헉 하고 숨을 들이켜며 질색을 한다. 그러니 그냥 아이 성향에 맞추면 된다.

어릴 때는 어떤 옷을 입고 싶은지 강한 의사표현을 하지 않던 아이라 해도 청소년기가 되면 관심이 생길 수도 있다. 이럴 때도 똑같이 아이가 주도권을 잡게 놔두고 약간의 자유를 주면 된다. 머리를 좀 튀는 색으로 염색하거나 요즘 유행하는 커트를 하고 싶어한다고? 에이, 그냥 하라고 해라. 그냥 머리카락일 뿐이다. 취향을 단속하려 들지 말고 아이의 대담함과 개성을 인정해주려고 노력하자. 10대 자녀를 둔 부모의 가장 큰 골칫거리가 보라색 부분염색이라면 사춘기 로또를 맞은 거나 마찬가지다.

물론 부모는 어떤 것이 '적절'하고 어떤 것은 그렇지 않은지 판단을 내려줄 수 있다. 하지만 적절함을 논할 때는 주의할 필요가 있다. 명시적이거나 암묵적인 복장 규칙이 양쪽 성별에 동등하게 적용되는지, 그게 공평하다고 생각하는지, 그리고 부모와 아이가 모두 받아들일 만한 방식으로 쉽게 납득되는지 생각해보자. 예를 들어 결혼식이나 종교적 축일 같은 때는 특별한 날이니까 특별한 옷을 입는다고 간단히 설명할 수도 있다.

성차별로 흐르기 쉬운 복장 규칙도 있다. 이에 관해서는 나중에 더 자세히 다룰 예정이다.

하지만 적절함을 기준으로 아이가 고른 옷을 입으면 안 된다고 말할 참이라면 그 복장이 왜 적절하지 않다고 판단하는지 자문해보자. 자신의 논리에 약간이라도 여성혐오적인 구석이 있다면 당장 그만둬라.

아이에게 선택권을 주는 것은 당신보다 아이에게 훨씬 큰 의미가 있다. 아이가 뭐든지 일단 옷을 입고 있고 당신이 성공적으로 아이를 집 밖으로 데리고 나왔다면(그것도 심지어 제시간에!) 당신이 고른 옷을 입히지 못했다는 사실이 그렇게나 중요할까? 그리고 아이가 어떤 기분일지 생각해보자. 아마도 아이는 이런 생각을 하고 있을 것이다.

◆ '우와. 나 정말 멋지다.'
◆ '이 반짝이 망사 치마하고 제일 아끼는 장화를 내가 직접 골랐고, 아주 마음에 들어.'
◆ '내가 혼자서 다 해냈어.'
◆ '햄버거 빵에서 뜯은 참깨를 마당에 심으면 햄버거가 열릴까?'

아이의 자아존중감과 표현의 자유에 도움이 된다고 생각하면 오지랖 넓은 이웃 주민의 못마땅한 시선을 감수할 가치가 있으리라.

건강한 신체 이미지는 가정에서 시작된다

유감스럽게도 이 세상에 자기 몸을 싫어한 적 없는 여성은 거의 없다. 나는 당신을 모르지만, 언젠가 당신이 자기 몸에 관해 부정적 생각을 했으리라는 점은 장담할 수 있다. 아마 살을 빼고 싶어하리라는 점도.

어떻게 아느냐고? 여자들은 거의 다 똑같은 식으로 생각하거나 생각했었기 때문이다! 심리학 전문지《사이콜로지 투데이》에서 신체 이미지에 관한 연구를 했는데, 대다수 여성이 보편적으로 자신의 외모에 만족하지 못한다는 사실이 밝혀졌다. 이 연구 결과는 말도 안 되게 심각했다. 무려 89퍼센트의 여성이 특히 살을 빼고 싶다고 답했다. 15퍼센트의 여성은 자신이 원하는 이상적 몸무게에 도달할 수 있다면 자기 수명을 5년 이상 포기하겠다고 말했다. 우리 가운데 단지 스키니진을 입으려고 문자 그대로 죽음을 택할 사람들이 있다는 뜻이다. 정말 말도 안 된다! 수많은 여성이 패션 아이콘 크리시 타이건처럼 되기를 꿈꾸지만, 어느 모로 보나 여신 같은 크리시조차 자기 몸에서 마음에 안 드는 부분이 있다고 한다! 여자들은 이렇듯 자기 몸을 싫어하면서, 마찬가지로 자기 몸을 싫어하는 여자의 몸을 가지고 싶다고 소망하는 끔찍한 순환의 고리에 갇혀 있다.

따라서 이 글을 읽는 당신 또한 틀림없이 신체 이미지 문제를 몸소 겪어 잘 이해하고 있으며 그게 얼마나 지독하고 사람을 괴롭히는 문제인지 알고 있을 것이다. 우리는 개인적으로 여기서 벗어나려고 노력하는 동시에 가정에서 긍정적 신체 이미지를 심어 아이들이 부정적 신체 이미지라는 해로운 챗바퀴에서 벗어나게 해줄 필요가 있다.

아이들은 당신의 말과 행동을 통해 신체 이미지를 배운다는 점에 항상 주의하자. 당신이 햄버거 대신 샐러드를 먹으면 아이는 이유를 물을 것이다. 대답하는 방식에 주의를 기울이되 솔직하게 답하자. 햄버거보다 샐러드 쪽이 먹었을 때 속이 더 편하다든가, 채소를 더 먹으려고 노력 중이라든가, 그냥 샐러드가 맛있다든가, 뭐든 괜찮다! 단지 5킬로그램을 빼야 하니까, 물만 먹는 다이어트 중이라서, 또는 엄마가 '뚱뚱해서'라고 말하지는 말자.

뚱뚱하다는 말은 지겹다. 솔직히 나는 그 말이 욕설보다도 더 싫다. 일부 여성은 자신을 깎아내리는 의미에서 자신이 뚱뚱하다고 말하고(개인적으로 정말 싫다), 남을 모욕하려고 쓰는 사람도 있고, 그 단어의 부정적 의미를 없애고 스스로 힘을 얻기 위해 자기가 뚱뚱하다고 말하는 사람도 있다.

그 말이 거북하든 아니든 나는 우리가 아이들과 대화할 때 그 단어가 지닌 부정적 힘을 지워 없애는 역할을 할 수 있다고 생각한다. 지방(fat)은 다량영양소에 속하며 우리에게 에너지를 준다. 우리가 먹는 음식에 풍부하게 들어 있고, 심지어 꼭 몸에 나쁘지도 않다. 인간은 지방이 필요하다. 아보카도에 들어 있는 지방처럼 몸에 좋은 지방도 있다! 누구나 몸 안에 지방이 있고, 어떤 사람은 좀 더 많다. 이게 전부다. 지방은 사람을 정의하거나 누군가가 어떤 사람인지 알려주는 특징이 아니다. 몸에 저장된 특정 영양소의 양으로 사람을 정의할 수는 없는 법이다.

아이가 뚱뚱하다는 말을 쓰면 그냥 지방에 관한 이 기본적 사실들을 알려주자. 사람은 누구나 지방이 있고, 지방이 필요하고, 그건 그냥 영양소일 뿐이라고. 당신이 지방을 완벽히 따분한 과학적 사실로 묘사할수록 아이는 충치 예방에 관한 설명을 들을 때와 똑같이 엄마 목소리가 점점 찰리 브라운네 선생님처럼 웅얼거리는 소리로 들린다고 생각할 것이다. 그 편이 낫다. 그건 원래 따분하다. 지방이라느니 뚱뚱하다느니 하는 말은 그렇게 취급하는 게 맞다. 그러다 보면 아이들은 그렇게 따분한 것에 자기 몸과의 관계를 좌지우지할 만한 권력을 부여하지 않게 될 것이다.

당신이 자기 자신과 자기 몸에 더 관대해져야 하는 이유는 바로 당신을 위해서다. 하지만 당신이 받아 마땅한 사랑과 존중으로 자신을 대할 의욕이 생기지 않는다면 아이를 위해서라도 그렇게 해라. 아이 앞에서 자신이나 자기 몸을 가혹하게 다뤄서는 안 된다.

유행한다고 해서 몸에 좋지 않은 다이어트를 섣불리 시작하지 말자. 당신이 먹는 식단을 아이에게 똑같이 먹이기 꺼려진다면 다시 생각해야 한다. 과자가 먹고 싶다면 그냥 먹어라! 그걸로 법석을 떨 필요는 전혀 없다. 당신은 강아지가 아니다. 보상으로 간식이 필요하다든가 먹어놓고 '죄책감'이 든다는 말은 하지 마라. 당신에게서 직접 실시간으로 배우는 아이들이 있기에 당신 마음도 편하고 아이가 먹기에도 알맞은 건강한 식단을 찾아 균형을 잡는 것이 중요하다.

타인의 몸에 관해 말할 때는 항상 주의를 기울이자. 남의 몸을 평가하고 지적해서는 안 된다. 연예인의 연애 문제가 아무리 궁금해도 외모를 비하하는 헛소리가 표지에 떡하니 실린 삼류 잡지를 집에 들여놔서는 안 된다. 아이들 앞에서 남의 몸을 평가하는 일은, 특히 부정적으로 평가하는 일은 절대로 하지 마라.

이건 타협할 수 없는 선이다. 외모 비하는 무슨 핑계로도 정당화되지 않는다. 자, 도널드 트럼프가 인간쓰레기라는 이유로 테니스 반바지를 입은 그의 엉덩이 크기를 웃음거리로 삼아도 될까? 안 된다. 당신이 체중을 근거로 남을 폄하한다면 다른 여성이나 당신 아이는 '아, 이 사람은 그런 식으로 느끼고 생각하는구나. 나에 대해서는 어떻게 생각할까? 몸무게가 많이 나가는 사람은 누구든 그런 식으로 생각할까?'라고 느낄 것이다. 트럼프를 비판하고 싶다면 그의 정책에 집중하고 엉덩이는 가만히 놔둬야 한다.

당연하게도 체형이나 장애 유무로 남의 외모를 비하하는 것은 그게 어떤 경우든 용납되지 않는다. 너무 말랐다고, 장애가 있다고, 체형이 표준적이지 않다고 남을 비난해서는 안 된다. 모든 외모 비하는 옳지 않다. 그게 전부다. 이게 바로 당신이 아이들에게 가르쳐야 할 메시지다.

살을 빼려고 열심히 노력해서 목표를 달성한 사람을 칭찬하고 싶다면 그래도 된다! 다만 표현에 주의를 기울이자. 그 사람의 예전 몸을 비하하며 지금은 훨씬 좋아 보인다고 말하면 곤란하다. 긍정적 방식으로, 예를 들어 이렇게 말해보자. "넌 항상 멋져." "아주 건강해 보이네!" "진짜 뿌듯하겠다." "건강을 잘 챙기는 것 같아서 정말 좋아 보인다."

항상 당신의 몸을 너그럽게 대하자. 아이들은 자기 몸과 관계 맺는 방법을 당신에게 배운다. 당신이 거울 앞에 서서 볼록 나온 배를 꼬집고 살을 빼야 한다고 불평하며 자기 몸에 가혹하게 굴면 아이들은 당신이 자기 몸을 바라보는 방식을 배우고 자기도 그런 식으로 생각해야 한다고 여기게 된다.

하지만 아직 상황을 바꿀 기회가 있다. 당신이 가진 하나뿐인 몸에 못되게 굴지 말자. 당신 몸은 그렇게 나쁘지 않다. 어쨌거나 당신을 여기까지 데려다줬지 않은가? 몸이 당신에게 해준 놀라운 일을 떠올려보자. 당신이 갔던 모든 장소, 봤던

풍경, 견뎠던 일, 극복한 일, 당신이 해낸 모든 일을. 엄청나지 않은가? 몸이란 '완벽할(그게 무슨 뜻이든 간에)' 필요가 없음을 아이들에게 보여주자.

서른두 살을 먹고 나서야 나는 비키니 몸매란 그냥 비키니를 입은 몸이라는 사실을 깨달았다. 내 몸은 비키니에 어울리는 체형이 아니라고 생각했기에 도저히 선뜻 입을 수가 없었다. 10대 시절에도 통통했던 나는 통신판매 카탈로그에 나오는, 끈 달린 비키니를 입은 키 크고 마른 소녀들과는 딴판이었다. 그래서 비키니란 내가 노릴 만한 물건이 아니라고 생각했다. 내가 입어본 것 중에 가장 노출이 많았던 수영복은 두 부분으로 나뉘어 있기는 해도 비치볼을 치려고 손을 들면 복부가 1센티미터 보일까 말까 한 '탱키니'였다. 그리고 항상 검은색! 당연하게도 날씬해 보이는 검은색을 두고 다른 색을 입어볼 생각조차 하지 않았다.

서른두 살이 된 나는 애들을 떼놓고 남편과 둘이서 라스베이거스 여행을 가려고 준비하고 있었다. 수영복을 사러 간 나는 늘 하던 대로 툭 튀어나온 배를 가려줄 스커트가 달려 있고 주름이 잔뜩 잡힌 검정 원피스 수영복이 걸린 매대로 향했다. 아이 둘을 낳고 수술까지 두어 번 받고 난 내 배는 살이 튼 자국과 흉터가 겨루는 전쟁터였다. 물론 아이를 낳고 나니 체형도 달라졌고, 몸무게도 훨씬 늘어난 상태였다.

하지만 문득 이런 생각이 들었다. 뭐 어때? 지금 아니면 언제 입을래? 15년 전 10킬로그램 덜 나갔을 때도 어차피 안 입었는데, 기다리면 뭐 해? 그래서 나는 우리 동네 마트에 있는 미지의 영역, 즉 비키니 매대로 용감히 나아갔다. 과연 어떻게 됐을까? 내 사이즈가 있었다! 믿어지시는지? 그때까지 나는 비키니를 입으려면 특정 사이즈의 비키니 몸매가 되어야 한다고 생각했다. 그런데 아니었다. 아닌 게 아니라 수영복 회사에서는 줄곧 다양한 사이즈를 내놓고 있었다.

그래서 입어봤다. 눈부신 형광등 불빛 아래 내 흉터와 출렁이는 허벅지가 적나라하게 드러났다. 광고나 잡지에서 봤던 비키니 몸매와는 전혀 달랐지만, 그건 비키니를 입은 내 몸이었다. 난 그게 마음에 들었다.

비키니를 살그머니 집어들고 셀프 계산대로 갔다. 구매는 순조로웠다. 화면에 '비상! XL 사이즈 비키니 하의 오류! 판매 불가!' 같은 오류 메시지는 뜨지 않았다.

그런 다음 나는 눈 딱 감고 실제로 그걸 입었다. 배를 가리는 커버업도, 오버사이즈 티셔츠도 덧입지 않았다. 그냥 비키니만 입고 호텔 수영장에 갔다. 그 뒤에 무슨 일이 있었는지 상상도 하지 못하리라.

자그마치 아무 일도 없었다. 나는 의자에 앉아서 책을 읽었다. 내가 난생처음 비키니를 입었다는 걸 눈치채거나 신경 쓰는 사람은 나 말고는 아무도 없었다.

내 몸을 받아들이기로 한 이유의 일부는 애초에 내 살이 튼 이유와 겹친다. 즉 우리 똥강아지들 때문이다. 우리 아이들이 구석으로 물러나서 완벽하지 않은 몸을 가리고 눈에 띄지 않으려고 애쓰는 모습으로 나를 기억하는 건 싫다. 내가 수영장에서 첨벙거리면서 내 몸 그대로 편안하게 지내는 모습을 봤으면 좋겠다. 아이들도 아마 당연히 내 몸이 잡지 모델과는 다르다는 점을 눈치챌 것이다. 솔직히 눈치챘으면 좋겠다. 우리 아이들이 엄마도 비키니를 입어도 되는 사람이란 걸 알았으면 좋겠다.

4장
아이에게 성적 잣대를 들이대지 마라

이런 장면을 많이 봤을 것이다. 각각 성별이 다른 아이를 둔 엄마 둘이 만나서 아이들끼리 놀게 해주는 장면. 애들은 애들답게 논다. 어울려 놀고, 삐지고, 바닥에 있는 더러운 무언가를 손으로 만진다. 그 동안 엄마들은 귀염둥이들을 붙여 놓으니 더 귀엽다면서 호들갑을 떨고, 엄마들이 자주 그러듯 둘이 결혼시키면 딱 좋겠다는 말을 꺼낸다. 그리고 물론 까르르 웃으면서 농담으로 넘긴다. 하지만 알다시피 유난스러운 엄마들은 벌써 핀터레스트(이미지 기반 소셜 네트워크 서비스—옮긴이)에 결혼식 참고 자료 페이지를 만들어서 자기 마음에 드는 꽃 장식 사진을 모은다.

드레스 천은 좀 내려놓으시고 돌쟁이 아기 결혼식 준비는 그만두시죠. 솔직히 소름 끼치거든요.

나는 유치원생이나 그보다 어린 자녀를 둔 부모가 아이의 미래 연애사에 관해 얘기하는 것을 수없이 들었다. 그들은 자라서 데이트 할 나이가 되면 우리 꼬마 신사가 숙녀들에게 인기 최고일 거라고, 우리 딸이 남자깨나 울릴 거라고 상상하며 열을 올린다. 하지만 이성 교제보다 냉동 피자에 훨씬 관심이 많은 꼬맹이들을 바라보고 있노라면 나는 항상 같은 생각이 떠오른다.

'이 중에 몇 명은 동성애자일 텐데.'

한 반에 서른 명인 유치원(과밀 학급도 참 심각한 문제다)을 떠올려보자. 전체 인구의 5~10퍼센트가 동성애자라고 치면 그 반 아이들 중 한 명에서 세 명 정도는 동성애자일 것이다. 그런데 왜 우리는 그 아이들이 모두 시스젠더 이성애자라고 가정할까?

별일 아닌 것처럼 보일지도 모르지만, 아이가 스스로 성정체성을 확립하기 전에 부모가 먼저 넘겨짚는 것은 그 가정이 틀렸을 경우 아이를 혼란과 불안에 빠뜨릴 수도 있다. 성소수자로 커밍아웃 하는 사람들은 대체로 자신이 아끼는 이들이 자신에 대해 품은 이성애 중심적 선입견이 틀렸음을 알려주는 과정을 거치느라 힘들다고 토로한다.

우리는 자기 자녀의 성정체성에 관해 여러 가지 정형화된 기대를 품는 경향이 있지만, 솔직히 말해 우리는 모른다. 부모가 이런 기대를 형성하는 건 대개 아이가 아직 어려 자신도 뭐가 뭔지 모를 때다. 부모는 아이에게 자신의 정체성을 탐색할 기회를 주고 뭐가 어찌 됐든 한없이 사랑해줄 거라는 포용력을 보여줄 필요가 있다.

자, 주목. 당신은 여기에 관해 생각해본 적이 없고 아이는 스스로 자기 정체성을 확립하지 못했을 정도로 아직 어리다면 내 말을 들어주기 바란다. 당신 아이는 성소수자일 수도 있다. 지금 당장 이 가능성을 고려해보자. 아이가 아마도, 거의 틀림없이 이성애자임을 안다고 하더라도 가능성만은 염두에 두자. 가능성을 열어둔 채로 이를 육아에 어떻게 접목할지도 생각해보자.

이를 육아에 적용하는 방법은 아주 간단하며 부모로서 생각해야 할 다른 문제들과 다를 바가 없다. 바로 지레짐작하지 않는 것이다. 아이가 시스젠더 이성애자라고 지레짐작하지 마라. 아이가 성소수자일 가능성도 열어둬라. 아이가 이성애자로 밝혀졌을 때 이런 육아 방식의 부작용이라고는 아이가 성적 정체성의 다양함을 일찍부터 교육받아서 편견에 찌든 얼간이가 될 가능성이 낮아진다는 것뿐이니 손해날 게 없다.

아이들은 대개 어른들의 관계를 보고 질문을 한다. 이때야말로 당신이 나설 차례다. 아이들은 아무것도 모른다. 결혼 이야기가 나오면 아이는 엄마나 아빠와 결혼하겠다고 한다. 많이 들어본 말 아닌가? 직계가족 외에 다른 누군가를 사랑해서 그 사람과 계속 함께하고 싶다는 것은 아이에게 무척 낯선 개념이다.

그러므로 낭만적 관계, 결혼, 연애 등에 관해 얘기할 때는 여지를 두자. 아들에게 언젠가 네가 사랑하는 여자를 만나거나 아내를 맞을 거라고 하지 말고, 그냥 누군가 또는 남자나 여자라고 말하자. 그런 다음에는 아이에게 장단을 맞춰주면 된다. 새로운 정보를 소화하는 과정이 필요한 아이는 확인을 위해 이렇게 물을지도 모른다. "와, 남자끼리도 결혼할 수 있어요?" 그러면 그렇다고 대답해주면 된다.

아이가 외부에서 해로운 메시지를 받아들이지 않도록 보호하는 것도 좋은 방법이다. 웬 꼰대 노인네가 남자끼리는 결혼할 수 없다고 하거나 말 같지도 않은 음모론을 들이댄다면 아이에게 그 말은 틀렸다고 정정해준 다음 동성 관계도 법적 문제가 없고 정상적이며 애정 넘치는 관계라고 설명하면 된다.

일찍부터 아이에게 네가 자라서 누굴 사랑하게 되든 우리는 두 팔 벌려 너희를 맞이해주리라고 알려주는 것이 얼마나 귀한 선물인지 생각해보자. 이런 포용력과 사랑은 대물림되고, 자라서 이성애자로 밝혀지더라도 당신 아이는 살면서 만나는 성소수자들에게 부모에게 배운 것과 똑같은 사랑과 포용을 보여주는 사람이 될 것이다.

차별적 복장 규정을 퇴출하라

누가 회사나 공식적인 자리에 잠옷을 입거나 발가벗고 나타난다면 다들 불편해질 게 뻔하므로 사회에 복장 규정이 있어야 한다는 데는 동의한다. 나 또한 청소년들이 혐오 발언 등 심하게 불쾌한 메시지가 적힌 옷을 입는 모습을 보는 것은 싫다. 그래, 좋다. 복장 규정도 필요할 때가 있다.

내가 그냥 넘길 수 없는 것은 성차별적 복장 규정이다. 뭘 말하는지 아시리라 믿는다. 불공평하게도 여학생에게만 영향을 미치는 규정 얘기다. 속이 상한 부모가 페이스북에 실망한 표정으로 규정에 어긋나는 복장을 한 자기 딸 사진(대개는 어깨를 드러냈거나 허벅지가 5센티미터 보이는 정도)을 올리면서 어쩌다가 복장 규정을 어겼다는 이유로 학교 댄스 파티에서 애를 집으로 돌려보냈다고 하소연하는 걸 본 적이 있을지도 모르겠다.

이런 복장 규정 조항은 여자가 주로 입는 의류, 즉 탱크톱, 레깅스, 스커트 등에 초점을 맞춤으로써 불공평하게 여학생만을 표적으로 삼는다. 이런 규제에 담긴 속뜻은 학교 교장 등의 권력자가 아예 복장 규정에 명시해놓기도 하지만, 그렇지 않더라도 암묵적으로 다들 알고 있다. 이런 복장은 남학생과 남자 교사의 집중력을 흐트러뜨린다는 이유로 금지당한다.

웩.

이 말이 어린 여자아이들에게 얼마나 끔찍하게 불쾌한 메시지를 전하는지 생각해보자. 겨우 초등학교 다닐 나이의 여자아이들이 '네 몸은 본질적으로 네 교육을 맡은 성인 남성을 포함한 남자의 주의를 흐트러뜨리므로 남학생과 남성의 교육적 경험을 방해하지 않기 위해 너는 아직 성장기에 있는 네 몸을 가려야 한다'고 교육받고 있다.

자기 교육을 중단한 다음 자기 옷 대신 체육복 바지를 빌려 입고 교실로 돌아가야 하는 여학생은 얼마나 집중력이 흐트러질까? 여학생은 자신이 뭔가 잘못했고 곤경에 처했다는 불안과 두려움까지 떠안아야 한다. 자기 외의 학생들이 진도를 나가는 동안 교실을 떠나야 하고, 교실로 돌아와서는 옷을 갈아입어야만 했던 당혹스러움에 너무 주의가 흐트러지지 않도록 꾹 참으면서 뒤처진 진도를 따라잡으려고 애써야 한다. 이 시나리오에서 주의가 흐트러져 피해를 보는 것은 누구일까? 어이없는 성차별적 복장 규정을 억지로 지켜야 했던 여학생일까, 아니면 여학생의 드러난 어깨가 조금 눈에 들어왔을지도 모르는 옆자리 남학생일까?

가장 걱정되는 것은 이로 인해 여학생에게 '네 몸은 본질적으로 너무나 성적이어서 네가 몸을 드러내는 옷을 입으면 교내의 성인 남성마저 정신이 산만해질지도 모른다'는 메시지가 전달된다는 점이다. 남성 교사가 자신을 성적 대상으로 보는 환경에서 어떻게 어린이가 안전하다고 느낄 수 있겠는가?

주의가 산만해질 수밖에 없다. 여자아이에게 감자 포대를 입힌대도 그 아이에게 관심이 있는 누군가는 분명히 신경을 쓸 것이다. 밖에서는 새소리가 들린다. 학생들은 발끝으로 마룻바닥을 두드린다. 가끔은 교실 밖에서 스트레스를 받고 와서는 책상에 책을 쾅 내려놓는 학생도 있다. 교실에서 주의를 산만하게 할 요소를 모두 금지하기는 불가능하다(시끄러운 새를 몽땅 잡아 없앨 게 아니라면).

교실 내 주의력 저하가 걱정된다면 모든 학생의 배움에 방해가 되는 요소에 초점을 맞춰야 한다. 학교 건물 상태가 좋지 않아서 곰팡이가 피는 바람에 학생들이 호흡기 질환을 겪는다고? 흠, 그건 수업에 방해가 된다. 과외 활동이 너무 많아서 학생들이 숙제를 해 올 시간이 없다고? 교사가 야간 부업을 하느라 너무 피곤해서 수업에 전념하지 못한다고?

이런 것들은 의심할 여지 없이 주의를 산만하게 하며, 공립학교에 예산을 더 투자하고 교사가 생계를 유지할 만한 월급을 지급하고 아이들을 학원에 덜 보내면 해결될 문제다. 그러므로 집중력 저하를 예방하고 싶다면 해결에 힘써야 할 문제는 얼마든지 있다.

하지만 여자아이들의 존재 자체는 예방 가능한 요소가 아니다. 당신 아이가 여학생의 복장 때문에 심하게 집중력이 흐트러진다면 그 문제에 접근하는 가장 나은 방식은 당신 아이에게 적응 방법을 가르치는 것이다. 문제는 레깅스를 입는 여학생이 아니라 거기에 너무 신경을 쓰느라 공부에 집중하지 못하는 남학생이다. 이렇게 보면 이 시나리오에서 가장 좋은 해결법은 남자아이가 쇼핑몰 한가운데서 속옷 광고를 보고 머리가 폭발하는 일이 없도록 여자의 생김새에 익숙해지는 법을 가르치는 것이다.

하지만 나는 이 시나리오 자체가 엉터리라고 생각한다. 사실 이건 성차별적 사고방식을 지닌 어른의 상상 속에만 존재하는 얘기가 아닌가 싶다. 이런 장면을 상상해보자. 시험 시간 내내 진땀을 흘리던 소년 조니는 종이 울리자 자포자기한 듯 빈 답안지를 제출한다. 눈물이 글썽해진 조니는 선생님에게 말한다. "시험을 더 잘 볼 수 있었어요. 그…… 민소매 원피스에 한눈이 팔리지만 않았더라면." 남교사는 조니의 손을 꼭 붙들고 대답한다. "네 마음 안단다." 둘은 함께 흐느낀다.

이 말도 안 되는 이야기는 성차별적 복장 규정을 정당화하는 근거가 얼마나 신빙성이 없는지 잘 보여준다.

문제는 여학생의 존재와 무릎이나 어깨를 약간 노출하는 최신 유행 의류를 선호하는 취향이 아니다. 우리가 어린 여학생들에게 '남학생의 교육이 너희 교육보다 훨씬 중요하므로 혹시 모를 남학생의 주의 산만을 방지하기 위해 너희 교육은 기꺼이 희생하겠다'고 가르치고 있다는 점이 문제다.

결론은 이렇다. 여학생의 외모에 정신이 팔려 남학생이 수업에 집중하지 못한다면 남학생은 집중력 향상에 힘써야 한다. 여학생의 외모에 정신이 팔려 교사가 학생들을 제대로 가르치지 못한다면 그 교사는 아이들 근처에 있으면 안 되는 사람이다.

스커트, 레깅스, 요가 팬츠 같은 의류를 규제하는 복장 규정이 여학생을 대상으로 한다는 사실은 누가 봐도 금세 알 수 있다. 그렇다면 실제 존재하는 모 학교의 복장 규정에 관한 문제를 하나 내보겠다. 다음 규정의 대상이 누구인지 맞혀보자.

남학생의 두발은 아래로 갈수록 짧게 깎은 모양이어야 하며, 머리카락이 옷깃과 귀에 닿아서는 안 된다. 드레드록, 모히칸, 모양을 내어 깎은 머리, 인위적 색상, 인위적 모양은 허용되지 않는다. 빗을 꽂거나 머리망을 써서도 안 된다.

대상은 흑인 학생이라고? 딩동댕! 이 예시는 실제로 한 기독교계 사립학교의 교칙 가운데 있었다. 귀여운 만 여섯 살짜리 흑인 어린이 클린턴 주니어는 교복인 폴로셔츠 차림에 머리카락이 뭉쳐진 모양의 '록' 스타일 머리를 하고 학교에 갔다. 할아버지의 록을 보고 멋지다고 생각해서 자기도 하고 싶다고 했더니 부모님이 허락해준 머리였다. 입학 첫날 학교에 도착한 클린턴 주니어와 아버지에게 학교 임원은 머리모양 탓에 클린턴 주니어의 등교를 허락할 수 없다고 말했다.

몇 번에 걸쳐 아버지는 클린턴 주니어의 짧은 록을 하나로 묶어서 복장 규정에 어긋나지 않게 하겠다고 제안했으나 받아들여지지 않았고, 이 어린이는 결국 학교에 가지 못하게 되었다. 교육에 더는 지장을 줄 수 없다고 생각한 부모는 서둘러 아이를 공립학교에 입학시켰다. 항의 내용을 보면 학교에서 출입 금지를 당했다는 사실이 당연하게도 클린턴 주니어에게 상당한 감정적 스트레스를 주었다고 한다. 이 사건으로 이들 가족은 여섯 살짜리에게는 무거울 수도 있는 인종 관련 대화를 나눠야 했고, 아버지는 아이가 이제 흑인의 자연스러운 머리모양을 부끄럽게 여길까 걱정스럽다고 말했다.

이 규정은 처음부터 끝까지 인종차별이다. 흑인의 자연스러운 머리모양에 뭔가 잘못되었거나 프로답지 못한 구석은 전혀 없다. 하지만 이런 규정은 흑인의 모발이 문제라는 인식을 널리 퍼뜨린다. "드레드록, 길이가 3센티미터를 넘는 아프로, 박스 브레이드(사각형으로 가르마를 타서 머리를 땋는 기법—옮긴이), 아프로 퍼프(머리를 여러 갈래로 묶어 작은 아프로가 여럿 있는 것처럼 보이게 하는 머리모양—옮긴이), 붙임머리 또는 그에 준하는 머리모양"을 금지한다는 표현으로 흑인의 머리모양을 검열하는 규정은 수없이 많다.

일부 학교 임원진은 자기네 교칙이 인종차별임을 모를 뿐 아니라 규정에 사용되는 단어 자체가 차별적이라는 점을 전혀 인식하지 못하기도 한다. 어쩌면 당신도 몰랐을지 모르는 썩 유쾌하지 않은 사실은 '드레드록'이라는 명칭 자체에 비하의 의미가 들어 있다는 것이다. 흑인의 모발은 자연스레 엉켜 '록'을 이룬다. 노예무역 시대에 영국 노예상들은 흑인의 록을 가리켜 '끔찍하다(dreadful)'고 했고, 이 표현이 굳어져 '드레드록'이 되었다. 따라서 이 멍청한 임원진들은 차별적 복장 규정을 만들어낼 뿐 아니라 명칭의 역사적 유래나 흑인 모발의 자연스러운 상태를 모르는 탓에 무지와 차별을 한 겹 덧씌우고 있는 셈이다.

흑인 모발의 특성상 록은 자연스럽게 형성되며, 그 머리모양을 금지하는 학교는 흑인 학생을 노골적으로 차별하고 그들의 교육을 방해하는 것이다. 백인은 머리에 록이 생기지 않으므로 이런 규정은 백인 학생에게는 해당되지 않지만, 유감스럽게도 요즘은 백인이 흑인의 머리모양을 따라 하는 문화적 전유가 새로운 문제로 떠오르고 있다.

이런 인종차별적 규정은 흑인 특유의 머리모양을 금지하려는 시도를 완곡하게 표현하고 있을 뿐이다. 예를 들어 '아프로 퍼프'는 자연스럽게 자란 머리를 고무줄로 묶은 것뿐이다. 백인 학생이 이렇게 하면 그건 그냥 양갈래머리다. 하지만 흑인 학생이 하면 아프로 퍼프가 된다. 백인 학생은 머리를 늘어뜨리든 하나로 묶든 아무도 상관하지 않지만, 흑인 학생은 자기 머리가 교칙에 어긋날까 봐 신경 써야 한다. 이게 말이 될까? 물론 그럴 리가 없다.

한 번도 화학적 처리를 하지 않고 자연스럽게 머리를 기른 어린 흑인 여학생이 머리를 뒤로 모아 묶으면 '아프로 퍼프' 스타일로 보인다. 어린 여학생들은 색칠공부를 하거나 놀 때 머리카락이 얼굴을 가리는 것이 귀찮아서 종종 머리를 묶는다. 그런데 머리를 묶으면 흑인 여학생은 교칙을 어기게 된다. 그렇다면 흑인 여학생은 또래 백인 여자아이와 비슷해 보이기 위해 머리카락을 펴는 파마를 해야 할까? 이건 노골적인 인종차별이다.

복장 규정은 쓸모가 있고 일반적으로는 지키는 편이 낫다. 하지만 대개는 대놓고 여자아이와 흑인 아동을 차별하는 복장 규정도 존재하며, 그런 규정은 옳지 않다.

문제는 우리가 애초에 허용되지 말았어야 할 차별적 복장 규정을 너무 오랫동안 허용해왔다는 데 있다. 이제는 문제를 해결해야 할 때가 왔고, 열쇠는 당신 손에 있다.

잠깐 짬을 내서 당신 자녀가 다니는 학교의 복장 규정을 살펴보자. 학교 홈페이지에 올라와 있을 수도 있다. 없으면 학교에서 나눠준 학생용 안내서가 있는지 찾아보자. 거기도 없으면 바로 학교로 가서 복장 규정이 있으면 한 부 뽑아달라고 하면 된다.

이제 비판적 시선으로 복장 규정을 읽어보자. 기준이 무엇
이든 특정 집단을 차별하는 내용, 특히 여학생이나 유색인 학
생의 복장만을 단속하는 내용을 발견했다면 이제 적극적으
로 나설 때, 또는 내가 잘 쓰는 표현대로 '진상을 부릴' 차례
다. 이 시점에서 앞으로 학부모회 회장이 될지도 모르는 기
회를 날리거나 몇몇 엄마가 당신을 곱지 않은 눈으로 볼 수
도 있다는 사실에 미리 마음의 준비를 하기 바란다. 괜찮다.
어차피 너무 자주 시답잖은 바자회에 끌려다니는 게 탐탁지
않았잖은가.

바로 교장에게 연락해 차별적 규정을 지적하자. 온화하고
예의 바르되 단호하고 직설적으로 말하자. 내가 뭘 하고 있는
지 잘 안다는 자신만만한 태도를 보여라. 그런 교칙에 왜 반대
하는지 근거를 제시하자. 비슷한 규정의 부작용과 그로 인해
상처받는 아이들을 다룬 뉴스를 보여주자. 이런 규정 중 일부
는 1964년 제정된 민권법 제6장의 차별금지 조항과 일부 주
법률에 정면으로 위배된다. 해당 법률 조항을 찾아서 인용하
면서 이래서 위법일 수도 있다고 하자. 이런 식으로 지적하면
학교 당국에서도 주의를 기울일 수밖에 없다.

설명을 마치고 나면 이렇게 질문하면서 대화 또는 서신을
마무리하자. "복장 규정을 손봐서 차별적인 요소를 없애주실

수 있을까요?" 그런 다음 결과를 기다리자. 생각대로 일이 풀리지 않았다면 단계를 하나 올려서 다음번 학교 이사회에서 진상을 부릴 차례다. 이 과정을 반복하자.

이 과정을 반복하기가 마땅치 않다면 다른 방법을 모색해도 된다. 딱히 가시적인 결과가 나오지 않고 규정이 법에 저촉되는 것이 확실하다면 근처의 시민단체에 연락해보는 것도 방법이다. 당신과 마찬가지로 차별적 규정을 우려하며 기꺼이 도우려고 하는, 마음이 맞는 학부모들을 찾아보자(게다가 수는 적어도 훨씬 멋진 이 새 친구들과 다닐 때는 바자회에 내놓을 물건을 찾느라 애쓰지 않아도 된다). 이 문제를 지역 언론사에 제보하는 것도 좋다. 어쩌면 당신과 새 친구들이 학교 이사회에서 부리는 소란을 취재하거나, 비슷한 규정 때문에 피해를 보고 있는 학생의 부모와 인터뷰를 해줄지도 모른다.

현실은 냉혹해서 이런 전투를 치른 끝에 당신이 질 때도 있을 것이다. 처음에는 지기만 하거나 진전이 아주 느릴 수도 있다. 하지만 당신이 아무것도 하지 않고 이 문제에 목소리를 높이는 다른 학부모도 없다면 당연히 절대로 이길 수가 없다. 이런 교칙은 부모들이 입을 다물었기에 존재할 수 있었다. 그러니 시끄럽게 떠들자. 어떤 상황에서도 그것은 옳지 않으며 아이들에게 도움이 되지도 않음을 분명히 알려주자. 건투를 빈다!

성교육

"섹스는 하지 마! 그러다 임신하고 죽어! 누워서 하지도 말고, 서서 하지도 말고, 그냥 하지 마. 알겠지? 약속하지? 좋아, 그럼 이제 다들 콘돔 꺼내봐."
—체육교사, <킨카로 살아남는 법>

아, 성교육. 머리가 희끗희끗한 체육 선생님이 바나나에 콘돔 씌우는 모습을 보는 지독하게 민망한 경험을 강요해서 어설픈 청소년들을 훨씬 더 어쩔 줄 모르게 하는 통과의례.

어른들은 자기가 어린 시절 성교육 시간에 겪었던 괴담을 공유하며 웃기도 한다. 성병 합병증을 적나라하게 보여주는 수많은 슬라이드와 순결 서약서 서명, 여학생들은 미래의 남편을 위해 순결을 지켜야 한다는 둥 20세기 말에 교사들이 쏟아냈던 여러 가부장적 헛소리들로 점철된 소름 끼치는 수업에 대한 이야기를. 하지만 진짜 괴담은 오늘날의 성교육이 여전히 끔찍하다는 것이다.

우리 사회가 섹스의 존재 자체로부터 아이들을 보호하려 하며 아이들이 가능한 한 오랫동안 황새가 아기를 물어다준다는 얘기를 믿게 하려고 애쓴다는 사실은 나도 잘 안다. 하지만 언젠가, 아마도 틀림없이 우리 애들은 성관계를 하게 된다. 나도 그 마음 안다. 인상 쓰지 마라. 당신 아이는 아마도 고등학교에 가고, 어쩌면 대학에 갈 것이다. 결혼을 할 수도, 안 할 수도 있다. 하지만 언젠가 섹스를 하게 되어 있다. 아마 평생 근의 공식을 다시 쓸 일은 없을지 몰라도 성관계를 하게 될 가능성은 매우 크고, 따라서 우리는 자신의 성을 탐색할 아이들에게 어떤 성교육을 해주고 싶은지 깊이 생각할 필요가 있다.

이 교육적 난제에 대한 해묵은 '해결책'은 단순히 사춘기 청소년에게…… 성관계를 하지 말라고 하는 것이다. 이 방법은 좀 더 공식적 표현으로는 금욕 지향적 성교육으로 불린다. 금욕 지향적 성교육은 문자 그대로 학생들에게 성관계를 하지 말라고 가르치는 성교육이다. 이 교육법은 10대의 모든 성 관련 질문에 간단한 대답을 제공한다.

"임신하지 않으려면 어떻게 해야 하나요?"

"성관계를 하지 마."

"성병에 안 걸리려면 어떻게 해야 하나요?"

"성관계를 하지 마."

"성소수자 공동체에 속하는 제가 어떻게 하면 성병을 예방할 수 있나요?"

"성관계를…… 잠깐, 네가 뭐에 속한다고? 그런 건 지침서에 없는데. 그냥…… 성관계를 하지 마."

어차피 섹스를 하게 될 아이들에게 굳이 하지 말라고 충고하는 것으로 모자라서 금욕 지향적 성교육은 동의의 중요성과 정확한 피임법을 건너뛰고, 낙태와 성병에 관한 공포를 조장하는 통계와 괴담을 들이대고, 성소수자 공동체를 무시하고, 종교 또는 도덕을 활용해서 아이들이 자신의 성을 부끄럽게 여기도록 유도한다.

물론 이 정도는 예상 범위 안에 드는 일일지도 모르지만, 금욕 지향적 성교육의 가장 큰 문제점은 그것이 전혀 눈곱만큼도 효과가 없다는 데 있다. 증거에 따르면 이런 성교육은 성관계, 계획되지 않은 임신, 성병 전염을 줄이는 역할을 하지 못한다. 유일한 효과는 아이들이 제대로 준비되지 않은 상태로 성관계를 하면서 죄책감을 느끼게 하는 것뿐이다.

이런 우스꽝스러운 대사가 나오는 치약 광고를 본 적이 있으리라. "열 명 중 아홉 명의 치과의사가 보증합니다. 이 닦기는 매우 중요하다고요." 시청자는 이렇게 생각한다. '좋아. 그런데 그 열 번째 치과의사는 대체 뭐야? 그런 치과의사가 있어?'

사실 금욕 지향적 성교육은 거의 전방위적으로 아무도 활용해서는 안 될 끔찍하고 효과 없는 교육법으로 인식되고 있다. 미국 소아청소년과 학회, 미국 학교보건협회, 미국 산부인과 학회, 공중보건 연구자들, 심리학자들은 모두 금욕 지향적 성교육이 철저한 쓰레기라고 말하며 포괄적 성교육을 대안으로 제시한다.

하지만 열 번째 치과의사가 존재하는 것처럼 금욕 지향적 성교육을 지지하며 그게 효과적이라고 우기는 사람이 분명히 있고, 그런 사람들은 대개 목소리가 큰 데다 한가락 하는 자리에 앉아 있다.

놀랍게도 미국 정부는 지금까지 금욕 지향적 성교육에 약 20억 달러(20만이 아니라)를 썼다. 금욕 지향적 성교육은 효과와 쓸모가 전혀 없음이 증명되었을 뿐 아니라 모든 청소년에게 낙인을 찍고(하지만 주로 여학생), 성소수자 학생의 존재를 완전히 무시하고, 부정확한 정보를 제공할 때가 많다는 점을 생각하면 실로 충격적인 일이다.

실제로 미국인의 95퍼센트는 결혼 전에 섹스를 하기로 마음먹고, 평균 17세에 성관계를 시작한다. 체육교사가 청소년에게 죄의식을 심어서 성관계를 하지 않게 하는 금욕 지향적 방식은 통하지 않는다는 뜻이다. 95퍼센트의 청소년은 정확한 정보가 필요하며, 정보를 얻지 못하면 금욕 지향적 성교육에서 배운 대로 콘돔을 쓰면 암에 걸린다고 생각하면서 성관계를 하게 될 뿐이다.

오바마 행정부는 금욕 지향적 성교육에 관해 파격적인 행보를 보였다. 금욕 지향적 성교육은 오히려 청소년들이 성병에 걸리거나 계획에 없던 임신을 할 위험을 높이는 데 효과를 보일 뿐이라는 사실을 직시한 것이다. 그래서 2017년 예산안에서 그에 대한 지원금을 폐지하겠다고 발표했다.

하지만 트럼프가 되돌려놓겠다고 단언한 오바마의 수많은

정책 중에는 이 지원금 폐지도 포함되어 있었다.

금욕 지향적 성교육은 아직도 미국 전역에서 활발히 이루어지고 있으므로 당신 자녀도 학교에서 그런 유형의 성교육을 받을 확률이 낮지 않다. 당신이 아이의 성교육에 팔 걷고 나서지 않으면 아이는 〈퀸카로 살아남는 법〉의 체육교사 장면 같은 성교육밖에 받지 못할 수도 있고, 게다가 그만큼 웃기지도 않을 것이다.

당신 아이가 언젠가 성관계를 한다는 사실을 불편하게 여기지 않으려고 최대한 노력하라. 섹스에 관해 제대로 가르치고 대비하게 한다고 해서 그렇게 하지 않았을 때보다 아이의 성경험이 빨라지는 것은 아니다. 다시 말하지만 우리 아이들은 거의 틀림없이 언젠가 섹스를 한다. 성교육을 함으로써 당신은 자녀가 안전하고 건강한 성생활을 누리는(지금 말고 언젠가는) 데 필요한 도구를 건네주는 셈이다.

아이들이 마흔 살까지 순결을 지킬 가능성이 거의 없다는 점을 받아들였다면 이제 우리는 아이가 어떤 성생활과 연애를 즐기길 바라는지 생각해볼 필요가 있다. 아니면 당신이 성교육을 통해 배웠거나 성관계를 시작하기 전에 미리 알았더라면 좋았을 지식은 무엇인지 생각해보는 것도 좋다.

그냥 아이들과 편하게 대화해보자. 건강한 관계란 어떤 것인지, 상대를 다정하게 대하고, 서로 존중하고, 경계선과 사생활을 지켜주고, 함께 즐겁게 지내는 것이 왜 중요한지 이야기를 나누자. 부담을 주거나, 항상 비판적이거나, 통제하려 들거나, 상대를 친구와 가족에게서 고립시키는 등 건전하지 못한 파트너가 보이는 유해한 특징에 관해서도 얘기해보자. 감정적·신체적 학대, 강요, 합의되지 않은 기타 행위 등 강력한 적신호를 찾는 법을 아이에게 알려주자. 하지만 이런 강력한 적신호만이 좋지 못한 관계를 판단하는 기준은 아니라는 점을 알려주는 것도 중요하다.

연애를 하다가 왠지 계속 마음이 불편하거나 어떤 이유에서든 그냥 관계를 끝내고 싶다면 얼마든지 그렇게 할 자유가 있고, 그래도 아무 문제가 없다. 우리 아이들은 자신이 기분 좋아지는 건강하고 행복한 관계를 누릴 자격이 있으며 그보다 못한 것을 받아들일 이유가 없음을 알아야 한다.

덧붙여 자신이 당연히 받아야 할 존중과 똑같은 마음가짐으로 상대를 대하는 법도 가르쳐야 한다. 다정함과 존중을 보이고, 부담을 주지 말고, 통제하려 들지 말고, 상대의 말에 귀 기울이고, 자기 감정을 솔직히 드러내라고.

동의가 필수라는 규칙은 양방향으로 적용된다는 점을 강조하자. 사귀는 사이든 아니든 명확한 허락 없이 상대방에게 손을 대서도 안 되고, 상대방이 자신에게 멋대로 손대거나 뭔가를 강요하도록 놔둬서도 안 된다. 상당수 성범죄에서 가해자는 피해자와 안면이 있는 사이이므로 사귀는 사이라는 것이 곧 동의는 아님을 자녀에게 분명히 알려주어야 한다. 명시적 동의만이 진짜 동의다.

임질이 얼마나 끔찍한지 세세히 설명할 필요는 없지만, 성관계에는 어느 정도 위험이 따르게 마련이라는 정도는 설명하는 편이 바람직하다. 금욕 지향적 성교육에서 딱 한 가지 건질 만한 옳은 말은 금욕이야말로 예기치 못한 임신과 성병을 100퍼센트 확률로 확실하게 막는 유일한 방법이라는 것이다. 성생활을 즐기면서 위험을 최소화할 매우 안전한 예방책, 이를테면 피임약과 콘돔 같은 두 가지 이상의 피임법을 동시에 사용하는 방법 등을 알려주자.

아이들에게 성병과 임신을 피할 다양한 방법을 가르치자. 다시 말하지만, 회음부 절개 따위의 적나라한 이야기로 겁을 줄 필요는 없다. 그냥 솔직하게 말하면 된다. 잔인한 운명의 장난으로 10대 여자아이들은 매우 쉽게 임신한다. 당신과 아이 양쪽 모두 거리낌이 없다면 다양한 피임법에 관해서도 얘기해보자. 아무래도 어색하다면 가족계획연맹 웹사이트에 들어가보자. 근거 자료에 기초한 피임 정보가 상세히 실려 있어 도움이 된다. 자녀의 사생활을 존중하는 것도 잊지 말자. 딸을 산부인과에 데려가서 피임 상담을 받게 할 때 엄마는 굳이 진료실에 있지 않고 네가 의사 선생님과 피임법 얘기를 할 시간을 줄 수도 있다고 미리 언질을 주자.

아이들이 피임은 여자가 알아서 할 일이라고 생각하게 해서는 안 된다. 여러 피임법에 관한 대화를 아들과도 나눠야 한다. 아들도 똑같이 효과 있는 피임법을 배울 기회와 사생활 존중이 필요하다. 콘돔은 지갑에 넣어두면 안 된다(콘돔의 고무 재질에 윤활제가 묻어 있어 햇빛에 노출될 경우 고무가 변질될 수 있으므로, 지갑 안이 아니라 햇빛이 닿지 않는 건조한 곳에 보관해야 한다—옮긴이)는 것 같은 아들이 미처 몰랐을 만한 사실이나 요령을 알려주도록 하자.

당신 아이가 성소수자라면 아이에게 무엇이 필요한지 더 세심히 살필 필요가 있다. 건강한 관계나 동의에 관한 조언은 똑같이 적용된다. 아이에게 낙인을 찍거나 성소수자가 훨씬 HIV에 걸리기 쉽다는 등의 구닥다리 정보를 늘어놓지 않도록 주의하자. 직접 누군가를 만나 배우는 편이 좋다고 생각한다면 청소년을 지원하는 성소수자 단체를 찾아보자. 지역 지부도 있는 단체도 상당히 많다. 내가 개인적으로 가장 좋아하는 성소수자 단체는 '퍼페추얼 인덜전스 수녀회'의 우리 지역 지부인 '더비 시티 수녀회'다. 이들은 청소년에게만 초점을 맞추지 않고 지역 내 자선 활동과 안전한 성관계 홍보에도 앞장서고 있다. 지역 내에서 성소수자 자녀에게 포괄적 성교육을 시켜줄 곳을 찾는 사람이 있다면 나는 이들을 추천하고 싶다.

성생활은 언젠가 당신 아이의 삶에서 한부분을 차지하게 된다. 곰곰이 생각해보고 이 단순한 사실을 받아들인다면 부모로서 당신은 당연히 그 성생활이 긍정적이기를 바라지 않을까? 자녀가 낭만적 관계를 맺게 된다면 그 관계가 건강하기를 바라지 않을까? 자녀가 육체적 사랑을 표현할 거라면 동의가 선행되기를 바라지 않을까? 자녀가 왕성한 성생활을 누릴 거라면 안전하기를 바라지 않을까? 바라는 게 당연하다! 민망한 대화를 하는 것에 대한 거부감을 극복하고 아이에게 제대로 된 성교육을 제공하는 것이야말로 아이가 건강한 성생활과 건강한 관계를 누릴 줄 아는 성인으로 자라도록 돕는 길이다.

성교육은 부모와 청소년 자녀 양쪽 모두에게 두려운 시간일 수도 있지만, 건전한 관계를 확립하고 안전한 성관계를 이해하는 데 필수적인 시간이기도 하다. 내 아이가 언젠가 섹스를 하리라는 생각에 등골이 오싹할지도 모르지만, 그런 때가 왔을 때 아이가 준비되어 있기를 바라는 것이 부모의 마음일 테니.

여자의 가치는 처녀막에 있지 않다

어느 유명 래퍼는 열여덟 살짜리 자기 딸의 처녀막에 관한 기묘하고 사적이며 의학적으로 부정확한 정보를 굳이 팟캐스트에서 미주알고주알 떠벌렸다. 그는 해마다 자기 딸을 산부인과에 데려가서 딸이 처녀인지 확인하기 위해 "처녀막을 검사받게 한다"고 말했다. 대개 딸의 생일 무렵 딸이 생일 선물 목록을 만들고 있을 때쯤 약속을 상기시키기 위해 "산부인과. 내일. 9시 30분"이라고만 적은("생일 축하해!"라는 말도 없이) 불길한 쪽지를 딸에게 남긴다고 한다. 그리고 그는 징그럽고 소유욕 강한 아버지란 바로 이런 것이라고 증명하듯 자랑스레 선언했다. "내가 확인한 바로 열여덟 번째 생일 현재 내 딸의 처녀막은 멀쩡해."

이건 뭐 문제가 한둘이 아니다. 자기 입으로 밝힌 이 '처녀막 감시'에 대해 당연히도 대중들은 격렬하게 반발했다. 의학적으로 보면 처녀막은 성경험이나 경험 없음의 증거가 되지 못한다. 섹스를 했는데도 처녀막이 파열되지 않을 수도 있고, 섹스를 하지 않았는데도 처녀막이 파열될 수도 있다. 처녀막을 검사하려고 딸을 산부인과에 데려가는 것은 '해서는 안 될 행동'의 전형적인 예다. 굵직한 규칙, 즉 신체 자율권, 사생활 보호, 올바른 성교육, 그리고 그냥 뭐든 통제하려는 소름 끼치는 부모 되지 않기 등을 죄다 어기는 짓이기 때문이다.

게다가 이 예는 순결의 중요성이라는 문제까지 건드린다. 순결 유지의 중요성을 강조하는 다른 많은 부모와 마찬가지로 문제의 래퍼는 자기 딸에게만 순결을 강조하고 아들에게는 그러지 않았으며, 이는 심각한 성차별이자 여성혐오다.

순결이란 사실…… 아무 의미도 없다. 그건 그냥 사회적 산물일 뿐이다. 다시 말해 사람들이 만들어낸 개념이다. 의학적 상태도 아니고, 존재의 상태도 아니다. 그건 그냥 아직 성관계를 하지 않은 누군가를 묘사하는 개념일 뿐이다. 좀 더 깊이 들어가보자면, 그건 정확히 뭘 가리키는 걸까? 엄격하게 음경이 질에 삽입되는 행위만을 가리킬까? 아니면 구강성교도 순결을 잃은 것으로 치는 걸까? 음경이 질에 삽입되는 섹스를 한 적이 없는 레즈비언은 평생 처녀일까? 이게 대체 말이나 될까? (그럴 리가.)

순결이란 개념은 특정 종교 또는 문화 집단에서 특별히 중시되는 경향이 있다. 처녀성은 종종 소녀의 가치, 자격, 명예와 연결된다. 여기서부터 헛소리 탐지기가 맹렬히 울리기 시작한다. 여자아이의 가치는 순결로 정해지는 게 아니다! 성관계를 하기로 마음먹었든 아니든 전혀 상관 없이 소녀의 삶에는 엄청난 가치가 있다. 하지만 순결 개념에 오염된 교회, 사회 집단, 학교는 순결 서약이니 딸이 아버지와 참가하는 순결 무도회니 하는 것들을 만들어서 감히 남이 정해준 선에서 벗어나 성생활을 누리겠다는 소녀들에게 죄책감을 심는다.

장담컨대 당신 또한 순결이란 개념과 그게 자신에게 어떤 의미인지를 두고 고심했던 적이 있거나, 그랬던 여학생을 알고 있으리라. 하지만 순결 문제로 고민했던 남학생이 기억나는가? 내 말은, 여기서 순결은 이성애 중심주의적 개념 아니냐는 것이다. 그렇다면 여학생들만 순결을 지킨다는 개념에 얽매이는 것은 비논리적이다. 여자아이들이 성관계를 한다면 상대가 있어야 하기 때문이다. 그렇다면 남학생들도 마땅히 싹트는 자신의 성에 부끄러움과 죄책감을 느끼며 고민하지 않을까?

땡. 틀렸다. 아니나다를까 그렇지 않다. 살아있는 논리적 오류이자 완벽한 모순답게 대체로 남자아이들은 여자아이들만큼 순결을 지켜야 한다는 압력을 받지 않는다. 남자아이들에게 좋은 소식은 어머니와 함께 소름 끼치는 순결 무도회에 참석할 필요가 없다는 것이다. 반면 나쁜 소식은 남자아이들이 대개 동정이라는 부정적 낙인으로 애를 먹게 된다는 것이다. 대부분의 경우 남학생은 동정이면 수치를 당하고, 여학생은 처녀가 아니면 수치를 당한다.

양쪽 다 전혀 말이 되지 않고, 안 그래도 어렵고 어색한 청소년기를 더욱 어렵고 어색하게 만들 뿐이다. 말이 되는 것은 아무에게도 수치를 주지 않고 책임을 가르치는, 제대로 된 포괄적 성교육을 제공하는 방법뿐이다.

여자아이의 처녀성을 극단적으로 강조하고 중시하는 태도는 유해한 관습, 때로는 신체적 상해까지 동반하는 비인간적 관습으로도 이어진다.

내가 총기 개혁 법안 로비를 위해 켄터키 주 임시 입법심의회에 참석했을 때였다. 우리 안건은 맨 마지막 순서였으므로 우리는 다른 단체나 개인이 자신의 관심사, 이를테면 임직원 흡연 관련 법안이나 노인복지 등의 문제를 주 하원 및 상원의원에게 청원하는 모습을 지켜보며 기다리고 있었다.

거기서 두 여성이 여성 성기 절제(female genital mutilation, FGM)에 대해 발언하는 걸 들었는데, 그걸 듣고 나는 지금까지 여자아이와 성인 여성에게 순결 개념이 미치는 영향과 FGM의 규모를 내가 완전히 잘못 파악하고 있었음을 깨달았다. 그 두 여성 중 한 명은 FGM과 명예폭력, 강제결혼 철폐를 목적으로 하는 단체인 AHA 재단 대표였다. 이 단체 설립자는 아얀 히르시 알리인데, 2007년에 출간된 그녀의 자서전 『이슬람에서 여자로 산다는 것』을 읽어본 분이 있을지도 모르겠다.

다른 여성 제니퍼는 FGM을 직접 겪은 생존자로, 백인 기독교도이며 마흔 살밖에 되지 않았고 켄터키 사투리를 쓰는 자신이 일반적으로 생각하는 FGM 피해자로 보이지는 않을 거라는 얘기부터 꺼냈다. 나 또한 제니퍼의 이야기를 듣기 전까지는 FGM이 머나먼 곳에서, 그나마도 아주 드물게 일어나는 일이라고 생각했음을 인정해야겠다. 내가 사는 이곳에서 그런 일이 벌어지고 있으리라고는 전혀 생각지 못했다.

기독교와 보수주의가 강세인 바이블 벨트(미국 중남부와 동남부의 여러 주에 걸쳐 있는 지역—옮긴이)에서 태어난 제니퍼는 아버지가 목사로 재직 중인 보수적 복음주의 교회에서 자랐다. 이런 환경에서 여성의 성생활이나 쾌락은 다른 무수히 많은 죄악과 마찬가지로 사악한 것으로 취급받았다. 다섯 살 되던 해 제니퍼는 자매와 함께 특별한 여행을 가게 될 거라는 말을 들었고, FGM이라는 끔찍한 트라우마를 겪었다.

이 야만적인 처치 탓에 제니퍼는 만성 통증과 끊임없는 염증 등의 합병증에 시달렸고, 성관계를 할 때마다 고통받았으며, 자연분만도 할 수 없었다. 하지만 성기 절제를 당할 위기에 처한 수많은 여자아이를 위해 제니퍼는 용감히 나서서 아직도 자신에게 생생한 고통을 주고 있는 경험을 되짚으며 FGM에 관해 목소리를 높였다. 미국에서 성기 절제를 당할 위기에 처한 소녀는 어림잡아 50만 명이라고 한다. 제니퍼가 로비 장소로 켄터키 의회를 택한 이유는 켄터키가 FGM으로부터 여아와 성인 여성을 보호하지 않는 스물세 개 주에 속하기 때문이었다. 이 관습을 금지하는 법안 없이는 자기 딸들을 FGM으로부터 지킬 수 없을지도 모른다는 불안이 제니퍼를 움직이는 원동력이었다.

이번에도 엄마가 해내고야 말았다. 제니퍼와 AHA 재단팀은 켄터키 의회가 FGM을 금지하도록 설득하는 데 성공했다. 금지 법안은 만장일치로 통과되었다.

현재 이곳 미국 땅에서만 50만 명(그것도 보수적으로 잡은 숫자다)의 소녀가 심각한 인권 침해를 견뎌야 할 위기에 처해 있다. 여성의 성을 억압하는 가부장적 태도가 여성에게 얼마나 끔찍한 해를 입히는지 보여주는 예다.

신체를 침해당하고 선택권을 빼앗긴 성폭행 생존자에게 순결 신화가 어떤 해를 끼치는지 생각해보자. 그들은 성폭행 트라우마로도 모자라서 반드시 지켜야 한다고 배웠던 '순결'을 지키지 못했다는 생각으로 괴로워해야만 한다. 강간 문화와 순결 문화가 혼란스럽게 뒤섞인 이 세상에서 어린 소녀들에게 이런 헛소리를 주입하는 것은 더없이 잔인한 일이다.

여성의 몸은 자존감을 대가로 거래되는 화폐가 아니다. 열정, 의지, 대담함, 투지, 지성, 재능, 유머 감각, 용기, 힘 등 여성의 가치를 구성하는 요소는 수없이 많고, 사람마다 매우 다르다. 여성의 가치는 '성적 순결'만으로 제한되지 않는다. 솔직히 말해볼까? 누가 감히 그렇게 작고 사소하고 의미 없는 것으로 우리의 가치를 매긴단 말인가?

우리는 사소하지 않다. 우리는 우리 자신의 가치를, 그 가치가 성적 경험 여부로 정해지지 않는다는 사실을 잘 안다. 성관계는 도덕성의 잣대가 아니다. 우리 딸들에게 너희 가치는 다리 사이에 있다고 가르치지 말자. 우리 딸들은 이미 본질적 가치를 구성하는 요소를 넘치도록 갖고 있으니 이제 안심하고 처녀성을 목록에서 지워도 된다.

2부

자기 돌봄

5장
피로에 찌든 엄마, 무너뜨려야 할 가부장제

성차별을 거부하고 보다 평등하고 여성이 살기 좋은 세상을 만드는 데 이바지할 힘이 있는 집단이 있다면 그건 바로 엄마들이다.

물론 우리가 "엄마가 알아서 할게!", "엄마는 뭐든지 잘하니까!"라고 하면서 정말로 다 알아서 한다는 말은 아니다. 그건 그냥 다른 사람들의 책임 회피일 뿐이며, 솔직히 약간 모욕적이다. 우리는 사람들이 엄마의 위대함에 머리를 조아리기를 바라지 않는다. 다만 동등한 임금과 주머니 달린 원피스(남성복에는 17세기부터 있었던 주머니가 여성복에는 없었고, 여성들은 여성복에 주머니를 달기 위해 20세기 전후로 100년 넘게 논쟁해야 했다—옮긴이) 같은 것들을 원할 뿐이다.

엄마들이 성차별을 물리칠 수 있는 이유는 힘이 있기 때문이다. 잠깐 멈춰서 당신이 소유한 힘이 뭔지 생각해보자. 일반적으로 성인 여성은 투표할 수 있는 권리와 선거에 출마할 권리를 지녔으며, 다른 사람에게 영향을 미치고 시위하고 자기 목소리를 활용하는 등 다양한 힘을 갖고 있다. 하지만 엄마로서 당신은 다른 세대를 키워낸다는 막중한 책임을 지고 있다.

엄마 노릇을 하며 평범한 하루하루를 보내다 보면 당신이 진짜로 하고 있는 일의 무게를 생각해볼 기회가 없을지도 모른다. 당신은 그냥 도시락을 싸고 애들을 서둘러 학교에 보내는 게 아니라 세상의 미래를 세우고 있다. 그것도 매일. 당신은 아이의 양육 방침을 정하고, 이는 아이의 인생 전체에 막대한 영향을 미치며, 나아가 우리의 미래를 좌우한다. 당신 아이가 우리의 세상을 어떻게 바꿀지는 바로 지금 당신 손에 달려 있다. 이는 경외감이 절로 일어날 정도로 놀라운 힘이다.

엄마의 힘이 얼마나 대단한지 증명하기 위해 일단 개인의 일차적 권력, 즉 선거를 예로 들어보자. 1964년 이래로 미국에서는 여성 투표자가 남성보다 많아졌다. 이는 일회성이 아니라 몇십 년 동안 꾸준히 일어나고 있는 현상이다. 최근 선거에서는 여성이 던진 표가 남성 표보다 거의 천만 표나 많았다. 거의 천만이라니! 이것이 꼭 국회의원 숫자나 토론 무대에서 논의되는 주제에 직접적으로 연결되지는 않는다 해도 투표에서는 여성이 다수를 차지한다. 전체적으로 보면 우리가 선거를 결정하는 셈이다.

그렇다면 선거 결과를 결정할 힘이 여성에게 있는데도 왜 한 번도 여성 대통령이 나온 적이 없는지 의아해진다. 현재

하원의 여성의원 수는 역대 최다인데도 왜 여전히 전체 의원 수의 4분의 1에도 미치지 못할까? 어쩌면 여성이 선거를 통한 여성 억압에 한몫하고 있다는 말일까?

이 질문에 대한 즉각적이고 불편한 대답은…… '그렇다'다.

하지만 잠시만 뒤로 가보자. 미국에서 여성은 실제로 남성보다 높은 투표율을 보인다. 하지만 여전히 투표율 자체가 높지 않은 것도 사실이다. 미국은 선진국 중에서 투표율로는 35개국 중에서 31위이니 최하위권에 속한다. 게으른 미국인들이 넷플릭스 몰아보기를 하느라 만사 귀찮아서 첫 번째 여성 대통령을 뽑을 기회를 날린 것처럼 보일지 모르지만, 진실은 그보다는 더 복잡하다. 미국에서는 투표를 하는 것 자체가 그리 쉽지 않게 되어 있다(투표를 해도 인스타그램에 올리기 좋은, 조그맣고 귀여운 '투표 완료' 스티커조차 받지 못할 때가 태반이다!). 2016년 열네 개 주에서는 유권자 등록을 더 어렵게 하고, 사진이 부착된 신분증을 필수로 제시하게 하고, 안 그래도 불편한 날(굳이 화요일에?)에 열리는 선거에서 투표 시간을 더 줄이는 등 더 제한적인 선거법을 시행했다.

하지만 이런 법 탓에 투표하지 못한 여성도 틀림없이 있긴 있었겠지만, 2016년 대선에서 투표에 참여하지 않은 43퍼센트의 유권자 가운데 대다수는 그냥 투표하지 않기로 했을 가능성이 크다. 전반적으로 선거에 참여하는 비율은 여성이 남성보다 높지만, 여전히 투표장에 발 들이지 않은 여성도 많았다는 얘기다.

2016년 대선에서 여성들은 힐러리 클린턴에게 더 많은 표를 주었다. 공정하게 말해 미국인 전체가 클린턴에게 더 많은 표를 주었고, 트럼프는 총득표수에서 졌다. 하지만 가장 큰 유권자 집단은 백인 여성들이었고, 이들은 공화당 후보에게 투표했다.

2016년 대선에서는 극명한 인종적 차이가 드러났다. 백인 여성 다수, 약 53퍼센트가 트럼프에게 투표했다. 라틴계 여성은 25퍼센트만이 트럼프에게 표를 주었다. 더욱 놀라운 것은 흑인 여성 중 단 4퍼센트만이 트럼프에게 투표했다는 점이다.

여성에게는 선거를 좌우할 힘이 있다. 하지만 우리 손으로 뽑은 공직자가 자신이 대표하는 사람들의 뜻을 반영하고 우리를 위해 움직이기를 바란다면 바꿔야 할 점이 몇 가지 있다.

◆ 우리는 투표를 해야 하고 투표에 방해가 되는 장애물에 맞서야 한다.

◆ 자기가 지지하는 당의 노선과 맞지 않을지라도 모든 후보를 페미니즘적 관점에서 검토해야 한다.

◆ 특히 백인 여성은 선거 때마다 비백인 여성들이 우리를 구해주리라 믿고 손놓고 있어서는 안 된다.

투표는 우리가 비교적 쉽게 힘을 행사할 수 있는 실현 가능한 방법이며, 평가절하되어서는 안 된다. 집단을 이루면 우리는 이 나라, 이 세상을 바꿀 힘을 얻는다. 더불어 우리 아이들에게 민주주의에 참여하는 것, 여성에게 해를 끼치지 않을 후보에게 투표하는 것의 중요성을 가르칠 수도 있다.

이 말은 꼭 민주당에 투표하라거나 아이에게 민주당에 투표하라고 가르치라는 뜻이 아니다. 가장 중요한 것은 비판적으로 사고하고 어떤 후보를 지지하든 편견과 여성혐오를 용인하지 않는 태도다. 2016년 대선에서 너무나 많은 여성이 투표지의 이름 옆에 공화당이라고 적혀 있다는 이유만으로 트럼프에게 표를 주었다. 정당에 따라 투표하는 습관을 바꾸기는 지극히 어렵다. 하지만 우리는 이런 실수를 반복해서는 안 된다. 외국인 공포증에 걸려 인종차별적인 끔찍한 소리를 지껄이고 여성에게 해를 끼치는 성범죄자가 당신 정당의 기대주로 떠올랐다면, 당신의 정치적 성향이 어떻든 간에 이제 지지 정당을 손절할 때다. 여성혐오에 맞설 수 있다면 지지 정당의 패배를 감수할 가치가 있다.

중요한 점은 현재 엄청난 변화를 일으킬 힘이 우리 손에 있다는 것이다. 투표는 우리가 힘을 행사하고 아이들에게도 똑같이 하도록 가르칠 셀 수 없이 많은 방법 중 한 예일 뿐이다. 상황은 절망적이지 않다. 우리는 우리 힘만으로 이 재앙을 끝내고, 이 세상을 자부심을 품고 살아갈 만한 곳으로 바꿀 수 있다.

문제는…… 당신이 피곤하다는 것이다.

당신은 세상이 돌아가는 상황에 화가 나고, 여성 인권을 증진하는 일이나 여성혐오에 맞서는 데 열정이 있는 사람이다. 하지만 당신은 정말 죽을 듯이 피곤하다. 가끔은 당신이 짊어진 정신적·육체적 노동의 무게에 짓눌려 금방이라도 쓰러질 것 같다. 끊임없이 사람들이 다치고 죽어나가는 악순환을 견디다 못해 눈을 돌릴 때도 있다. 때로는 딱 2분의 고요함이 간절해서 애들을 피해 화장실로 숨기도 한다.

나도 안다. 이해한다. 그래도 괜찮다.

우리는 우리 자신의 안전과 정신건강을 챙기는 동시에 신념과 열정을 위해 싸울 방법을 찾아야 한다. 하지만 걱정하지 마라. 당신은 뭐든지 할 수 있고, 이번에도 해낼 수 있다.

세 가지만 고르기

현재 미국에서 연일 나오는 뉴스를 보면 이 나라가 얼마나 여러 측면에서 망가지고 있는지 알 수 있다. 뭔가 새로 사건이 터지고 뉴스가 나올 때마다 각종 질병을 동시에 앓으며 상태가 점점 더 나빠지고 있는 환자를 보는 것만 같다. 총기 난사 사건이 잇따라 벌어지면 만연한 총기 폭력 문제가 정말 심각하다는 생각이 든다. 궁극적으로 로 대 웨이드 판결에 도전하는 듯한 법안을 통과시키는 주가 또 하나 늘어나면 나라 전체가 여성의 재생산 권리를 위협한다는 생각에 화가 난다. 아프가니스탄에서 또 미군 병사가 죽었다는 뉴스를 보면…… 세상에, 아프가니스탄에 아직도 우리 군대가 있다고?

TV를 꺼버리고 싶은 마음은 이해한다. 가끔은 그게 정신건강에 좋을 때도 있다! 하지만 장기적 관점에서 문제를 무시하면 결국 문제는 커질 뿐이다. 그건 마치 방문을 열었다가 유성 매직을 손에 쥔 세 살짜리를 발견한 상황과 같다. 그냥 문을 닫고 못 본 척하고 싶지만, 그건 상황 해결에 도움이 되지 않을 게 뻔하다. 신경 쓰이는 문제에 대한 당신의 관심과 열정은 지금 당장 절실히 필요하고, 그래서 우리는 당신이 못 본 척하게 놔둘 수가 없다.

내가 한번 맞혀보겠다. 당신은 아마 집 안을 둘러보며 해결이 필요한 문제들을 매의 눈으로 찾아낼 것이다. 애들이 숙제나 가정통신문을 잊지 않게 꼼꼼히 챙긴다. 직장에서도 갈등이 생기면 재빠르게 나서서 처리한다. 아이가 자기는 물방울 무늬가 아니라 파란색 줄무늬 빨대컵을 쓸 거라고 악을 쓰며 울부짖을 때 어떻게든 달래서 물방울무늬 컵을 쓰게 할 수 있는 것도 당신뿐이다. 하지만 이렇게 수많은 문제를 처리할 능력이 있는 당신도 혼자 힘으로 세상 모든 문제를 해결하지는 못한다. 심지어 빌 게이츠도 이것저것 다 손을 대는 것이 아니라, 백신과 모기장에 집중하고 있다.

빌과 멜린다 게이츠 부부를 예로 들어보자. 당신은 어떨지 모르겠지만, 나는 마트에 가기 전에는 반드시 할인 쿠폰을 챙기는 사람이다. 그래서 게이츠 가문만큼 부자가 된다는 게 어떤 기분인지는 모르겠다. 막대한 부와 박애주의 기질을 지닌 게이츠 부부가 설립한 재단은 세계에서 가장 큰 사립 재단이다.

게다가 어마어마한 부자에게는 어마어마한 부자 친구가 있게 마련이다. 기부 당시 말 그대로 전세계에서 가장 부유한 인물이었던 워런 버핏은 그 재단 이사이며, 수십억 달러에 달하는 금액을 기부했다(수십'억'!).

이 단체는 기본적으로 다른 어떤 단체보다도 많은 가용 자본과 자원을 갖고 있다. 하지만 효율적 운영과 가시적이고 긍정적인 효과 창출을 위해 이들은 특정 목표 몇 가지로 초점을 좁혀야 했다. 현재 이 재단의 목표는 의료 지원 확대, 극빈층 지원, 교육 기회 확대다.

그래서 이 재단은 목표를 모두, 또는 한 가지라도 달성했을까? 이들이 극심한 빈곤을 뿌리 뽑는 데 성공했나? 그렇지 않다. 하지만 이들이 큰 노력을 기울였던 영역에서 긍정적 변화를 이루었을까? 매우 그렇다.

당신이 세계에서 가장 부유한 사람이라는 워런 버핏의 자리를 차지한 게 아니라면 아마도 게이츠 부부 재단보다는 시간과 돈이 부족할 게 틀림없다. 이들은 배트맨 흉내를 내면서 세상을 더 나은 곳으로 만들겠다는 막연한 목표를 내세워 긍정적 변화를 끌어낸 게 아니다. 이들은 좋은 결과를 내기 위해 초점을 좁혀야 했고, 당신도 마찬가지다.

혼자 힘으로 세계의 문제를 근절할 수는 없다. 하지만 게이츠 부부 재단처럼 당신이 가장 중요하게 여기는 가치를 지지하기 위해 초점을 좁혀서 긍정적 변화를 이룰 수 있을까? 매우 그렇다.

이를 위해 나는 당신에게 과제를 하나 내려 한다. 당신에게 가장 중요한 문제가 뭔지 생각해보자. 당신의 심금을 울리고 감정이 북받치게 하는, 뉴스에 등장할 때마다 기사를 읽지 않고는 못 배기게 하는, 어떻게 하면 일종의 긍정적 행동으로 치환할 수 있을지 알 수 없을 만큼 격렬한 분노를 불러일으키는 주제를 떠올리자. 그게 바로 당신이 가장 신경 쓰는, 당신의 시간과 에너지를 쏟아야 할 문제다. 당신은 우선순위를 매긴 이 문제들 가운데 세 가지를 고를 수 있으므로 신중히 선택하자.

어쩌면 당신은 어떤 식으로든 당신 또는 당신이 사랑하는 이들에게 영향을 미쳤기에 더욱 감정적으로 인식할 수밖에 없는 주제를 골랐을지도 모른다. 한때 보험이 없어 비싼 돈을 내지 않고는 의료 혜택을 받을 수 없었다면 의료보험은 당신에게 중요한 문제일 터이다. 우리가 아이들에게 어떤 환경을 물려주게 될지 걱정하는 사람이라면 기후 변화 문제에 민감할 것이다. 이런 개인적 경험과 강한 감정은 사회운동에서 계속 열정을 유지하고 남에게도 그 열정을 전염시키는 중대한 역할을 한다.

자꾸 문제를 복잡하게 해서 미안하지만, 여기서 주의사항을 하나 추가하려고 한다. 당신 자신만 개인적으로 영향을 받는 문제를 고르지 않도록 주의하자. 당신이 속하지 않은 집단에게도 널리 영향을 미치는 문제를 골라라.

당신이 도전을 즐기리라 생각해서 일부러 까다롭게 구는 것은 아니다. 조건을 추가한 이유는 사람들이 자기 이익만을 기준으로 하여 움직인다면 소외된 사람들은 뒤에 남겨질 수밖에 없기 때문이다. 이런 현상은 셀 수 없이 많은 영역에서 쉽게 볼 수 있다. 실종 여성이란 말을 들으면 누가 먼저 떠오르는가? 레이시 피터슨이나 나탈리 할로웨이? 누가 됐든 아마 예쁜 백인 여성일 것이다. 그런 실종 사건이어야 여섯 시 뉴스에서 대대적으로 다뤄지고 검사 출신 CNN 앵커 낸시 그레이스가 분노해주기 때문이다.

언론과 대중의 이런 편향된 반응으로 인해 '실종된 백인 여성 신드롬'이라는 말까지 생겨났다. 실종 당시 임신 5개월이었던 필라델피아 출신 여성 라토야 피게로아 사건이 기억나는가? 아마도 기억나지 않을 것이다. 이 사건은 백인 여성이 관련된 사건만큼 전국 방송을 타지 못했기 때문이다. 사람들이 자기 자신, 그리고 자기와 비슷한 이들과 관련된 문제에만 관심을 쏟으면 이런 현상이 일어난다. 진정한 연민을 실천하려면 자기가 얻을 것이 하나도 없을 때도 남에게 관심을 보여야 한다. 책임의식을 품고 자신이 자기 이익에만 신경 쓰고 있지는 않은지 확인하는 자세를 잊지 말자.

어려운 주제를 빙빙 돌리지 않고 허심탄회하게 말하는 것도 인종차별에 맞서는 방법에 속한다고 생각한다. 그래서 솔직해질 생각이니 양해해주기 바란다. 나는 우리가 백인의 문제에만 집중하거나 문제가 백인에게 영향을 미칠 때까지 계속 무시하지 말고, 모든 사람에게 영향을 미치는 문제에 관심을 보여야 한다고 생각한다. 예를 들어 당신이 총기 폭력 문제에 관심이 있다면 흑인 아동이 백인 아동보다 총기 폭력으로 죽을 확률이 열 배나 높다는 현실에는 눈을 감고 학교 총기 난사를 막는 데만 집중하는 것으로는 부족하다.

문제를 고를 때는 당신이 투자할 수 있는 시간과 정신적 에너지에 따라 보편적 주제를 택할 수도, 초점을 좁힐 수도 있다. 예를 들어 이민 같은 포괄적 단어는 뉴스에 자주 등장하며 그만큼 당신의 시간을 차지할 수많은 측면을 포함하는 주제임을 이해하기만 한다면, 이민을 당신의 3대 문제 중 하나로 삼아도 된다. 어떤 문제를 감당할 여유와 의지가 있는지는 본인이 가장 잘 아는 법이다.

3대 문제는 상황에 따라 바뀔 수도 있다. 나는 연방기관을 전복하는 것이 내 우선순위에 들게 되리라고는 상상해본 적이 없다. 하지만 미국과 멕시코 국경에서 어린아이들이 정해진 기한 없이 가족과 생이별한 채 동물 우리나 다름없는 곳에 갇혀 있다는 소식을 듣고 상상도 못 할 잔혹함에 미국 이민세관 집행국 폐지를 지지하게 되었고, 이 문제는 백인 우월주의 타파라는 포괄적 주제 아래에 들어가는 내 3대 문제 중 하나로 자리 잡았다.

당신의 3대 문제는 당신이 자기 자신을, 즉 봉사에 필요한 시간, 금전적 기부, 감정적 상태, 소셜미디어 지분, 의견 등을 쏟아부을 수 있는 문제여야 한다. 그렇다고 다른 문제에 신경을 쓰거나 의견을 내놓으면 안 된다는 말은 아니다. 당연히 해도 된다! 하지만 그런 기타 문제에서는 투표 등 당신 시간을 덜 잡아먹는 방식으로 자기 의견을 드러내게 된다는 뜻이다.

자기 관심사에 우선순위를 매기면 바쁜 일상에 사회운동을 잘 끼워넣어 부담스럽지 않고 더 효율적으로 참여할 수 있다.

자기 돌보기가 꼭 거품 목욕을 뜻하는 것은 아니다

몇 년 전 나는 매우 힘든 시기를 보냈고, 몸과 마음 모두 말이 아니었다. 나는 전업주부였지만, 예전에 다른 어떤 일을 할 때보다 훨씬 더 스트레스를 받았다. 엄마가 된다는 것, 그리고 작은 인간들을 키워내는 과정에 수반되는 모든 일이 몹시 벅차게 느껴졌다. 아이들은 숨 돌릴 틈도 없이 나를 찾는데도 왠지 너무나 외로웠다. 게다가 너무 피곤해서 잠을 아무리 많이 자도 피로가 풀릴 것 같지 않았다.

나는 나 자신을 돌보지 않고 있었다. 하지만 우스운 것은 내가 자기 돌보기에 필요하다고 생각했던 조치들을 이미 몽땅 실행하고 있었다는 사실이다. 가끔은 혼자서 할인매장을 돌아다녔고, 그러는 동안 커피를 사서 마시기도 했다. 가족들과 경치 좋은 곳으로 휴가도 갔다. 정기적으로 남편과 저녁 데이트를 하는 시간도 마련했다. 내가 자기 돌보기의 완벽한 예라고 생각했던 거품 목욕도 시도했다. 그것도 그냥 거품 목욕이 아니라 제트 스파 기능도 켜고 촛불도 놓고 목욕용품점 직원 말로는 유니콘이 키스했다던가 뭐라던가 하는 형형색색의 입욕제까지 넣은 목욕이었다.

그런데도 충분치 않았다.

가족과 여행을 갔다가 집으로 돌아오는 비행기에서 나는 항상 다음에는 어디로 갈까 고민했다. 나는 진심으로 여행을 좋아하지만, 내가 자기를 돌보는 좋은 습관이라고 생각했던 것은 실은 정말로 나를 괴롭히던 문제에서 눈을 돌리는 행위일 뿐이었다. 그게 열대의 해변이 됐든 우리 집 화장실이 됐든 나는 탈출할 필요가 없었다. 내가 해야 할 일은 탈출할 필요가 없도록 내 삶을 바꾸는 것이었다.

이것이야말로 내가 시도했던 자기 돌보기 중에 가장 효과적인 방법이었다. 나는 시간을 들여 찬찬히 내 마음을 들여다보면서 예전에는 피하려고만 했던 까다로운 질문들을 나 자신에게 던졌다. '내가 살면서 정말 하고 싶은 일은 뭘까?'(이 문제는 여전히 고민 중이다.) '내가 밤에 잠 못 드는 이유는 뭘까?' 세상에는 우리가 통제할 수 있는 일과 없는 일이 있다. 하지만 나를 우울하게 하는 일의 목록을 적다 보니 상황을 바꾸는 것이 가능하다는 사실을 깨닫게 되었다. 물론 엄청난 노력이 필요할 테지만, 불가능하진 않았다. 통제권이 내게로 돌아왔다.

그래서 나는 탈출하고 싶은 마음의 원인인 내 삶의 문제들, 즉 갈등, 끝내지 못한 일, 포기한 꿈 등을 꼼꼼히 들여다보고 문제를 해결할 계획을 세웠다. 제대로 된 치료를 받고 약을 먹는 것부터 만나면 기분이 좋은 친구와 시간을 보내는 것까지 해결책은 다양했다. 실현되지 못한 내 꿈, 이를테면 평생 바랐던 책 쓰기 같은 소망에도 노력을 기울였다. 그러다 보니 출판으로 이어지는 목표가 하나씩 달성되기 시작했고, 지금도 믿기지 않지만 마침내 이 책을 쓰게 되었다!

난 지금도 향긋하고 거품 나는 입욕제를 넣고 목욕을 하는 걸 즐긴다. 그리고 지금도 지칠 줄 모르는 여행광이다. 이런 작은 여유는 나를 돌보는 습관에 즐거움을 더해준다. 하지만 내가 보기에 진정한 자기 돌보기는 자신에게 투자하고, 자신의 가치를 알고, 극도로 어려운 일을 해내고, 어려운 일을 해내는 자신의 능력을 믿을 때 비로소 이루어진다.

자기 돌보기는 필수다. 얇게 저민 오이를 눈에 올려놓는 것만으로는 부족하다. 그건 자기 보호에 필요한 행위다. 자기만의 시간을 보내고 자신을 최우선으로 두는 것은 하고 싶은 일이 아니라 해야 할 일이다. 여행을 다니면서 나는 여객기 승무원이 승객들에게 남을 돕기 전에 자기부터 산소마스크를 써야 한다고 설명하는 것을 귀에 못이 박이도록 들었다. 자기 가족을 잘 돌보고 싶다면 먼저 자기 자신을 돌봐야 하는 법이다.

하지만 자기 돌보기를 위한 시간을 마련할 때는 자신에게 필요한 것이 무엇인지 먼저 생각해야 한다. 친구들을 만나 칵테일을 한잔해야 할까, 아니면 자격증 있는 상담사에게 상담을 받아야 할까? 네일숍에 가야 할까, 아니면 배우자에게 자기 마음을 털어놓아야 할까? 다용도실에서 혼자 몇 분만 숨을 고르면 될까, 아니면 직업적 진로를 완전히 다시 생각해봐야 할까?

자기도 모르게 피하고 있었던 까다로운 질문을 스스로 마주할 용기를 내라. 당신의 생각, 꿈, 목표, 욕구는 모두 중요하다. 당신은 중요하다. 자신을 보살피고 자신에게 무엇이 필요한지 생각하는 데 시간을 들일 가치가 있다.

시인이자 전설적 페미니스트인 오드리 로드는 자기 돌보기가 단순히 인스타그램 사진에 붙은 해시태그 이상의 심오한 의미를 지녔음을 잘 알고 있었다. 로드는 자아를 돌보는 것을 "정치적 투쟁 행위"라고 불렀다. 솔직히 너무 멋지지 않은가? 자기 돌보기는 당신의 중요성을 너무나 자주 무시하는 세상에서 당신이 중요하다고 당당히 주장하는 파격적 행위다.

사회 정의에 신경 쓰고 평등을 추구하다 보면 끝없이 반복되는 끔찍한 뉴스의 바다에 빠진 것처럼 느껴질 때도 많다. 그럴 때면 마음을 다잡아도 우리 앞에 얼마나 벅찬 임무가 놓여 있는지 깨닫고 기가 죽을 수도 있다. 심하면 트라우마가 되살아나기도 한다. 계속 나아가고 싶다면 반드시 자기 보호를 연습해야 한다. 효율적으로 사회운동에 참여하면서 정신을 건강하게 유지하려면 대처 방법을 마련해야 한다는 말이다.

자기를 돌보는 것과 남을 돌보는 것 사이에서 균형 잡기란 어렵지만, 불가능하지는 않다. 단순히 자신을 최우선 순위로 놓기로 마음먹고 의식적 노력을 기울이면 된다. 당신이 중요하다는 것을 스스로 인정하고, 자신을 소중히 여기며, 당신에게 필요한 것에 주의를 기울이자.

'트리거'의 진정한 의미

끊임없이 '좌파에게 본때를 보이려고' 발버둥치는 극우파들은 납득 가는 이유로 기분이 상한 이들의 진짜 감정을 무시하는 경향이 있다. 이들은 누가 자신의 인종, 성별, 종교, 사람으로서의 정체성 자체를 걸고넘어지면 기분이 상하는 게 당연하다는 사실을 받아들이려 하지 않고, 사람들이 "별걸 다 불편해 해서" 이제 "마음대로 말도 못 하겠다"고 투덜거린다.

이게 무슨 개똥 같은 소리인지. 아니, 이 말로는 모자라다. 아주 거대한 코끼리 똥 무더기 같은 소리다. 물론 미국에는 수정헌법 1조가 엄연히 살아있다. 끊임없이 자유 언론을 공격하고 자기를 비판하는 트위터 계정을 차단하는 미국 대통령 각하를 예외로 치면 미국에서 표현의 자유는 매우 탄탄하며, 미국에 사는 사람은 누구나 바보 같고 남에게 상처 주는 말들을 마음대로 할 수 있다는 뜻이다.

하지만 표현의 자유가 곧 책임지지 않을 자유를 가리키는 것은 아니며, 끔찍한 말을 하다 보면 종종 그 결과로 책임져야 할 일이 발생한다. 백인 국수주의자들의 샛별 리처드 스펜서(백인우월주의 싱크탱크인 '국가정책'의 대표로, '대안우파'란 말을 만들어낸 사람이다. 유럽연합을 백인종으로만 구성해야 한다고 주장하는 등 극렬한 극우운동을 펼쳤다—옮긴이)는 인터뷰 중에 얼굴을 주먹으로 얻어맞았다. 스펜서가 돌아다니면서 끔찍하고 인종차별적이고 유대인 혐오적인 발언을 할 권리는 헌법으로 보호되지만, 그런 권리에는 얼굴에 주먹이 꽂힐 위험이 수반되는 법이다.

보수파 인사들은 '트리거가 자극되다'라는 표현을 가져다가 멋대로 '불편하게 느끼다'라는 의미로 오용하고 있다. 이 표현은 종종 불쾌한 표정을 짓고 있는 백인 페미니스트가 등장하는 밈에 사용된다. 예를 들어 '아 이런, 괜히 문을 잡아줬다가 페미니스트의 트리거를 건드리면 안 되지' 같은 터무니없이 날조된 반여성주의 일화에 쓰인다. 페미니스트들은 동일 임금과 주머니 달린 옷에 관심을 쏟느라 누가 문을 잡아주는지에 신경 쓸 겨를이 없는데도 말이다.

하지만 트리거는 진짜 있다. '트리거(방아쇠)'라는 말은 정신건강 전문가들이 사람의 트라우마에 관련된 감정적·신체적 반응을 일으키는 자극을 가리키는 데 사용하는 의학 용어다. 트리거는 기억을 불러일으키며, 트리거가 자극된 사람은 몹시 생생한 회상인 플래시백을 겪으면서 자신의 트라우마가 된 사건 당시로 돌아간다. 냄새, 소리, 장면 등 트라우마를 다시 겪도록 사람의 감각을 자극하는 것은 무엇이든 트리거가 될 수 있다.

내 남편은 육군 참전 군인이며 자신과 같은 참전 용사들을 주로 담당하는 심리상담사다. 남편이 대학원에 다닐 때 나는 논문 교정을 도왔다. 그렇다고 내가 명예 학위를 받게 되는 건 아니었지만, 트리거와 외상 후 스트레스 장애(PTSD)의 관련성 에 대해서는 좀 주워들은 게 있다.

전투에 참여했던 군인은 흔히 어느 정도의 트라우마를 겪 는다. 이라크와 아프가니스탄 전쟁에 파병되었던 군인 가운 데 11~20퍼센트가 매년 PTSD로 진단받는다고 한다. 이렇 듯 PTSD는 드물지 않으며, 다양한 형태로 나타난다. 트라우 마 반응을 일으키는 트리거를 알아내는 것은 PTSD 회복에 필요한 인지행동치료 과정에서 커다란 부분을 차지한다. 이를 테면 PTSD를 겪는 참전 용사가 치료 과정을 통해서 고속도 로의 일정 구간을 달리는 것이 이라크 파병 시절의 사제폭탄 폭발을 떠올리게 하는 트리거라는 사실을 알아내기도 한다.

PTSD라고 하면 사람들은 주로 군대 경험을 떠올리지만, 그것이 유일하거나 가장 흔한 원인은 아니다. 미국에서 PTSD 를 겪는 사람의 트라우마 가운데 50퍼센트는 신체적·성적 폭 력과 관련되어 있다. 물론 남성과 남아도 성폭력을 당하며 그 런 사건은 신고되지 않는 경우가 많지만, 미국에서 성폭력의 대상은 거의 여성이다. 미국 여성 중 약 44퍼센트가 평생 어 떤 형태로든 성폭력을 겪는다고 한다.

그러므로 트리거는 수많은 여성에게 영향을 미치는 문제라고 볼 수 있다. 성폭력을 겪은 여성이 당시 상담 치료를 받지 않았거나 PTSD로 진단받을 기회가 없었다 해도 스스로 자신의 트리거를 알아냈을 가능성은 얼마든지 있다. 성폭행의 자세한 전말을 듣는 것은 성폭행 생존자인 여성에게 얼마든지 트리거가 될 수 있고, 그 결과 장기적인 PTSD를 유발할 수도 있다.

누군가가 '트리거를 자극받았다'고 하면 일부 보수 논객들이 말하듯 단순히 정치적 견해차로 거북함을 느꼈다는 뜻이 아니다. 트리거를 자극당한 사람은 플래시백을 통해 자기 삶전체에서 가장 끔찍했던 순간을 문자 그대로 다시 경험하게 되고, 트라우마를 일으킨 사건이 실제로 다시 일어나는 것처럼 느끼기도 한다. 이를 견디는 것은 엄청난 부담이며, 이런 고통을 과소평가하는 것은 멍청할 뿐 아니라 기가 막힐 만큼 잔혹한 처사다.

당신 또한 일종의 트라우마를 겪었고 개인적으로 자신의 트리거를 알아냈을지도 모른다. 마침내 법정에서 죗값을 치르게 된 성범죄자를 보면 정의와 희망의 싹이 보이는 듯싶지만, 성폭력에 관련된 트리거가 있는 사람에게는 그들의 끔찍한 범죄 사실을 되풀이하는 최근의 뉴스가 완벽한 악몽으로 느껴질지도 모른다. 하비 와인스틴이 뉴스에 나올 때마다 심장이

덜컹 내려앉는 사람이 얼마나 많을지 생각해보자.

트리거에 영향을 받는다면 무감각한 멍청이들이 당신의 진짜 고통을 무시하도록 내버려두지 마라. 상담 치료 등의 도움을 받아서 트리거와 증상을 관리할 수도 있다. 하지만 유감스럽게도 우리는 정신건강 관련 치료를 비싸지 않은 비용으로 쉽게 받을 수 있는 사회에 살고 있지 않으므로 상담을 받기 어려운 사람도 많다. 그렇기에 나는 "가서 상담을 받아라"라는 조언이 별로 도움이 되지 않을 수도 있다는 점을 이해한다. 그러니 간단하게 가자. 자기 자신과 자기 감정을 가장 잘 아는 건 당신이다. 부정적 감정이 자극되는 탓에 특정한 무언가를 피하기로 했다면 그렇게 해도 괜찮다.

이미 마음의 부담을 지고 있는데 짐을 더욱 무겁게 할 필요는 없다. 성적 학대를 막고 싶다고 해서 끊임없이 끔찍한 성적 학대 이야기를 들어야 할 이유는 없다. 끔찍한 일이 일어나는 것을 막고 싶다고 계속해서 일어나는 끔찍한 사건들을 눈 크게 뜨고 지켜보지 않아도 된다. 자신의 한계를 알아두자.

제러미 리치먼은 샌디후크 초등학교 총기 난사 사건으로 부모로서는 상상조차 하기 싫은 악몽 같은 일을 겪었다. 만 여섯 살짜리 딸 아비엘을 잃은 것이다. 그후 제러미는 아내와 함께 비영리 단체인 아비엘 재단을 설립하여 자신이 겪은 것과 같은 비극을 막기 위해 활동하기 시작했다. 그러나 그 사건으로부터 7년이 흐른 뒤 제러미는 자살로 생을 마감했고, 그의 아내는 그가 벗어날 수 없는 슬픔에 삼켜지고 말았다고 말했다.

내가 제러미 이야기를 꺼낸 것은 사회운동이 보람 있고 강력하긴 해도 극도로 어렵고 정신적 소모가 큰 일일 수도 있음을 설명하기 위해서다. 트라우마가 사람에게 미치는 해로운 영향을 결코 과소평가해서는 안 된다. 그건 말 그대로 생사가 달린 문제다. 따라서 열정뿐 아니라 정신건강도 확실히 챙겨야 한다. 당신이 지지하는 신념을 뒷받침하는 열정이 예전에 겪은 트라우마에서 비롯되었다면 항상 자신의 정신건강에 주의를 기울이자. 어떤 식으로든 자신에게 맞는 방법으로 자기 정신건강을 챙기는 것을 최우선으로 삼아야 한다.

부담이 너무 심해져서 도움이 필요하다면 당신이 사랑하고 믿는 사람에게 속내를 털어놓거나 정신건강 전문가를 찾아가라. 이 험한 세상에서 당신이 할 일이 너무도 많기에 우리는 당신을 잃을 수 없다.

안 된다고 말하기

나는 누구에게나 잘하는 '착한 사람'이 되고픈 내 타고난 본능 탓에 평생 사서 고생을 했다. 그렇다고 그런 행동을 그만두고 싶다고 생각한 적은 없다. 그게 긍정적인 특성이라고 생각했기 때문이다. '착한 사람'과 '부지런한 사람'이 많은 집안에서 태어난 나는 남들을 기쁘게 하기를 원하는 강렬한 욕구를 물려받았고, 그러기 위해서 지칠 줄 모르고 열심히 일하는 사람이 되었다.

친절한 사람이 되어 남을 돕고 싶다는 자연스러운 본능은 실제로 긍정적이다. 세상은 늘 만성적 친절 부족에 시달리기 때문이다. 세상에는 변화를 끌어내기 위해 기꺼이 노력을 쏟는 열정적인 사람이 더 많이 필요하다. 그러므로 당신이 타고난 '착한 사람'이라면 당신의 열정과 헌신은 당신 자신은 물론 당신이 지지하는 운동에 커다란 자산이 될 것이다.

그러나 일에 온 힘을 쏟아붓고 잠시도 쉬지 않는 것을 높이 평가하는 세상에서 남 기쁘게 하기를 우선순위에 놓았다가는 점점 커지는 부담에 몸과 마음이 너덜너덜해지기 딱 좋다. 언뜻 보면 해로울 것 없는 이타주의처럼 보이지만, 남을 기쁘게 하려고 애쓰는 것은 아무도, 심지어 자기 자신조차도 기쁘게 하지 못하는 해로운 습관이다.

남을 기쁘게 하려는 습관이 있는 사람이라면, 당신이 진짜로 원하는 게 뭔지 생각해보자. 단순히 모든 사람을 기쁘게 하고 싶은 건 아닐 것이다. 무엇보다 그건 헛된 목표이기에 완전히 시간 낭비다. 모든 사람을 기쁘게 하기란 불가능하다. 당신은 치즈케이크가 아니다. 당신이 원하는 것은 뭔가 다른 것, 즉 남의 인정이나 누가 나를 필요로 한다는 느낌 아닌가?

혹시 정곡을 찔려서 당황스러운가? 괜찮다. 하지만 남을 기쁘게 함으로써 인정을 얻는 것보다 자기 자신을 스스로 알아주고 인정하는 편이 훨씬 더 뿌듯하다는 점을 짚고 넘어가야겠다. 누군가를 기쁘게 하고 싶다 해도, 당신은 반상회 모임 준비를 도와달라는 참견쟁이 이웃보다 자기 자신을 훨씬 중요하게 여겨야 한다는 점을 잊으면 안 된다.

이런 나쁜 습관에서 벗어나려면 우선순위 매기기가 중요하다. 이건 벌써 해본 적 있는 과제다. 당신은 이미 가장 중요한 3대 문제를 골라냈다. 더불어 자기를 돌보고 사랑하는 것의 중요성도 배웠다. 그러므로 당신의 우선순위에 속하지 않은 무언가, 시간과 정신적 에너지를 쓸 가치가 없는 일, 또는 그냥 하고 싶지 않은 일을 해달라고 부탁받는다면 어떻게 대답해야 할까? 그냥 안 된다고 말하라.

누가 당신에게 뭔가를 부탁해도 당신에게는 그 청을 들어줄 의무가 없다. 당신에겐 항상 선택권이 있고, 거절하는 것도 유효한 선택지다. 당신 자신과 자기 시간을 존중하고, 남들에게도 당신과 당신 시간을 존중해달라고 당당히 요구하자. 선택할 기회가 주어지면 그게 현재 당신이 맡은 수많은 일에 어떤 영향을 미칠지 꼼꼼히 따져보자. 그 일을 어떻게 감당할지 생각만 해도 조바심이 나서 심장 박동이 빨라질 정도라면 거절하는 게 맞다.

"아니요"는 그 자체로 완전한 문장이다. 그러므로 뭔가를 거절할 때 구구절절 이유를 댈 필요가 없다. 이미 다른 일이 너무 많아서 도저히 시간을 낼 수가 없고 하루에 잠도 35분 밖에 못 잔다고 설명하지 않아도 된다. 완전히 녹초가 되고 나서야 거절할 자격이 생기는 것도 아니다. 당신은 이미 너무 바쁘므로 얼마든지 거절해도 된다. 솔직히 당신이 좋아하는 막장 리얼리티 쇼를 볼 시간을 뺏기기 싫고 앙숙이던 출연진 둘이 결국 친구가 되는지 꼭 알고 싶어서 부탁을 거절한대도 상관없다.

지금, 그리고 앞으로 당신이 해야 할 일을 검토해서 남에게 맡길 만한 일이 있는지 생각해보자. 이 방법은 삶의 모든 측면에서 활용할 수 있다. 자신에게 매우 중요한 대의명분을 위해 시간을 투자하고 있지만, 자신이 특정한 일을 맡기에 적당한 인물인지 잘 모르겠다는 생각이 들면 당신보다 더 잘 해낼 사람에게 일을 맡기는 것을 고려해보자. 가족 중에서 자기 혼자만 청소하고 있다는 생각이 들 때면 "아, 잠깐! 이 집에 나만 사는 게 아니잖아!"라고 선언하고 다른 가족에게 대걸레를 건네줘라. 당신이 뭐든 잘 해내리라는 데는 의심의 여지가 없지만, 그렇다고 혼자 모든 일을 해야 한다는 뜻은 아니다. 어린아이들도 가지고 놀던 장난감을 치우는 법을 배울 수 있다.

뭐든 직접 해야 한다고 생각지 마라.

모순되게 들릴 수 있다는 점은 이해한다. 현재 차별과 여성 혐오를 물리치기 위한 사회운동 조직의 상당수는 솔직히 그럴 시간이 없을 만큼 바쁜 엄마들의 손으로 만들어졌다. 심지어 우먼스 마치의 공동 책임자이자 엄마인 린다 사사워는 한 인터뷰에서 자신은 정말 시간이 없었으나 이게 너무 중요한 일이라 선택의 여지가 없었다고 말한 적이 있다. 트럼프 취임식 다음 날에 열린 제1회 우먼스 마치에서 나는 현재 돌아가는 상황에 분노하는 여성을 많이 보았다. 하지만 자기가 거기 나와야 할 필요가 있다는 사실 자체에 분노하는 여성도 많았다. 우리 할머니 또래로 보이는 여성 몇몇이 이렇게 적힌 팻말을 든 모습도 보았다. "내가 이 나이에 아직도 이따위 일로 시위에 나와야겠니."

우리는 아직도 이따위 일로 시위하는 수밖에 없다. 내가 우리 할머니 나이가 됐을 땐 이미 오래전에 여성혐오와 차별이 타파되어 다들 평등과 비행 자동차가 있는 이상적 사회에 살고 있고, 그래서 나는 우스운 문구를 넣어 수를 놓고 낮잠이나 자면서 주말을 보낼 수 있으면 좋겠다! 하지만 거기까지 가려면 아직 멀었다.

분명히 밝히자면 내 말은 뭐든 다 거절하라는 뜻이 아니다. 다만 언제 무슨 이유로든 안 된다고 말해도 괜찮다는 점을 강조하고 싶은 것뿐이다. 당신이 최우선 순위로 둔 사회운동에 참여할 기회를 제안받았더라도 지금 당장 내키지 않는다면 얼마든지 거절해도 된다.

특히 보람은 거의 없으면서 시간을 잡아먹고, 기진맥진하고 지친 기분이 들게 하는 일은 적극적으로 피하라고 권하고 싶다. 당신의 정치적 관점에 시비를 거는 사람들과의 소득 없는 대화는 거절하는 편이 낫다. 토론을 받아줘야 할 의무 같은 건 없다. 물론 당신이 그와 정치적 대화를 나누는 게 즐겁고, 서로 존중하며 대화할 수 있다면 얼마든지 해도 된다. 가끔은 당신의 사고방식에 딴죽을 거는 사람을 지적으로 패배시키는 단순한 즐거움을 맛보고 싶다면 실컷 즐겨라.

하지만 당신은 그저 추수감사절 만찬을 음미하고 싶은데 괴짜 삼촌이 최근에 음모론자 라디오 방송에서 주워들은 낭설을 늘어놓으며 최근 정세에 관한 이야기를 하자고 하면 그냥 적당히 거절하자. 덧붙여 나도 최근에야 깨달았지만, 온라인에서 당신 의견에 반대하는 이들이 댓글을 달면 그냥 무시해도 된다. 댓글 무시의 기술을 시전하기 시작했더니(특히 기사, 사설, 트위터에서) 그렇게 마음이 편할 수가 없다. 누가 반대한다고 당신 의견의 신빙성이 떨어지는 것은 아니다. 당신은 어떤 의견이든 마음대로 표현할 수 있고, 한번 붙어보자며 맨스플레인을 일삼는 얼간이들에게 일일이 사려 깊은 답

글을 달아야 하는 벌칙 같은 건 없다. 그냥 알림을 꺼버리고 신경 쓰지 말자.

자기가 감당할 수 있는 범위가 어디까지인지는 자기가 가장 잘 안다. 선을 그을 곳을 확실히 정한 다음 생산적이지 않거나 당신에게 맞지 않은 일은 단호히 거절하자. 우선순위를 지키면서 당신이 가장 중요하게 여기는 대의를 위해 가장 효과적으로 움직일 수 있도록 초점을 맞추자. 오드리 로드가 말했듯 정치적 투쟁 행위로서 자신을 돌보고 사랑하기 바란다. 이 전쟁에는 잘 쉬어서 원기 왕성한 당신이 필요하다.

6장
공주여, 자신을 구하라

"아, 이야기를 반대로 알았군요. 난 당신이 생각하는 존재가 아녜요.
내가 순진한 아가씨인 줄 알았나 봐요.
하지만 자기, 난 늑대랍니다."
―S. Y. W 포이트리(짧은 글이나 시 등이 올라오는 소셜미디어 계정―옮긴이)

엄마들이여, 우리가 잘못된 길로 들어서는 것은 다 옛날 이야기, 로맨틱 코미디 탓이다. 로맨스라는 이름으로 이런 이야기에서는 여자가 마침내 자기 인생의 의미를 찾는 것은 바로……(잠시 극적인 정적) 사랑을 찾을 때라고 가르친다.

낭만적으로 묘사되는 여성은 늘 구원이 필요하다. 부직포 걸레가 아직 발명되지 않은 탓에 신데렐라는 잔인한 가족과 대걸레 양동이에 시달렸고, 유일한 희망은 왕자님과 새 삶을 시작하는 것뿐이었다. 고전적 로맨틱 코미디에 나오는 주인공은 모두 외롭고 의지할 곳 없는 여성으로, 작은 마을에서 혼자 아이를 키우며 인생의 동반자를 찾는, 태도는 거칠지만 마음은 따뜻한 경찰관을 만나 구원받는다.

엄청나게 낭만적으로 보이라고 만들어놓은 서사에는 그저 그런 남자의 사랑을 얻기 위해 자기 인생을 망치는 가상의 인물들이 잔뜩 나온다. 보고 있기가 참으로 힘들다. 시트콤 〈보이 미츠 월드〉에서 토판가는 고등학교 시절 내내 죽어라 공부해서 예일대에 무려 장학금을 받으며 입학한다는 꿈을 이룬다. 하지만 어릴 때부터 사귄 남자친구 코리는 그맘때 남자 고등학생답게 자신감이 없었던지라 토판가가 떠나는 것을 원치 않는다. 토판가는 결국 예일대를 포기하고 철 수세미 머리 남자친구와 함께 다닐 수 있는 주립대를 택한다. 이런 최악의 진로 결정에 대한 보답으로 그녀의 소심한 10대 남자친구는 프러포즈를 한다. 둘은 결혼해서 캠퍼스 부지 내의 허름한 쪽방에 산다. 끝.

이건 낭만적 이야기가 아니다. 주의하라는 교훈을 주는 얘기다.

사실 나는 로맨스에 반대하는 게 아니다. 나는 사랑을 사랑한다. 가족 드라마 〈디스 이즈 어스〉를 매주 챙겨 보며, 한 주 걸러 한 번씩 운다. 하지만 여자는 배우자를 찾아야 비로소 자기 인생의 의미를 찾게 된다고 낭만적으로 포장하는 것은 헛소리입니다, 여러분.

물론 자신이 최고의 모습을 찾도록 도와주는 배우자를 만나고서야 의미를 발견하는 사람도 있다. 사랑을 찾거나 가정을 이루면서 그 과정에서 단순히 어머니나 아내가 되는 것 이상의 진정한 의미와 자신의 가치를 발견해서 무엇과도 바꿀 수 없는 충족감을 느끼는 여성도 있을지 모른다. 하지만 그것만이 유일한 길은 아니다.

낭만적 관계나 가정 바깥에서도 여성은 얼마든지 성취감을 얻을 수 있다. 당신 인생에서 보람과 행복의 주된 원천이 배우자여야 할 이유는 전혀 없다. 솔직히 그런 식이면 배우자도 진이 빠져 뒷걸음질을 칠 것이다.

내가 정신건강 전문가는 아니지만 자기계발서는 읽을 만큼 읽었기에, 자신의 가치와 행복에 관한 책임을 타인에게 맡기는 것은 건강하지 못하다는 사실쯤은 안다. 당신의 행복과 보람은 다른 사람이 아니라 오롯이 당신 자신에게 달려 있다. 자신에게 필요한 내적 평화의 대부분을 남에게 맡겨버리면 서로 의존하는 관계 중독 상태인 '공의존'에 빠지기 쉽다. 자신이 공의존적 행동이나 생각에 빠진 것 같다면(실제로 매우 흔한 현상이다) 중독 치료 프로그램이나 전문가가 제안하는 인지행동치료로 그런 습관에서 벗어나도록 하자. 방법은 여러 가지 있으니 자신에게 맞는 것을 고르면 된다.

덧붙여 가까운 사람이 공의존적 행동을 보인다면 장단을 맞춰줘서는 안 된다. 명확히 선을 그어라. 선 긋기는 사랑의 거절이 아니라 사랑에서 나오는 행동일 때도 있다. 당신이 사랑하고 아끼는 사람이 건강하지 못한 행동을 계속하도록 부추겨서는 안 된다. 게다가 엄마인 당신 집에는 이미 자기 엉덩이도 닦을 줄 모르는 꼬마 인간들이 살고 있다. 당신에게 의존하는 사람이 지금보다 더 늘어나는 건 곤란하다.

매우 흔히 나타나는 공의존적 사고방식을 손쉽게 재구성하는 방법이 몇 가지 있다. '전체론적 심리학자'로 불리는 니콜 르페라 박사는 공의존과 트라우마에서 벗어나는 데 도움이 되는 아주 간단하고 간결한 조언을 한가득 담은 인스타그램 계정을 운영한다. 공의존적 사고를 독립적이고 건강한 행동으로 재구성하는 르페라 박사의 비결 몇 가지를 소개한다.

◆ '나를 고쳐줘, 구해줘, 내 존재를 인정해줘'라고 생각하는 대신 '나를 알아줘, 나를 봐, 내가 온전히 들어갈 자리를 남겨줘'라고 생각하자.

◆ 혼란스럽고 예측 불가능하며 감정의 롤러코스터를 탄 것처럼 굴지 말고 꾸준하고 안정적이며 두말하지 않고 상대방의 곁을 지키는 사람이 되려고 노력하자.

◆ "당신은 나를 완전하게 하는 사람"이 아니라 "당신은 원래의 나를 더 나아지게 하는 사람"이라고 말하자.

◆ 사랑받으려고 자기 자신과 욕구를 전부 내던지지 말고 자기 욕구를 실현하기 위해 먼저 스스로 노력하자.

◆ 어린 시절에 겪었던 인간관계를 그대로 답습하지 말고 자유와 책임, 평화를 토대로 삼은 관계를 맺자.

정말 아름답지 않은가? 이걸 읽다 보면 나도 모르게 입에서 "나마스테"가 흘러나올 정도로 마음이 지극히 평온해진다.

당신은 망가지지도 않았고, 능력이 없거나 구원이 필요하지도 않다. 완벽한 사람은 없지만, 당신은 충분히 완벽에 가까운 사람이다. 상처를 치료해야 한다면 그건 당신이 혼자서, 자기 힘으로 노력해야 할 일이다.

당신이 보였던 공의존적 행동이나 사고방식에 관해 생각해보자. 당신이 남에게 의지하는 다양한 방식에 대해 생각해보자. 그렇게 행동하면 어떤 기분이 드는가? 그런 상황에서 더는 남에게 의존하지 않게 되면 어떤 기분이 들게 될까?

앞으로도 어떤 상황에서는 분명히 남에게 의지할 일이 생길 것이다. 우리가 할 줄 아는 게 많아지고 완전히 자립해서 배관공이라는 직업이 사라져버리는 날은 아마 오지 않으리라. 앞서 말했듯이 뭐든지 다 해내려는 것도 건전한 태도는 아니다. 다만 재구성할 필요가 있는 건강하지 못한 행동이 어떤 것인지, 다른 사람의 도움 없이 당신이 스스로 해내기를 바라는 일이 무엇인지 알아내는 것은 큰 도움이 된다.

자기 공구함을 마련하라

제목을 보고 내가 고상한 은유법을 써서 자신을 돌볼 도구를 갖춰야 한다는 얘기를 하리라고 짐작하지는 않았는지? 아니다. 이건 진지한 제안이며 절대 비유가 아니다. 나는 지금 말 그대로 자기 공구함이 없는 사람은 하나 마련하라는 얘기를 하고 있다. 집이 자가든 월세든 살다 보면 뭔가를 고치거나 조립해야 할 일이 생기고, 그럴 때 이케아 제품에 딸려 온 조그만 육각 렌치로는 아무래도 부족하다.

나는 인테리어 업자를 부르기는 좀 그렇고 직접 하자니 방법을 잘 모르는 소소한 작업, 이를테면 커튼레일 달기, 덩치 큰 가구 조립, 깨진 석고보드 교체 같은 일로 애를 먹은 적이 몇 번 있다. 하지만 남편은 어떻게 하는지 알고 있었고, 그래서 나는 그런 일을 모아두었다가 남편에게 시간 날 때 해달라고 부탁했다.

난 그게 너무 싫었다. 나는 원래 도움을 청하는 게 싫다. 하지만 이런 평범한 집안일을 어떻게 하는지 모른다는 사실이 더 싫었다. 다른 사람이 달아줄 때까지 기다려야 해서 벽에 덩그러니 기대놓은 커튼레일을 쳐다만 보는 게 싫었다. 그냥 나 혼자서 해치우지 못하는 게 싫었다. 남자라고 전동 공구를 잘 쓰는 데 특화된 DNA를 타고나는 건 아니다. 내 남편의 경우 그냥 어느 시점에 누군가가 남편에게 그런 기술을 가르쳐

놔야 한다고 생각했고, 내 경우에는 아무도(나 자신을 포함해서) 그런 생각을 하지 않은 것뿐이다.

사소하고 별 의미 없는 일로 보일 수도 있고, 나 또한 이것이 오늘날 여성이 직면한 중대 문제에 속하지 않는다는 데 동의한다. 하지만 공구 다루는 기술을 포함해서 삶의 여러 측면에서 더 독립적인 사람이 되는 것은 페미니즘적 행위이자 자기 삶에서 남성과 여성의 간극을 좁히는 길이라고 생각한다.

유튜브라는 정보의 바다 덕분에 우리는 거의 뭐든지 배울 수 있다. 처참한 실패로 끝난 '파이어 페스티벌'을 다룬 다큐멘터리에서 가장 충격적이었던 부분은 축제를 진행하는 사람들 중 가장 고도의 기술을 갖춰야 하는 인력인 비행기 조종사가 사실은 엑스박스의 비행 시뮬레이터로 비행기 조종을 배운 사람이었다는 점이었다. 물론 그건 끔찍하지만, 평범한 사람이 비디오 게임으로 여객기 조종하는 법을 배울 수 있다면 당신도 제대로 못 박는 법을 배워서 벽에 액자를 간격 맞춰 걸어둘 수 있다는 뜻이다.

인터넷으로 설명 영상을 찾은 다음, 필요하다면 작업을 하는 동안에도 일시 정지를 눌러가며 여러 번 보도록 하자. 불가능해 보였던 작업도 일단 하는 법을 정확히 배우기만 하면 아주 간단할 때가 많다는 사실에 놀라게 될지도 모른다. 유튜브는 당신이 서투르거나 집수리 기술이 부족하다고 혼내지 않는다. 망설이지 말고 구글에서 수평으로 액자 거는 법을 찾아보자. 괜찮다. 창피한 게 아니다.

직접 해보면서 배우는 방식을 선호한다면 DIY 교실을 여는 곳이 있는지 알아보자. 홈 디포 같은 대형 자재 마트에서 공짜 워크숍을 열어 주방 벽에 타일 붙이는 법이나 못 자국 메우는 법(세입자들이여, 보증금을 사수하라!), 올바르게 전동 공구 사용하는 법 등을 가르치기도 한다. 여성만을 대상으로 강좌를 여는 곳도 있다. 집수리 전반에 관해 알려주는 곳도 있지만, 좀 더 전형적이고 사진발 잘 받을 만한 인테리어 요령을 가르치는 곳도 있다. 솔직히 나도 벽에 거는 다육식물 정원에 관심이 있으므로 그런 것도 나쁘지 않다.

전동 공구나 페인트칠 도구 같은 큰 물건들은 한 군데에 모아두고 가족이 함께 사용하는 편이 낫다. 하지만 나는 망치, 렌치, 드라이버(일자와 십자), 줄자, 못으로 구성된 기본 공구함 또는 가방은 자기 전용으로 따로 마련하라고 권하고 싶다. 아이 장난감의 건전지를 갈 때나 인테리어 용품 매장에서 방금 사 온 뭔가를 벽에 걸고 싶을 때 이 기본 공구 세트가 있으면 대체로 다 해결된다. 자기 공구함이 있으면 원하는 도구를 찾으려고 배우자의 물건을 뒤지거나 누가 찾아줄 때까지 기다리지 않아도 된다. 내 공구 가방은 누가 봐도 여성 전용으로 나온, 가방 자체와 안에 든 공구가 모두 분홍색인 웃기는 물건이다. 하지만 내게 필요한 물건이 다 들어 있어서 완벽하고, 솔직히 아주 마음에 든다. 이런 세트를 사든 철물점에서 공구를 따로따로 고르든 간에 25달러 정도면 된다.

생초보로서 집수리라는 미지의 세계에 발을 들일 때는 항상 자신에게 관대한 태도로 웃어넘길 준비를 하고, 아직은 자기 이름을 걸고 인테리어 방송을 만들 수준이 아니라는 사실을 받아들여야 한다. 나는 벽에 필요 없는 못 자국을 수없이 냈고(하지만 이제 구멍을 메꿀 줄 안다!), 실수로 부순 물건도 한두 개가 아닌 데다가, 혼자서 이케아 3인용 소파를 조립하다가(진짜로 두 명이 필요한 작업이므로 따라 하지 마시길) 발가락이 부러진 적도 있다.

일단 시도해보자. 지레 겁먹지 말고 스스로 할 수 있는지 알아보자. 아마도 혼자서 해낼 수 있다는 사실에 깜짝 놀라 자신을 다시 보게 될 것이다. 덧붙여 전동 공구를 다루다 보면 왠지 끝내주게 강해진 느낌이 든다.

자신의 소울메이트가 되어라

진정한 사랑은 돈 주고 사는 것이 아니야
진정한 사랑은 혼자가 되어야 비로소 생겨나
그러니 혼자가 되거든 밖으로 나가서
자기 자신에게 비싼 술 한 잔 더 사주라고
—리조, <소울메이트>

엄마들은 다 알지만 그들의 배우자는 꿈에도 모르는, 널리 알려지지 않은 비밀이 하나 있다. 해마다 '어머니의 날'이 되면 인터넷 맘카페에는 배우자에게 원하는 선물을 받지 못해 실망한 엄마들이 쏟아내는 불만이 넘쳐난다.

이들은 반짝이는 장신구나 애들 없이 혼자 가는 백화점 마실, 고요히 보낼 두 시간을 원했건만 받지 못했다고 하소연한다. 물론 대놓고 요구하지는 않았다. 하지만 그게 너무 절실했고 받을 자격도 있다고 생각했기에 화가 난단다.

엄마들이 원 없이 꽃다발을 받고 백화점에 다녀올 자격이 있다는 데 이의를 제기할 생각은 전혀 없다. 문제는 그게 아니다. 문제는 이 엄마들이 충분히 자기가 원했던 환상적인 어머니의 날을 보낼 수 있었는데도 원하는 것을 하나도 얻지 못한 채 좌절감에 빠진다는 점이다.

우선 배우자나 아이들에게 뭔가 원하는 것이 있다면 미리 여유를 두고 자기가 바라는 것을 직접적으로 말하자. "저기, 여보, 2주 있으면 어머니의 날이잖아. 그날 오후에 시간 좀 미리 비워놓을 수 있어? 나는 목욕하면서 느긋하게 와인도 좀 마시고 인테리어 카탈로그도 살펴보려고. 그리고 새 화분도 하나 샀으면 좋겠어. 몬스테라로. 고마워. 사랑해." 간단하다.

이렇게 하면 배우자는 정확히 당신이 원하는 선물을 줄 테고, 당신은 어머니의 날에 페이스북의 지역 엄마 모임에서 남편은 내 마음도 읽을 줄 모른다고 한탄하는 대신 와인을 홀짝이며 거품 목욕을 하면서 시간을 보낼 수 있다.

하지만 배우자나 자녀가 주어진 임무를 제대로 수행하지 못했거나 당신이 혼자 있게 됐다면, 이제는 스스로 자신을 대접할 차례다. 자신에게 마음에 꼭 드는 선물을 주자. 물론 마음 같아선 캐비어인데 지갑 사정은 싸구려 와인인 경우도 많다. 내 말은 빚을 내서라도 다이아몬드와 모피를 휘감고 허영의 여왕이 되라는 게 절대 아니다. 가능한 범위에서 자신에게 선물을 하라는 얘기다. 낮잠도 좋은 선물이 될 수 있다. 사실 엄마의 삶에서 낮잠은 루이뷔통에 버금가는 사치 아닌가.

당신이 어머니의 날을 특정한 방식으로 보내고 싶다면 소망을 실현하라. 원하는 바를 정확히 정하고 가족에게 알려줘라. 뭔가를 원하는 것은 잘못이 아니지만, 원하는 바가 이루어지지 않는다고 포기하는 것은 잘못이다.

현재 파트너가 있든 없든 당신은 정확히 자신이 원하는 방식대로 자신을 사랑하고 인정해줄 수 있다. 이건 어머니의 날이나 특별한 기회에만 해당하는 말이 아니다. 당신은 항상 사랑받는다고 느낄 자격이 있고, 그런 사랑을 스스로 베풀 수 있다.

자신을 사랑하는 방법은 사람마다 다르다. 대형마트의 꽃

판매대를 꼼꼼히 살펴본 다음 가장 마음에 드는 꽃다발을 골라서 자신에게 사랑을 표현할 수도 있다. 화장을 끝낸 다음 오늘따라 끝내줄 정도로 날렵하게 뽑힌 아이라인 꼬리를 보고 감탄하면서 자신에게 사랑을 표하는 사람도 있다. 밤에 느긋하게 쉴 때 무릎 나온 운동복 바지와 목 늘어난 티셔츠 대신 포근한 상하 세트 잠옷을 마련해 입고 자신을 사랑해줄 수도 있다.

여자가 자기 배우자에게 해주어야 한다는 온갖 전형적인 봉사를 한 다음 낭만적 보답이 돌아오기를 기다리지 말고, 그냥 중개인을 거치지 않고 직접 해치워라. 스스로 아름답고 자신감 넘친다고 느끼는 데 배우자나 특별한 날은 필요치 않다. 하이힐을 신거나 화려한 속옷을 입으면 기분이 좋아진다면 굳이 데이트 날을 위해, 파트너에게 보여주려고 아끼지 말고 자신을 위해서 활용하자. 차려입을 때 자신의 기분을 우선시하라.

오래전부터 란제리 회사들은 물리 법칙을 거스르는 아찔한 키와 깡마른 몸매의 모델들을 앞세워왔다. 어쩌다가 속옷 광고 촬영에 XXS이 아니라 XS 사이즈 모델이 나오면 그나마 사이즈가 다양하다고 할 지경이었다. 모든 광고는 이 특정한 미적 기준과 체형을 충족하는 여성, 그리고 그런 여성이 자극하는 남성의 욕망에 초점이 맞춰져 있었다. 빅토리아 시크릿 모델처럼 생기지 않았거나 이성애 중심적 관계를 맺고 있지 않은 사람은 란제리 쇼핑을 할 때 네모난 구멍에 들어가려고 애쓰는 둥근 말뚝이 된 기분이 들게 마련이었다.

그러다 객관적으로 무척 매력적인 여성 연예인인 리아나가 직접 란제리 브랜드 '새비지×펜티'를 내놓았을 때 나는 눈이 번쩍 뜨였다. 사이즈는 XXXL까지 있었고, 그런 사이즈도 웹사이트에서 별도의 '플러스 사이즈' 페이지에 숨겨져 있지 않았다. 그 브랜드의 상품 소개 페이지에서는 다양한 집단을 대표하는 모델들이 속옷 매무새를 보여주고 있었다. 페이지를 스크롤 하면 다양한 출신과 피부색, 체형, 사이즈의 여성을 모두 볼 수 있었고, 그들 모두 매력적이었다. 내가 알기로는 말 그대로 어떤 여성이든 자기가 고른 속옷을 실제로 입으면 어떻게 보일지 진짜로 자신과 비슷하게 생긴 모델을 보고 확인할 수 있게 된 것 자체가 처음이었다!

하지만 새비지×펜티에서 가장 혁명적인 점은 모델의 다양성이 아니었다. 광고가 남성의 성욕에 초점을 맞추지 않았다는 점이 더욱 놀라웠다. 중요한 것은 여성이 느끼는 즐거움이었다. 존중, 대담함, 자신감, 강렬함 같은 주제에 방점이 찍혔던 것이다.

그건 굉장히 새롭게 느껴졌고, 내가 란제리를 바라보는 관점을 바꿔놓았다. 섹시한 속옷은 특정한 체형의 여성만이 아

니라 모든 여성을 위한 것이다. 파트너의 성적 욕망을 겨냥할
수도 있지만, 꼭 그럴 필요는 없다. 란제리는 여성의 몸을 꾸
미는 것이므로 무엇보다도 그걸 입은 여성의 기분이 좋아지
게 해야 마땅하다.

스스로 자신의 소울메이트가 되라는 노래를 쓴 리조는 자
기애로 유명한 슈퍼스타이며, 종종 란제리 차림으로 공연을
한다. 그 모습은 내게 무척 파격적으로 보였다. 나는 리조 같
은 체형의 여성이 란제리 모델을 하는 것을 한 번도 본 적이
없었기 때문이다. 하지만 리조는 비욘세나 입을 법한 의상을
보란 듯이 입었고, 당당함과 행복감이 넘치는 그 모습은 눈
이 부셨다.

당신이라고 안 될 게 뭔가? 섹시한 속옷은 아무나 입는 게
아니라는 말은 틀렸다. 란제리 회사들은 지금껏 당신을 무시
하고 요점을 잘못 잡았을 수도 있다. 하지만 그건 그 사람들
잘못이다. 레이스 달린 섬세한 속옷을 입으면 아름다워지는
기분이 든다면 망설이지 마라! 당신 자신을 위해, 당신 기분
을 위해 입어라.

별나고도 소중한 진짜 자신을 받아들여라

이 세상에서 여자로 살아가기란 벅차고, 힘에 부치고, 이길
수 없는 싸움을 하고 있는 것 같을 때가 많다. 내성적인 여성

은 거만하고 냉정한 사람이라고 비난받는다. 외향적이면 나댄다고 욕을 먹는다. 일정 수준의 정식 교육을 받지 않으면 아무것도 모르는 사람 취급을 받는다. 가방끈이 길면 엘리트주의자 소리를 듣는다. 당신은 늘 어떤 사람들 눈에는 모자라거나 과한 사람으로 보인다.

그렇게 당신을 비난하는 사람들은 당신 친구가 아니다.

이미 있다면 다행이지만, 아직 만나지 못했다면 '내 편'을 찾으려고 노력하라. 당신을 자극하고, 지지하고, 사랑하고, 당신이 행복하고 온전해지는 기분이 들게 하는 사람만 주변에 두어라. 당신을 깔보고 기분 나쁘게 하는 해로운 인간들에게 시간을 낭비하지 말자. 당신을 이해하지 못하는 사람은 항상 존재하겠지만, 굳이 그런 사람과 술을 마시거나 그들을 집으로 초대할 필요는 없다.

신께서 자신의 선함을 인간에게 일깨우기 위해 세상에 내려보낸 키아누 리브스처럼 완벽한 존재가 아닌 이상 누구에게나 개선의 여지가 있게 마련이다. 그래도 괜찮다. 최고의 자신이 되는 것을 목표로 삼으면 된다. 하지만 당신을 구성하는 성분의 대부분은…… 그냥 당신 자신이다. 그게 당신 성격이다. 어쩌면 어린 시절 걸스카우트 때 당신은 자신이 속한 그룹에서 쿠키를 가장 많이 팔면서 야망을 실현했고, 지금은 잘나가는 커리어 우먼으로서 자신의 직업 세계에서 야망을 실현하고 있는지도 모른다. 하지만 야망이라는 성격적 특징은 변하지 않았다. 이런 다양한 성격적 특징이 한데 모여 당신이라는 사람이 된다.

본질적으로 당신 자체인 이 특징들을 싫어하거나 바꾸려고 헛되이 노력하는 대신 자신에 대해 생각하는 방식을 바꾸려고 시도해보자. 어쩌면 당신은 어지르는 재능이 출중해서 정리의 수호성인 곤도 마리에조차 당신 집을 구제하지 못할지도 모른다. 하지만 한편으로 당신의 무질서한 기질은 창조성의 근원일 수도 있다. 그러니 걱정하다 못한 친지가 정리정돈 TV 쇼에 당신 집을 치워달라고 신청하기 전에 자기 자신과 집을 돌봐야 하는 건 사실이지만, 자기가 어떤 사람인지를 고려해서 기대치를 현실적으로 맞춰야 한다.

특정한 모습이나 행동을 보여야 한다는 생각, 집을 먼지 한 톨 없고 세련되게 가꿔야 한다는 강박관념, 항상 완벽한 엄마, 아내, 파트너, 딸, 자매, 직원, 친구로서 나보다 남에게 필요한 것을 먼저 생각해야 한다는 의무감과 부담에서 벗어나라. 당신이 될 수 있는 최고의 당신이 되려고 노력하되 당신답게 살아라.

소셜미디어, 잡지, 인스타그램 인플루언서가 뭘 좋아할지, 뭘 사야 할지, 뭘 해야 할지 당신에게 명령하도록 놔두지 마라. 당신이 진짜 원하는 것이 뭔지 당신 자신에게 물어보자.

아이들에게 한물간 촌스러운 사람 취급을 받는다 해도 상관없다(애들은 어차피 부모를 한물갔다고 생각한다). 요즘 뭐가 유행하는지는 생각지 말고 자기가 좋아하는 그림을 골라 벽에 걸자. 당신의 취향, 당신의 집, 당신의 삶에는 당신이란 사람이 충실히 반영되어야 한다.

자신의 별난 점을 웃으며 받아들이고 유머로 넘길 줄 알아야 한다. 자기가 아닌 사람이 되려고 애쓰지 말자. '다시 알림'을 여섯 번쯤 누를 걸 뻔히 알면서 꼭두새벽에 알람을 설정하는 헛수고는 그만두자. 아침형 인간이 아니라도 괜찮다. 특정한 사람 앞에서 가면을 쓰고 연기할 필요도 없다. 당신이 그 사람보다 서열이 낮으며 그에게 잘 보이려 끊임없이 애써야 한다고 생각지 마라. 말실수를 할까 봐 단어를 고르느라 진땀을 흘리지 않아도 된다. 당신이 지금 대화를 나누고 있는 상대는 사실 메릴 스트립이 아니라 지금 당신 아들과 소프트볼을 하고 있는 아이의 엄마일 뿐이다.

우리 모두는 최선을 다하지만 실수할 수 있는 인간이다. 완벽한 사람은 없다. 우리는 모두 별난 구석과 단점이 있고, 실패를 겪는다. 하지만 그것으로 충분하다. 우리는 세상을 우리가 원래 알던 곳보다 조금이라도 나은 곳으로 바꾸려고 갖은 애를 쓰고 있으며, 좋은 사람이 되려고 노력한다. 중요한 것은 바로 그 점이다. 중요하지 않은 나머지 잡동사니는 치워버리

자. 진정한 당신을 되찾아 사랑해주자.

꿈을 포기하지 마라

나는 꿈을 좇아가는 데 신물이 났어요. 그래서 그냥 꿈에게 어디로 가느냐고
물어본 다음 나중에 거기서 만나자고 하려고요.
—미치 헤드버그(스탠드업 코미디언—옮긴이)

우리는 아이들에게 끊임없이 꿈이 뭐냐고 묻는다. 커서 뭐
가 되고 싶어? 미래에 너는 어떤 모습일 것 같아? 바라는 게
뭐야? 우리는 아이들의 꿈을 키워주려고 엄청난 노력을 기
울인다. 하지만 정작 우리는 대부분 꿈을 포기한 지 오래다.

미셸 오바마의 훌륭한 회고록 『비커밍』에서 나는 미셸이 아
이들에게 커서 무엇이 되고 싶은지 묻는 이 질문의 문제를 언
급하는 부분이 마음에 들었다. 미셸은 아이들에게 자라서 무
엇이 되고 싶은지 묻는 것이 완전히 쓸모없는 질문이라고 생
각하며, 이는 성장한다는 것을 유한한 과정, 즉 무언가가 되
면 그것으로 끝인 과정으로 전제하고 질문을 던지기 때문이
라고 말했다.

이런 개념을 거부한 미셸은 특정한 목표나 삶에서 특정한
장소에 도달하는 것보다는 '비커밍(becoming)'이라는 제목
대로 변화하며 '나아가는' 과정에 초점을 맞췄다. 그녀가 보
는 '나아가기'는 더 나은 자신을 추구하며 끊임없이 진화하

는 과정이다. 미셸은 정력적인 변호사, 선구자, 비영리 단체장, 미국 근현대 역사상 가장 매력 넘치는 대통령의 아내, 영특한 두 아이의 엄마, 미국 영부인, 엄청난 판매고를 올린 작가로 변신해 나아갔고, 그러는 동안에도 탄탄한 이두박근을 계속 유지했다.

우리 손자들이 볼 역사책에서 그녀가 얻어 마땅한 자리를 차지한 뒤에도 미셸은 자신이 늘 나아가는 중이며 앞으로도 그러기를 바란다고 말했다.

나 또한 아이들에게 자라서 뭐가 되고 싶냐고 묻는 것은 상당히 쓸모없는 질문이라고 늘 생각했다. 나는 그 문제에 대해 미셸만큼 깊이 있는 내적 성찰을 하지는 않았다. 내가 그렇게 생각한 이유는 매우 단순했다. 아이가 둘인 30대 엄마인 나조차도 어떻게 답해야 할지 모르는 질문을 어떻게 아이에게 할 수 있단 말인가?

그렇기에 받아들이기 쉬운 미셸의 '나아가기' 개념은 더욱 빛이 난다. 이미 인생의 상당 부분을 살아본 사람으로서, 이제 가정의 작은 인간들까지 책임져야 하는 처지에 자기 인생으로 무엇을 할 것인지 정하라고 하면 겁이 더럭 난다. 하지만 어떤 방향으로 나아가고 싶은지 묻는다면? 조금 더 나은 자신을 상상해본다면, 그 사람은 어떤 모습일까?

외모 이야기를 하는 게 아니다. 더 나은 자신이 어떤 모습일까 물을 때 반사적으로 '글쎄, 10킬로그램쯤 덜 나가고 마고 로비처럼 생긴 모습이겠지'라고 생각하지는 마라. 나는 더 나은 당신, 그리고 그런 당신의 삶이 어떤 모습일지 그려보자는 말을 하고 있다.

그녀는 어떤 사람인가? 용감한 사람? 당신이 이미 지니고 있는 대담함을 실현하지 못하게 막는 걸림돌들을 당신 인생에서 걷어내고 치워버릴 수 있는지 생각해보자. 자신감 있는 사람? 자신의 장점을 긍정하고 당신이 얼마나 아름답고 놀라운 사람인지 스스로 인정하는 데 노력을 기울이자. 자기가 신경 쓰는 문제에 관해 아는 것이 많은 사람? 당신은 이미 자신에게 중요한 문제를 골라냈으니 이제 시간을 들여 공부하고 새로운 정보에 귀를 열어두자. 그러면 보수파 논객을 토론으로 혼쭐내서 음모론을 외치며 도망치도록 할 무기를 갖추는 셈이다.

더 나은 자신을 상상할 때는 이왕이면 통 크게 진짜 꿈을 펼쳐보자. 당신이 늘 되고 싶었던 사람, 늘 하고 싶었던 일을 생각해내자. 아직 이루지 못했다 해도 아쉬움을 꾹 눌러 삼키거나 죄책감을 느낄 필요는 전혀 없다. 그래도 괜찮다. 냉장고 뒤쪽에서 시들어버린 새싹채소 샐러드처럼 꿈은 인생의 굴곡 속에서 점점 멀어지다가 종종 당신에게 잊히기도 하는 법이다.

하지만 꿈을 이루려고 노력하기에 너무 늦은 때란 없다. 실패는 뭔가를 이루려고 도전했을 때 생길 수도 있는 결과의 일부분일 뿐이다. 누구나 실패를 겪는다. 가장 큰 성공을 거둔 영향력이 강한 인물 가운데에도 처절한 실패를 겪었던 이들이 많다. 해리 포터의 세계를 창조하기 전에 J. K. 롤링은 우울증에 걸린 이혼녀이자 빈털터리 싱글맘이었다. 크리시 메츠는 〈디스 이즈 어스〉 오디션을 보러 갈 때 차에 기름 넣을 돈도 없었고, 통장 잔고는 81센트였다. 오프라 윈프리는 스물세 살 때 처음 맡았던 뉴스 진행자 자리에서 어떤 멍청이에게 해고당했다. 실패는 그저 잠깐 지체되는 것뿐일 수도 있고, 다른 쪽으로 가보라는 하늘의 뜻일 수도 있다. 하지만 하던 일을 그만두고 꿈을 포기하라는 신호는 아니다.

여덟 살 무렵 나는 앞마당에 있던 나무에 올라가 이웃집을 엿보고 알아낸 내용을 작은 공책에 적으면서 놀았다. 그러면서 작가 지망생이자 꼬마 탐정이 된 기분을 만끽했다. 나 자신이 쌍안경으로 이웃을 훔쳐보는 수상한 참견쟁이 꼬맹이라고는 전혀 생각지 않았다. 배관공이었던 할아버지가 쓰레기장 같은 폐가에서 건져다 주신(내 기억이 정확하다면) 구닥다리 타자기를 사용해 처음으로 소식지도 만들었다. 밝은 파란색 상자에 들어 있던 타자기가 몹시 무거워서 내 몸무게만큼 나갈 거라고 생각했던 게 기억난다. 나는 간신히 그 타자기를 침대 위에 올렸고, 오타가 날 때마다 종이 한 장을 통째로 버리며 계속 자판을 쳤다.

나는 항상 작가가 되고 싶었고, 늘 책을 쓰고 싶었다. 꿈이 뭔지 알게 된 이래로 계속 꿈꾸던 일이었다. 하지만 인생의 굴곡 속에서 그 꿈은 점점 뒷전으로 밀려났다. 때로는 생각은 할 수 있으나 현실적으로 일어날 리 없는 불가능한 꿈처럼 보이기도 했다. 애초에 나는 책을 써서 출판할 수 있는 작가 재목이 아니라는 생각이 자꾸 들었다.

그러다 E. L. 제임스의 『그레이의 50가지 그림자』가 세계 각국의 베스트셀러 목록 최상단에 오르고 영국에서는 가장 빨리 팔려나간 페이퍼백으로 기록을 세우는 일이 벌어졌다. 용케도 이 책을 읽을 생각을 하지 않은 분들이 놓친 기막힌 문장 몇 개를 소개한다.

◆ "어서 와." 그가 내 머리칼을 세게 밀며 말했다. "여긴 엉덩이 방이야."

◆ 크리스천 그레이는 손바닥의 두툼한 부분으로 내 은밀한 부위를 짓눌렀다. "기분 좋나, 이 여자야?"

◆ "내가 널 겁먹이나?" 크리스천 그레이가 눈썹을 핥으며 말했다.

정말 말이 나오지 않을 만큼 엉망진창이다. 하지만 재능의 한계가 드러나는 것이 두렵지도 않았는지 E. L. 제임스는 계속 글을 썼고, 지금은 아마도 자기 요트에 한가롭게 누워서 어마어마한 부자들이 하는 행동, 이를테면 터무니없이 비싼 라메르 아이크림 바르기나 세금 안 낼 방법 궁리하기 등에 몰두하고 있으리라.

E. L. 제임스가 해냈다면 나라고 못 할 게 뭔가? 그래서 나는 마침내 겁이 나더라도 내 꿈을 정면으로 바라보기로 했다. 우선은 내 꿈을 여러 단계로 나눈 다음 단계별로 내가 정확히 해야 할 일이 무엇인지 정확히 조사해서 목표를 세웠다. 그런 다음 책을 쓰고 그 책을 출판한다는 궁극적 목표를 향해 조금씩 단계를 밟으며 나아갔다.

밖에서 보면 아이디어를 책으로 써서 출판하는 과정은 단순하고 직선적인 길처럼 보인다. 하지만 실제로 그 길은 출구를 찾을 때까지 수많은 막다른 길과 거절을 만나게 되는 미로와 같았다. 나더러 미쳤다고 하는 사람들의 말을 웃어넘기고 무시했지만, 혼자 컴퓨터 앞에 앉으면 '아, 진짜 내가 미쳤지' 하는 생각이 들었다.

매일 나는 글을 쓰러 컴퓨터 쪽으로 가면서 레고를 밟는다. 왜 사람에게는 배꼽이 있는지에 대해서도 대답해야 하고, 종일 "어어어엄마아아아아아아아!"라고 외치는 두 아이의 합창도 들어야 한다. 왠지 아는가? 애들은 마감 따윈 신경 쓰지 않기 때문이다. 아이들은 우리가 자기 주제를 파악하게 하고 우리에게 간식을 요구하기 위해 존재한다.

하지만 바로 지금 이 순간 당신은 실현된 내 꿈을 읽고 있다. 처음에는 무척 겁이 났고, 솔직히 지금도 평생의 꿈을 이루기 직전이라는 벅찬 감정이 밀려들 때마다 여전히 겁이 난다. 내게 승산은 별로 없었지만, 불가능하지는 않았다. 내가 성공할 수도 있음을 알고 있었고, 평생 아쉽다고 불평하기보다는 내가 이 꿈을 이루기 위해 정말 최선을 다했다고 스스로 말할 수 있도록 진짜로 한번 시도해보고 싶었다. 나는 실패와 좌절을 견디며 나아갔고, 정말로 해냈다!

하고 싶은 일이 무엇이든, 어떤 꿈을 이루고 싶든, 세상에는 당신보다 훨씬 못한데도 그 일을 해낸 사람이 있다. 변호사가 되는 게 꿈이라고? 켈리앤 콘웨이, 마이클 코헨, 루디 줄리아니(콘웨이는 트럼프 정부의 대변인, 코헨과 줄리아니는 트럼프의 변호사였고 코헨은 선거자금법 위반과 탈세 등으로 투옥됐다—옮긴이) 같은 사람도 모두 로스쿨을 나와 변호사가 되었고, 이 글을 쓰는 지금 교도소에 들어간 것은 셋 중 하나뿐이다. 선거에 출마하고 싶다고? 지적인 면에서 당신의 절반에도 못 미치면서 당신 나이보다도 오래 국회의원 자리에 앉아 있는 남자들도 있다. 미국 대통령이 되고 싶다고? 최근 역사 덕분에

아무나 대통령이 될 수 있다는 사실이 증명되었다. 그래도 이
건 좀 심하지 않나 싶기는 하지만, 어쨌거나 이제 허들은 더
없이 낮아졌으므로 당신은 거기 발이 걸리지 않게 조심하기
만 하면 된다. 당신은 남들과 마찬가지로 꿈을 이룰 능력과
자격이 있다.

세상을 구하기 전에 당신 자신부터 구하라

넬슨 만델라와 대담을 한 후 오프라 윈프리는 만델라의 고
향인 남아프리카 공화국에 학교를 세우기로 했다. 오프라는
예전의 자신과 비슷한 처지에서 자라는, "경제적으로 불우하
지만, 정신이나 영혼이 빈곤하지는 않은" 소녀들을 돕고 싶다
고 했다. 이렇게 생겨난 학교인 '오프라 윈프리 여성 리더십
아카데미'는 매년 수백 명의 재능 있는 소녀들에게 수준 높
은 교육을 제공한다.

넬슨 만델라는 오프라가 세운 학교를 직접 보고 나서 이렇
게 말했다. "오프라의 학교 개교식에 갔을 때 나는 어린 소녀
들의 빛나는 얼굴을 보고 생각했습니다. 이들은 모두 오프라
윈프리가 될 잠재력이 있다고요."

2007년에 개교한 후 이 학교를 졸업해서 대학에 진학한 모
든 여학생은 같은 근본적 목표를 위해, 즉 자기 인생의 리더
가 되기 위해 나아가고 있다고 오프라는 설명했다. 오프라는

그곳에서 매년 '인생 기초 수업'이라는 제목의 강의를 하는데, 변화를 꿈꾸는 미래의 오프라 윈프리인 학생들에 관해 이렇게 말했다. "그 아이들이 세상을 구할 수 있을까? 나는 우선 '자기 자신을 구하라'고 가르친다. 너 자신을 온전하게 만드는 것이 네 일이라고. 완벽하게가 아니라 온전하고 풍부하게. 삶에서 네가 정말로 해야 할 일은 결코 욕심과 조바심을 낼 필요가 없도록, 빈곤하고 불안하지 않도록 네 잔이 넘칠 만큼 너 자신을 채우는 것이라고."

세상을 더 나은 곳으로 바꾸기 위한 자기 역할을 찾고 싶다면 반드시 자기 자신을 먼저 구해야 한다.

7장
아빠는 아르바이트 베이비시터가 아니다

다음 세대를 키워낸다는 책임을 남자가 여자와 나누어 짊어질 때에야
비로소 여자는 진정한 평등을 누릴 수 있다.
—루스 베이더 긴즈버그

마트에서 자기가 사달라는 분홍색 유니콘 설탕 과자를 안
사줬다고 떼를 쓰는 둘째를 수습하며 계산 줄에 서 있을 때
누가 "아유, 정말 힘드시겠어요" 같은 상투적인 말을 건네면
대개는 나도 다른 엄마들처럼 반사적으로 예의 바르게 웃으
며 고개를 끄덕인다. 이제 나도 엄마 경력이 쌓여 그런 말에
익숙해졌고, 이건 아마도 옆자리 동료가 파티션 너머로 손가
락 총을 쏘면서 "어이, 바빠? 아니면 농땡이 중?"이라고 묻는
것과 비슷하게 전업주부끼리의 안부 인사가 아닐까 생각한다.
하지만 내가 도저히 흘려들을 수 없는 말이 하나 있다. 아
이들 없이 외출한 나를 본 누군가가 "어머, 오늘은 애들을 남
편분이 봐주시나 봐요?"라고 묻는 것이다.
저기, 미안한데요, 남편이 뭐라고요? ……봐준다고요? 아

뇨, 부모로서 할 일을 하는 건데요. 친자 검사를 해보지는 않았지만, 애들의 머리둘레나 비꼬기 실력을 보면 남편이 친아빠인 게 확실하거든요.

내가 이 질문을 싫어하는 이유는 이성애 중심적 관계에서 육아 책임이 거의 전부 엄마에게 돌아가고 아빠는 육아에서 격주 주말마다 아르바이트로 아이를 봐주는 10대 베이비시터만도 못한 역할을 한다는 것을 전제로 삼는 말이기 때문이다. 이는 엄마의 어깨에 육아라는 무게를 통째로 얹어 부당한 부담을 줄 뿐 아니라, 엄마와 똑같은 부모인 아빠에게도 지극히 무례한 말이다.

이 문제의 핵심은 바로 여기에 있다. 아빠 또한 엄마와 똑같은 부모라는 것.

엄마란 타고난 양육자이며 선천적으로 육아에 더 적합하다는 통념은 우리 사회와 오늘날 우리 삶에 커다란 영향을 미쳤다. 미국 독립전쟁 무렵 엄마들은 아들을 혁명가와 전쟁 영웅으로, 딸을 아내와 엄마로 키워냈다. 그런데 수백 년이 지난 지금도 우리는 여전히 남자는 돈을 벌고 여자는 엄마가 되어야 한다는 사회적 압력과 씨름하고 있다.

엄마는 양육자로 타고나며 자연 선택에 따라 주 양육자 역할을 맡게 된다는 통념은 기원을 알기 어려울 정도로 오래되었다. 경애받는 성모 마리아는 여러 기독교계 종교에서 이러한 개념을 나타내는 보편적 상징이다. 이런 사고방식에서 종교의 영향력은 아직 무시할 수 없을 정도로 크다. 어머니가 타고난 양육자인지 아닌지 조사하다 보면 그 관념을 긍정하는 의견의 출처가 대체로 모르몬교 같은 종교임을 확인할 수 있다.

실제로 부모에게 요구되는 양육자 역할에 엄마가 더 적합하게 타고난다는 생각은 신화에 불과하다. 이 개념은 수백 년 동안 단단히 굳어졌지만, 사실에 근거를 둔 것이 아니며 그것을 뒷받침할 만한 심리학적 근거도 없다.

물론 엄마들이 경험하는 자연적·생물학적 반응은 존재한다. 엄마는 아기를 낳을 능력이 있고, 그건 실로 놀라운 일이다. 엄마가 아기 울음소리를 듣거나 아기를 품에 안으면, 아기를 먹일 수 있도록 유선에서 모유가 분비된다. 이는 놀라운 생물학적 마법이며, 나는 이렇게 수많은 엄마가 같은 경험을 공유한다는 점이 정말 경이롭다고 생각한다.

하지만 그런 경험 덕분에 우리가 배우자나 생물학적으로 아이를 출산하지 않은 엄마들보다 더 나은 부모가 되는 걸까? 그렇지 않다.

엄마는 선천적으로 아이를 어떻게 돌봐야 하는지 가장 잘 안다는 '모성 본능'은 진짜가 아니다. 하지만 갓 태어난 아기를 처음으로 안았을 때 '아 이런, 지금 나보고 얘를 집으로 데려가라고?' 하고 생각하며 느끼는 순도 100퍼센트의 두려움은? 그건 진짜다. 그리고 그게 일반적이다. 당신의 모성 본능이 아직 발동하지 않아서가 아니다. 애초에 그런 게 없기 때문이다. 아무한테도 없다.

그렇다고 당신이 아래와 같다는 뜻은 아니다.

◆ 엄마가 되기를 원하지 않았음

◆ 자기 아이를 사랑하지 않음

아이를 돌보는 초인적 능력을 타고난 사람만 엄마가 되기를 원하는 것은 아니며, 당신은 자녀를 사랑하는 훌륭한 엄마다. 나는 내 아이들에게 느끼는 사랑과 같은 감정을 전에는 겪어보지 못했다. 마치 한계라는 것은 존재하지 않는 듯 마음이 늘어나는 기분이다. 지금도 나는 밤에 몰래 아이들 방에 들어가서 그 작고 귀여운 얼굴에 뽀뽀를 하면서 이런 축복을 내려주신 신께 감사드린다. 그리고 애들이 자고 있다는 사실에도 감사드린다. 그때쯤이면 죽을 듯이 피곤하기 때문이다.

아이가 무릎이 까졌으니 호 해달라며 울면서 당신에게 달려오고, 당신이 아이를 데리러 유치원에 가면 신이 나서 폴짝폴짝 뛰는 것은 그냥 순수하게 당신을 사랑하기 때문이다. 그냥 당신이 좋은 거다. 당신의 타고난 능력이나 엄마가 되었을 때 마법처럼 발동하는 유전자 때문이 아니다. 당신과 아이 사이의 유대감은 당신이 키워낸 것이다.

엄마들은 종종 주 양육자 역할을 맡거나 다른 한쪽 부모가 밖에서 일하는 동안 전업주부가 되지만, 이 또한 엄마들이 원래부터 그 역할에 적합하기 때문에 그렇게 되는 것이 아니다. 원인은 전형적 성역할과 문화적 규범 탓일 수도 있다. 개인의 선택에 따른 것일 수도 있다(또 그래야만 한다). 또는 부족한 육아휴직, 남녀 임금 격차, 천문학적 보육 비용을 따졌을 때 엄마가 집에서 육아를 맡는 것이 경제적으로 가장 낫다는 실용적 결정일 수도 있다.

만약 상황이 달라져서 아빠가 집에서 육아를 맡는 것이 경제적으로 이득이며 양쪽 부모가 그렇게 하는 편이 낫겠다고 동의했다면 이 또한 엄마가 육아를 맡는 것과 마찬가지로 합리적 결정으로 인정받아야 한다. 이런 시나리오의 실현 가능성을 떨어뜨리는 장벽은 사회적으로 생겨났든 어쨌든 간에 존재해서는 안 된다.

우리 문화와 사회 전반에 너무나 깊이 뿌리박힌 여타 여성 혐오와는 달리 육아에서 남성을 보조자 취급하는 관습은 여성과 남성 모두에게 해를 끼친다.

사람들은 엄마들이 더 뛰어난 부모로 취급받으면 칭찬으로 받아들일 거라고 생각한다. "엄마만 한 사람이 없잖아요!" "아무래도 엄마가 하는 게 최고죠." "어휴, 나는 죽어도 엄마처럼은 못 할 것 같아요." 하지만 실은 엄마들도 해야 하니까 하는 거다. 엄마가 육아를 전담하는 역할 분담에 완벽히 만족하는 커플들도 있다. 하지만 자기가 남자라는 이유만으로 기저귀 갈기 등 부모로서 당연히 해야 할 일을 거부하는 것은 아주 더러운 행동(중의법)이다.

나는 사실 이런 대변공포증 아빠는 몇 되지 않을 거라고 생각한다. 아빠들도 대부분 엄마만큼 진심으로 육아에 참여하고 싶어하리라고 믿는다. 하지만 우리 사회는 아빠의 육아를 쉽사리 허락하지 않는다. 식당에서 남자 화장실에 기저귀 교환대가 없어서 남편이 허탕을 치고 자리로 돌아오는 모습을 몇 번이나 봤는지 모르겠다.

우리가 삶에서 평등을 누리고 싶다면 평등한 공동육아를 확산할 방법을 찾아야 한다.

유해한 남성성을 배제하라

오늘날의 아버지상은 유해한 남성성에 물들어 있으며, 이는 단순히 기저귀 갈기를 거부하는 행동만이 아니라 가족 전체에 영향을 미치는 문화적 족쇄를 가리킨다. 유해한 남성성은 남자아이와 성인 남성을 틀 안에 가두고 자신을 표현하는 방식을 제한한다. 인간답게 행복, 슬픔, 실망 등의 다양한 감정을 표현하는 대신 남자는 '알파 수컷' 역할에 갇혀버린다. 배려와 애정 대신 이들은 분노 따위의 전형적으로 남성과 연관되는 감정 표현에만 매달리게 된다. 냉담하고 쉽게 화를 내는 알파 남성은 이상적인 공동육아 파트너는 아니다.

일부 남성은 알파 수컷, 즉 강하고 매력적이며 자신감 넘치고 대담한, 일을 척척 처리하는 남자 중의 남자가 된다는 도달 불가능한 목표에 집착한다. 언제라도 총을 뽑을 태세로 옛 서부 거리를 활보하는 존 웨인을 떠올려보자. 그건 완전히 허구의 개념이다. 알파 수컷의 현대적 예시를 찾아보다가 나는 배우 라이언 레이놀즈의 사진 모음을 발견했다. 한 사진에서 그는 카메라를 강렬한 눈빛으로 바라보았고, 다른 사진에서는 벌어진 재킷 사이로 잘 발달한 가슴 근육을 드러냈으며, 또 다른 사진에서는 턱수염을 기르고 날렵한 양복을 차려입은 모습이었다. 나는 순수하게 자료 수집 차원에서 그 사진들을 찬찬히 살펴보았다.

하지만 근육을 자랑하는 사진들 밖의 진짜 라이언 레이놀즈는 '알파 수컷 아버지' 같은 헛소리에 빠진 사람이 아니다. 레이놀즈가 토크쇼 〈레이트 나이트 위드 세스 마이어스〉에 출연했을 때, 마이어스는 얼마 후면 자신의 첫 아이가 태어나게 될 텐데 자신에게 조언해줄 말이 없냐고 물어보았다. 그러자 레이놀즈는 온갖 육아 관련 조언이나 신생아 키우는 요령을 모두 제쳐두고, 아내와 아내가 필요한 것에 초점을 맞추라고 충고했다.

"그냥 궂은일을 도맡아 하세요." 레이놀즈가 말했다. "기저

귀도 갈고, 밤에 아기가 깨면 달래러 가세요. 내 말은, 아내
는…… 몸에서 인간을 만들어서 내보냈잖아요. 아내는 할 만
큼 한 거예요. 그러니까 기저귀도 갈고, 뭐 그런 일을 다 맡
아서 하세요."

바로 그거다. 궂은일. 레이놀즈의 아내 블레이크 라이블리
같은 여신도 진통과 출산 과정의 고난을 면제받지는 못했으리
라. 어쩌면 병원에서 간호사가 건네주는 거대하고 못생긴 망
사 팬티도 입었을지 모른다! 근육질의 멋쟁이 남편이 아기를
돌보는 동안 그녀는 푹 쉴 자격이 있다.

유해한 남성성에 물든 남성은 전형적으로 여성과 연관되는
것은 무엇이든 나약하고 피해야 할 것으로 인식하게 된다. 그
러므로 아버지 역할을 할 때도 감정적 반응을 차단하고 애정
과 관심을 지나치게 드러내는 것을 피하려 한다. 하지만 감정
을 느낀다고 약해지지는 않는다. 약한 것은 자신의 진짜 감정
을 무시하는 태도다.

정말로 강함이 필요한 행위는 유해한 남성성을 거부하고 진
짜 감정을 받아들이는 것이다. 감정을 똑바로 마주한 뒤 건강
하고 건설적인 방식으로 표현하기가 쉽지만은 않다. 자기 기
분을 제대로 파악하고 감정을 솔직하게 드러내려면 강한 사
람이 되어야 한다. 무분별하게 남성에게 무감각해지라고 가르
치는 사회에서 애정과 배려를 드러내는 것은 진짜 용기가 필

요한 행위다.

　남자는 감정이 없는 존재가 아니다. 남자는 애초부터 다르게 만들어져 있기에 여자와 같은 감정을 느끼지 않는다는 거짓 주장에 현혹되지 마라. 그건 사실이 아니다. 당신에게 소중한 남성과 감정에 관한 얘기를 나누자. 무슨 생각을 하는지 묻고, 감정을 드러내는 게 어렵다고 하면 그 점을 인정해주자. 당신을 믿고 감정을 보여줘서 고맙다고 말하자.

　우리는 이런 악순환을 깨고 아들을 더 잘 키워서 그 아이들이 좋은 남자가 되도록 도와주어야 한다. 유해한 남성성은 어린 소년들 사이에 퍼지는 질병과 같다. 이는 여성을 평가절하하고 무시하며, 남자들에게 인간으로서 당연히 느낄 수밖에 없는 감정을 묻어버리고 거부하라고 가르치는 사상이다. 남자가 자신의 감정은 자연스럽지 못하며 거부되어야 한다고 믿도록 놔두는 것은 잔인하고 부당한 처사다.

　유해한 남성성은 강간 문화를 부추기고 데이트 폭력에 영향을 미침으로써 남성과 그 가족뿐 아니라 사회 전체에도 커다란 해를 끼친다. 엄마이자 페미니스트로서 우리는 다음 세대 여성이 겪을 억압을 근절하기 위해 힘껏 노력할 도덕적 의무가 있다. 아들을 올바르게 키우는 것은 여성의 미래를 바꾸는 데 매우 효과적인 방법이다.

　되도록 최대한 어릴 때부터 아들에게 감정을 표현하는 다양한 방법을 가르치자. 해롭지 않은 남성성의 궁극적 예시가 필요하다면 유익한 아동교육 프로그램 〈로저스 아저씨네 동네〉의 애니메이션 판 스핀오프이며 감정에 대처하는 여러 훌륭한 방법을 다루는 〈대니얼 타이거네 동네〉를 추천한다. 이 작품을 추천하는 이유는 감정을 억누르거나 무시하는 장면, 특히 "남자는 우는 거 아니야" 같은 말이 나오지 않기 때문이다. 감정은 얼마든지 느껴도 되지만, 아이들은 감정을 조절하고 건강한 방식으로 대처하는 방법을 배워야 한다. 예를 들어 대니얼은 짜증이 나도 장난감을 엄마 머리에 던지지 말고 깊게 숨을 들이마신 다음 도와달라고 말하자는 이야기를 한다. 솔직히 대니얼 타이거를 보고 깨달음을 얻을 어른도 적지 않을 듯하다.

성역할 고정관념으로 아들의 놀이를 제한하지 말자. 아들이 인형에 관심을 보이면 격려해주자! 어쩌면 아들은 아빠를 따라 하고 싶어서 아빠가 하는 일, 이를테면 아기 재우기나 기저귀 갈기 흉내를 내려는 것일 수도 있다. 아빠가 그런 일을 하는 것이 자연스럽다고 가르치자.

아들을 애정 어린 태도로 대하자. 오늘 어떻게 지냈는지 얘기를 나누고, 기분은 어땠는지 물으면서 당신에게는 무엇을 얘기해도 안전하다고 느끼게 하자. 감정 표현을 일상화하고 감정을 조절하는 건강한 방식을 가르치자(아이에게는 그게 상당히 어렵다!). 아들에게 남자도 운다고 말해주자. 결코 아이의 감정을 무시하거나 그쯤은 그냥 털어버리라고 말하지 마라. 아이가 기꺼이 자신의 감정을 털어놓는다면 당신은 언제나 귀 기울일 것이라는 점을 확실히 알려줘야 한다.

파트너와 함께 아이를 키우는 과정에서 유해한 남성성을 거부함으로써 우리는 건강하고 생산적인 방식으로 감정을 다룰 줄 아는 가정을 꾸릴 수 있다. 사람은 누구나 감정이 있다. 누구도 감정을 숨기도록 강요받아서는 안 된다. 단지 해롭지 않은 방식으로 감정을 표현하고, 감정을 드러내도 늘 안전한 장소를 만들어내기 위해 노력을 기울일 필요가 있다.

페미니스트가 남성과 관련된 현안을 지적한다는 이유만으로 페미니스트는 남자를 싫어한다고 끈질기게 주장하는 이들이 있다. 그러니 확실히 밝히고 넘어가자. 유해한 남성성을 거부하는 것은 애정에서 나오는 행위다. 우리는 남자를 싫어하지 않는다. 오히려 우리에게는 사랑하며 함께 살아갈 소중한 남자들이 있고, 우리는 남자가 사랑할 줄 아는 진정한 모습으로 살아가지 못하도록 발목을 잡는 이 가상의 족쇄에서 그들을 해방하고 싶다.

페미니즘의 상징적 인물 벨 훅스는 자신의 책 『남자다움이 만드는 이상한 거리감』에서 역사적으로 볼 때 남성이 애정을 표현할 수 없게 된 데는 여성과 남성 모두 책임이 있으며 우리는 이 점을 반드시 바꿔나가야 한다고 강조했다.

　사랑할 줄 아는 남자를 만들고 싶다면 우리는 남성을 사랑해야만 한다. 남성다움을 사랑한다는 것은 성차별적으로 정의된 남성적 정체성에 맞춰 살아가는 남자에게 칭찬과 보상을 주는 것과는 다르다. 남자가 해주는 일에 대한 보상으로 남자에게 관심을 보이는 것은 존재 자체로 남성을 사랑하는 것과 똑같지 않다. 가부장적 문화에서 남성은 있는 그대로의 자신을 드러내고 자신만의 개성을 자랑스럽게 여기도록 허락받지 못한다. 남성의 가치는 항상 무엇을 해내는지에 따라 매겨진다. 반가부장적 문화에서 남성은 자신의 가치와 쓸모를 증명할 필요가 없다. 태어날 때부터 사람은 그 자체로 가치가 있으며 소중히 여겨지고 사랑받을 권리를 타고난다는 것을 누구나 알기 때문이다.

　　　　　　　　　—벨 훅스, 『남자다움이 만드는 이상한 거리감』

우리는 우리의 파트너에게, 남자들은 애초부터 존중과 사랑을 받을 가치와 권리를 타고났으나 그 사실을 배우지 못하고 속아왔으며 우리가 곁에서 치유 과정을 도울 것임을 알려주어야 한다. 더불어 아들을 아끼고 사랑하고, 아버지와 아들 모두 원래의 조화로운 온전함을 지킬 수 있도록 돕는 데 최선을 다해야 한다.

우리에게 소중한 남자들에게 우리가 그들의 진정한 가치를 알고 있음을 보여주자. 그들이 유해한 남성성이라는 족쇄에서 벗어나 자기 마음을 내보이도록 도와주자.

육아 저울의 균형을 맞춰라

생물학적으로 아기를 출산한 여성과의 관계에서 다른 한쪽 파트너는 아무리 능력이 뛰어나고 의욕이 넘쳐도 육아에서 대체로 보조 역할을 맡을 수밖에 없다.

진통이 마흔두 시간째로 접어들 무렵 나는 남편을 째려보기 시작했더랬다. 이런 생각이 들었다. '아 진짜, 교대 좀 하자. 내가 침대 옆에 서서 당신한테 숨 쉬라고 소리치는 역할 할게. 이 라마즈 호흡법인지 뭔지 이제 효과 없거든?' 아! 또 새벽 네 시 반에 갓 태어난 아기가 그날 밤에만 스물세 번째로 울기 시작했을 때는 쓸모없는 젖꼭지를 달고 새근새근 자고 있는 남편을 빤히 바라보며 감탄했던 기억도 난다.

아무리 훌륭한 배우자라도 할 수 있는 일과 도울 수 있는 방식에는 현실적 한계가 있다. 끔찍한 90년대 코미디 영화 〈주니어〉에서 아놀드 슈워제네거가 했던 것처럼 아기를 대신 낳을 수도 없는 노릇이다. 그들의 젖꼭지는 앞으로도 계속 쓸모없을 것이다. 게다가 우리 사회는 양쪽 부모가 동등하게 육아에 참여하기 쉬운 환경을 제공하지 않는다. 가정이라는 미시적 수준에서는 당신이 어느 정도 배우자의 참여도를 조절할 수 있다. 거시적 수준에서는 당신이 통제할 수 있는 부분은 훨씬 적어지며 변화가 일어날 때쯤이면 당신 아이는 기저귀를 뗀 지 오래일지도 모르지만, 그렇다고 당신이 무력한 것도 아니며 상황이 절망적이지도 않다.

집에서는 배우자가 보조 역할을 맡게 되더라도 육아에 적극적으로 참여할 방법은 여러 가지 있다. 임신, 진통, 출산은 배우자가 당신을 완전한 여신으로 떠받들어줄 시기다. 당신은 생명을 창조하는 중이므로 당신이 갑자기 먹고 싶다고 하면 배우자가 주방에서 브라우니 정도는 창조해줘야 한다. 배우자는 자발적으로 보조 역할을 맡아서 가능한 한 당신을 편하게 해주기 위해 힘닿는 대로 뭐든 할 수 있다. 지금이야말로 가족 전체를 위해 당신이 감내하는 수고에 감사를 표하고 당신에게 사랑을 퍼부어야 할 때다.

젖꼭지는 쓸모없을지 몰라도 배우자는 그렇지 않다. 모유 수유는 엄청나게 힘들고 에너지를 소모하는 일이며, 특히 크나큰 의학적 고난을 겪고 회복하는 중에는 더욱 그렇다. 그러므로 이번에도 배우자가 보조 역할을 맡아줄 필요가 있다.

당신이 모유 수유를 택해 아기의 영양 공급을 책임진다면 파트너는 다른 영역에 더 힘을 쏟을 수 있다. 예를 들어 내가 젖을 먹이는 동안에는 남편이 기저귀 갈기를 거의 도맡았다.

이런 역할 분담은 원래라면 불공평했을 상황에서 균형을 잡는 데 도움이 된다. 더불어 모유 수유 중에는 쉽게 허기가 지므로 파트너는 당신이 좀 더 편안하게 수유할 수 있도록 물이나 몸에 좋은 간식, 책 등을 챙겨줘야 한다.

육아 책임을 완벽히 나누어 짊어지는 것을 방해하는 불가항력적 장벽은 출산과 모유 수유 같은 생물학적 한계뿐이다. 예를 들어 모유 대신 분유를 먹인다면 파트너가 수유의 50퍼센트를 맡지 못할 이유가 없다. 물론 당신은 유능하지만, 앞서 우리가 확인한 대로 엄마를 더 우월한 부모로 만들어주는 초인적 모성 본능 따위란 존재하지 않는다. 그러니 균형을 맞추려고 노력해보자.

내가 순진하게도 생물학적 요소를 제외하면 완벽한 균형을 맞출 수 있으며 그 외에 우리가 통제할 수 없는 불균형한 요소는 전혀 없다고 생각하는 것은 아니다. 거시적 수준에서 불균형을 초래하는 장벽에 관한 얘기도 곧이어 다룰 예정이다. 모든 엄마가 자기 가정에서 완벽한 균형을 이룰 수 있게 하기 위해 내가 제시할 수 있는 마법 같은 공식이나 조언은 없다. 당신 인생에서 불균형을 만들어내는 수많은 요소를 내가 다 이해할 수도 없고, 아는 척할 생각도 없다. 게다가 이 장의 상당 부분이 혜택받은 자의 관점에서 하는 이야기이며, 이 글을 읽는 싱글맘들이 '아이고, 남편이 기저귀를 자주 안 갈아줘서

거참 서럽겠네요'라고 생각할지도 모른다는 점도 잘 알고 있다. 나는 아무도 빠뜨리고 싶지 않고, 한부모의 어려움도 짚고 넘어가야 할 문제라고 생각한다.

이는 지극히 개인적인 문제이며 누구에게나 잘 맞는 해결책은 없다. 그러므로 공동육아를 할 파트너가 있다면 당신이 해야 할 일은 불균형한 영역을 살펴보고 그대로도 괜찮은지 생각해보는 것이다. 불균형은 늘 존재할 수밖에 없지만, 부모 양쪽이 다 괜찮다면 문제가 되지 않는다. 당신이 만족하는지 아닌지가 중요하다. 가끔 배달 광고지를 찾으려고 잡동사니 서랍을 뒤지는 날도 있지만, 대체로 나는 요리하기를 좋아한다. 그래서 요리를 남편과 나누어 맡고 싶지 않다. 우리 상황과 성향에는 그게 잘 맞고, 그 점이 중요하다.

주의해야 할 불균형은 자기도 모르게 고정되기 쉬운 역할 분담이다. 아이를 혼내는 건 언제나 한쪽 부모 담당인가? 아이와 놀아주는 부모가 항상 정해져 있나? 한쪽 부모가 집안일을 대부분 처리하는 모습을 아이들이 보고 자라는가? 한쪽 부모는 늘 하지 않았을 때만 티가 나는 일을 처리하느라 허덕이는가? 이런 문제에는 더욱 관심을 기울이고 재분배가 필요한지 의논해보아야 한다.

존중과 상냥함을 유지하면서 파트너와 탁 터놓고 솔직하게 대화를 나눠보자. 불균형에 관한 대화는 다들 하기 싫어하는

191

궂은일을 공평하게 나누기 위한 지루한 토론이 될 수도 있다. 때로는 파트너에게 아이들을 데리고 나가서 아이스크림을 사 주라거나 혼자 바람 좀 쐬고 오라고 해야 할 때도 있다. 현재 낭만적 관계를 유지하고 있든 아니면 헤어졌으나 공동육아는 유지하고 있든 둘은 어쨌거나 한배를 탄 사이다. 아이 아빠가 아이의 인생에서 계속 한 축을 담당할 예정이라면 가능한 한 공평한 균형을 유지하기 위해 함께 노력해야 한다.

우리 사회에서 공평한 육아는 표준이 아니므로 당신이 어떻게 할 수 없는 상황도 적지 않다. 그럴 때가 바로 거시적 수준의 변화를 위해 힘써야 할 때다. 사람들은 늘 엄마가 육아 책임의 대부분을 떠맡는 것을 당연하게 여긴다. 그렇기에 똑같이 육아에 참여하고 싶은 아빠가 있어도 상황은 여의치 않다.

한데 모여 아이들을 함께 어울리게 하는 놀이 모임에 아빠가 오면, 엄마들은 양떼 목장에 갑자기 늑대가 한 마리 들어온 것처럼 행동하는 경향이 있다. 전업주부 엄마도 무거운 부담을 느끼지만, 전업주부 아빠는 육아를 책임질 뿐 아니라 아빠를 전형적 성역할에서 벗어나지 못하게 하려는 사회적 압력과 씨름하느라 한층 더 고생하기도 한다.

아빠의 육아 참여가 자연스러워지게 하자. 당신 배우자가 육아에 참여하기를 원하며 육아를 동등하게 분담하려고 노력하고 있다고 주변 엄마들에게 말해두자. 놀이 모임에 나온 아빠들에게 아이가 밤에 잠은 잘 자는지, 〈호야네 집〉(〈카이유〉가 원제인 캐나다 애니메이션이며, 주인공의 버릇없는 행동으로 논란이 되었다—옮긴이)이 얼마나 짜증스러운지 등 대개 엄마들끼리 이야기하는 소소한 주제로 말을 걸자. 아빠가 육아에 적극적으로 참여하기가 쉽지 않음을 인정해주고, 조금이라도 상황이 편해지도록 당신이 할 수 있는 일을 하자.

아빠들이 겪는 어려움을 덜어주기 위해서는 상황을 바꿀 힘이 있는 사람들과 대화를 시작할 필요가 있다. 예를 들어 기저귀 교환대는 남녀 화장실 양쪽에 다 있어야 마땅하다. 이점을 깨달았다면 상점 주인이나 매니저에게 기저귀를 가는 남자도 있으므로 남자 화장실에 기저귀 교환대를 설치하는 걸 고려해달라고 의견을 제시하자. 회사에 출산 휴가는 있으나 남성을 위한 육아 휴가는 없다면 양쪽 부모 모두 새로 태어난 아기와 유대감을 형성할 시간이 꼭 필요하므로 더 융통성 있는 휴가 정책을 채택해달라고 제안할 수 있다. 때로는 의외로 요청만 하면 쉽게 상황이 달라지기도 한다. 정중하고 예의 바르며 호의적인 태도를 유지하자. 더 밀어붙여야(보다 끈질긴 요청, 법적 청원 등) 결과가 나올 때도 있지만, 최소한 당신의 제안을 통해 이제는 상대방도 문제가 있다는 사실을 인식하게 된다.

본인은 별로 대수롭지 않게 여기는 것 같지만, 남편이 끈질기게 요청해 기저귀 교환대를 쟁취했을 때 나는 무척 자랑스러웠다. 남편은 외래 상담 센터에서 일했다. 고객은 대부분 남성이었고, 그 중 일부는 아빠였다. 상담을 받을 때의 심리적 편안함을 위해 아기를 데리고 오는 아빠들도 있었다. 하지만 주로 남성이 이용하는 공간이 대개 그렇듯 그 센터에는 기저귀 교환대가 없었다.

그래서 남편은 기저귀 교환대를 요청했지만, 연방정부 관할이었던 그 센터가 남편의 요구를 받아들이는 과정은 그리 간단치 않았다. 일단 기저귀 교환대를 설치해달라는 것은 흔한 요청이 아니었기에, 아니 사실 내가 알기로는 어느 센터에서도 요청된 적이 없었기에 많은 관련자가 매우 당혹스러워했다. 하지만 남편은 계속 밀어붙였고, 몇 달 뒤 남편의 고객들에게는 아기 기저귀를 갈아줄 안전하고 청결하며 조용한 공간이 생겼다.

그건 그냥 기저귀 교환대일 뿐이다. 하지만 이제 그곳에 오는 모든 부모는 자신을 돌보는 동시에 자기 아이를 보살피는 데 필요한 공간을 갖게 되었다. 자신도 부모로서 동등한 역할을 하도록 지원받는다는 사실을 아는 것만으로도 아빠들은 힘을 얻는다.

이런 것들은 사소한 일, 사소한 이야기로 보이기 쉽다. 하지만 영향력은 결코 작지 않다. 전형적 성역할에서 벗어나는 것이 처음인 사람들도 있고, 이런 이야기를 꺼내는 것만으로도 육아의 평등이 자연스럽게 자리 잡는 데 도움이 된다. 평등하려면 공평해야 하며, 저울의 균형을 맞춰 육아를 균등하게 분배하는 것은 결국 모두에게 이로운 일이다.

동등한 권리를 위한 싸움

성평등의 화신과도 같은 인물인 루스 베이더 긴즈버그 대법관은 성차별에 맞서는 싸움에서 한 가지 간단한 전략으로 획기적 진보를 이뤄냈다. 바로 남성을 향한 차별에 주목한 것이다. 긴즈버그는 여자가 감히 법조계에서 위로 올라가려 한다는 이유로 차별당하면서, 여성이 일상 속에서 맞닥뜨리는 편견을 뼈저리게 느꼈다. 그러던 차에 부양자 세금 공제를 받지 못한 남성의 사건(모리츠 대 국세청장 사건), 그리고 법적으로 만 21세 이하인 여성은 알코올음료 구매가 가능하나 남성은 그렇지 않았기에 여자친구에게 맥주를 사다 달라고 해야 했던 남성의 사건(크레이그 대 보런 사건)을 맡았다.

비범한 법조인이자 지칠 줄 모르는 일 중독자였던 긴즈버그는 흠잡을 데 없는 변론으로 승소했다. 게다가 영민한 긴즈버그는 이들 사건의 핵심이 단순히 세금 공제나 맥주가 아니라는 점을 꿰뚫어 보았다. 이 두 사건의 승소로 성별에 기반을 둔 차별적 법률과 관습이 즉각 폐지되었고, 어떤 영역에서든 법 앞에서 여성과 남성이 평등하게 대우받아야 한다는 선례가 세워졌다.

크레이그 대 보런은 평등권과 성차별에 관한 위헌 심사에서 처음으로 가장 낮은 심사 기준인 '합리성 심사'가 아니라 '중간 수준 심사'(미국에서는 특정 법률의 합헌 여부를 판단하는 기준이 '합리성 심사/중간 수준 심사/엄격한 심사'의 3단계로 나뉜다—옮긴이)가 활용된 첫 번째 사건이었다. 시작은 오클라호마에서 맥주를 살 수 없었던 남성들이었지만, 구르기 시작한 눈덩이가 점점 커진 결과 남성만 들어갈 수 있었던 버지니아 군사학교에 여성 입학이 허가되었고(미합중국 대 버지니아 주 사건) 트랜스젠더 직원을 해고한 것이 일종의 성차별에 해당한다는 판결도 나왔다(글렌 대 브럼비 사건). 크레이그 대 보런 판례는 성차별과 관련된 수많은 사건에서 인용되었다.

긴즈버그가 미합중국 대 버지니아 주 사건에 의견을 내놓고 오랜 세월이 흐른 뒤 그녀는 군대와 군사학교에서 성차별이 철폐되고 여성이 입학하게 된 이 사건의 유산에 관해 이렇게 논평했다. "해병대에 여성 준장이 한 명 있는데, 그분이 병력 운용을 책임지고 있어요. 난 그게 너무 좋더군요."

이미 수십 년 전에 긴즈버그 대법관은 평등권을 얻기 위한 여성의 싸움에는 남성도 포함되어야 한다는 사실을 이해하고 있었다. 남성의 평등권을 위해 싸움으로써 여성은 간접적으로 다른 영역에서 평등권을 얻게 되었다. 따라서 남성의 평등한 권리를 옹호하는 것은 우리 자신에게도 이득이 되는 셈이다.

물론 그게 전부는 아니다. 여성 또는 다른 어떤 집단에 대한 차별이 옳지 않듯 남성에 대한 차별도 옳지 않다. 불의에 맞서 일어나 동등한 권리를 요구하려면 그 범위에 모든 사람을 포함해야 마땅하다.

하지만 때로는 남성차별에 관해 논하기가 껄끄러울 때도 있다. 현재 벌어지고 있는 일부 남성 인권 옹호 운동에는 좀 문제가 있기 때문이다. 몇몇 '남성 인권' 단체는 여성을 소외하고 여성혐오를 퍼뜨리는 남성 중심 철학을 내세운다. 이들이 잘못되었다고 주장하며 해결하려 드는 문제는 사실 문제가 아닐 때도 있다. 나도 가정법원에서 아버지에게 불리하게 작용하는 성차별적 편견이 있다는 이야기를 믿었지만, 알고 보니 근거 없는 낭설이었다. 남성 인권 단체는 배우자 강간을 범죄로 취급하는 데 반대하고, 아버지가 친권과 부양책임을 거부할 수 있어야 한다고 주장하는 등의 반페미니즘적 수작질 전반에 관련되어 있다. 따라서 내가 남성과 아버지에게 영향을 미치는 문제에 관심을 보여야 한다고 하는 건 불쾌한 남성 인권 단체와 함께 시위에 나서자는 뜻이 아니다.

남성 인권 단체들은 날조와 여성혐오에 손을 뻗음으로써

오히려 자기 발목을 잡고 있다. 그들이 제기하는 문제들 가운데에는 실제로 일리 있는 주장들이 있는데도, 자신들에게 여성혐오 단체라는 굴레를 씌움으로써 유효한 주장들까지 빛을 잃게 만들고 있는 것이다. 예를 들어 미국의 총기 자살률은 충격적일 만큼 높으며, 총기 자살자 중 86퍼센트가 남성이다. 그리고 2019년 말 트럼프 행정부는 입양 주선 기관이 입양을 원하는 가정의 성적 지향을 가지고 그들을 차별하는 걸 허용했는데, 이 때문에 남성 동성 커플은 가족을 필요로 하는 아이들에게 따뜻한 가정을 제공할 수 없게 되었다. 남성과 아버지에게 영향을 미치는 진짜 문제란 이런 것들이다.

우리는 엄마들이 겪는 부당함뿐 아니라 아빠들이 직면하는 불평등에도 눈을 돌릴 필요가 있다. 아빠들의 평등을 위해 싸우는 것은 여성의 평등에도 도움이 된다. 긴즈버그 대법관의 말대로 다음 세대를 키워내는 책임을 완전히 나누어 짊어질 때 비로소 우리는 진정한 평등을 누릴 수 있다. 진짜 남성은 여성의 평등을 지지하기 마련이므로 우리 또한 자신에게 소중한 남성을 지지하며 모든 이를 위한 진정한 평등으로 함께 나아가야 한다.

3부

본보기 보이기

8장
아이 한 명을 키우는 데 온 마을이 필요하다

텍사스 오스틴에서 열린 연례 성소수자 프라이드 행진에서, 무지갯빛 의상을 멋지게 차려입고 각 공동체를 상징하는 깃발을 휘날리며 거리를 행진하던 여러 성소수자 공동체와 지지자들이 발걸음을 멈추고 눈시울을 붉히는 낯선 광경이 펼쳐졌다.

어느 작은 교회 사람들이(역시 멋진 무지갯빛 복장을 하고) 길가에 모여 있었는데, 이들의 티셔츠나 팻말에는 "엄마의 프리허그", "아빠의 프리허그", "성직자의 프리허그"란 문구가 적혀 있었다. 행진에 참여한 사람들은 그 글귀를 보고 자신에게 사랑을 전하기 위해 거기 서 있는 낯선 이들의 품으로 망설임 없이 뛰어들었다.

엄마이자 베스트셀러 저자이며 복음주의 교회 지도자인 젠 해트메이커는 자신이 무지갯빛 반다나(손수건보다 큰 얇은 천—옮긴이)를 두른 청년을 애정 넘치는 얼굴로 힘껏 안아주는 사진을 소셜미디어에 올렸다. 그녀의 말에 따르면 프리허

그 참가자들의 품은 빌 새가 없었으며, 그들이 여러분은 무척 사랑받고 있고 세상에 필요하며 소중한 존재라고 말해주면 "이런 게 너무 그리웠어요", "우리 엄마는 이제 저를 사랑하지 않으세요", "아빠가 제게 말을 걸지 않은 지 3년 됐어요"라는 대답이나 "부탁인데 한 번만 더 안아주세요"라는 애원이 돌아왔다고 한다.

이 교회가 문자 그대로 팔을 활짝 벌려 성소수자 공동체에 사랑을 보여주자는 아이디어를 얻은 것은 '엄마의 프리허그' 창시자인 사라 커닝엄에게서였다. 동성애자 아들을 둔 기독교인 엄마인 커닝엄은 자녀의 성정체성을 인정하는 부모와 동조자 단체를 만들어 성소수자 공동체에 부모만이 줄 수 있는 사랑을 전하는 것을 목표로 삼았다. 이들은 교회와 시민 대표뿐 아니라 가족들을 대상으로 성소수자 문제를 교육하면서, 성소수자들에게 지지와 사랑을 보여주도록 장려한다.

사라 커닝엄은 '엄마의 프리허그' 운동에 대해 이렇게 말했다. "내가 내 아들(그리고 아들의 권리)을 지키려고 야단법석을 떨며 싸우지 않는다면 대체 누가 싸우겠는가?"

글쎄, 지금은 다행스럽게도 커닝엄의 운동이 거의 모든 주의 교구로 퍼져나갔기에 우리는 그녀의 질문에 답할 수 있게 되었다. 젠 해트메이커가 싸우고, 복음주의 성직자들이 싸운다. 내가 싸우고, 미국 전역의 수많은 부모가 싸운다.

해트메이커는 어떻게 하면 스스로 아이를 위한 마을이 되어줄 수 있는지 보여주는 완벽한 본보기다. 그녀는 남자와 결혼한 시스젠더 동조자다. 일부 사람들은 신앙을 차별의 근거로 삼지만, 해트메이커는 신앙을 토대로 하여 성소수자 공동체가 사랑받고 인권을 보장받아야 마땅하다고 주장한다. 그녀는 호감 가고 공감하기 쉬운 엄마로서 재미있는 사진이나 마음 따뜻해지는 일화를 공유하며 수많은 팔로워를 얻었다. 하지만 그녀의 본업은 기독교 출판사와 손잡고 책을 쓰고 기독교인 여성들을 대상으로 순회 강연을 하는 것이었다. 즉 기독교 관련 사업이 그녀의 생계 수단이었다.

그러므로 해트메이커가 자신의 판단과 감정에 따라 성소수자 공동체를 지원하기로 마음먹고, 자신이 동성결혼을 지지하며 성소수자의 결합도 성스러울 수 있다고 믿는다고 공개적으로 밝힌 것은 엄청난 후폭풍을 불러일으킬 대담한 발언이었다. 당시 남부 침례교의 대형 도서유통사이자 해트메이커의 베스트셀러 중 한 권을 낸 출판사인 라이프웨이 크리스천 스토어는 그녀의 성경공부 교재와 저서를 판매 중단하겠다고 선언했다. 한때 헌신적이었던 팬들은 집 주소로 그녀의 책을, 그것도 군데군데 불에 태운 채로 보냈다. 급기야 살해 협박을 하는 사람들까지 나타나기 시작했다.

하지만 그녀는 결코 물러서지 않았다. 서둘러 사태를 수습하고 건질 것은 건지려 하는 대신 해트메이커는 성소수자 공동체, 흑인 인권운동, 난민을 더욱 강력하게 지지했다. 또한 성범죄자의 대통령 선거 출마에 실망과 반대 의사를 표명했다. 사과하라는 압력이 끊이지 않고 더욱 거세지자, 그녀는 자신의 상징인 거대한 귀걸이를 걸고 가슴에 "난 미안하지 않아"라고 적힌 탱크톱과 슬리퍼 차림으로 환하게 미소 짓는 자기 사진을 인터넷에 올렸다. 사진 아래에는 "이런 기분"이라고만 적혀 있었다. 정말 공감 가는 한마디였다.

해트메이커는 독설과 증오에도 전혀 굴하지 않았다. 일부 팬과 성공의 기회는 잃었지만 자기 신념은 결코 잃지 않았다. 자신이 지지받아 마땅하다고 여기는 단체에 대한 지원 활동에서도 물러나지 않았다. 해트메이커가 지지 기반을 점점 넓히는 동안 라이프웨이는 결국 오프라인 점포를 전부 닫는 지경에 이르렀다.

'아이 한 명을 키우는 데 온 마을이 필요하다'는 속담의 핵심은 아이의 육아를 공동체가 책임져야 한다는 게 아니라, 공동체 전체가 힘을 모아 아이가 잘 자라날 행복하고 건강한 환경을 만들어야 한다는 것이다. 공동체는 항상 아이의 건전한 성장에 신경 쓰고 부모를 지원해야 한다.

하지만 부모와 아이들은 공동체의 도움을 받지 못한 채 알아서 싸우고 스스로 자기 권리를 챙겨야 할 때가 무척 많다.

육아는 힘들고 모두 자기 앞가림을 하느라 바쁘지만, 이런 순간에는 '마을은 어디 있지?'라는 생각이 든다. 지원이 필요한 사람이 있다면 우리가 나서야 하지 않을까?

우리는 옳은 것을 향한 열정, 옳은 일을 한다는 확신, 물러서지 않겠다는 결의를 품고 앞으로 나서야 한다. 이것이 바로 젠 해트메이커가 했으며 지금도 하고 있는 일이다. 절대 쉽지 않았을 테고 실제로 호된 후폭풍을 감수해야 했지만, 그녀는 결코 물러서지 않았다. 안전지대에서 벗어나 희생을 감수해야 한다 하더라도 옳은 것을 위해 기꺼이 일어서자. 우리 공동체 안에는 마을을 간절히 필요로 하는 부모와 아이 들이 있다. 이제 그들을 위해 당신의 품과 마음을 열어줄 때다.

부모 지원하기

#트레이본마틴

#조던데이비스

#에릭가너

#존크로포드

#마이클브라운

#타미르라이스

#앤톤스털링

#필란도캐스틸

#브리오나테일러

#조지플로이드

해시태그를 단 이 이름들이 하나씩 추가될 때마다 어떤 엄마들은 마음을 졸여야 했다. 또 한 명의 흑인, 주로 젊은 청년이나 어린아이가 무참히 생명을 잃었다는 뜻이었기 때문이다. 가해자는 대개 경찰관. 피해자는 비무장 상태. 하지만 정의는 실현되지 않는다. 그래서 이 엄마들은 어리고 소중한 흑인 아들의 눈을 들여다보며 심장이 짜부라지는 듯한 두려움을 느낄 수밖에 없었다.

감사하게도 어느 젊은 흑인 엄마가 내게 이런 걱정을 털어놓았을 때 나는 차마 그 말을 못 들은 척할 수 없었다. 그녀는 자기 아이는 아직 기저귀를 차는 아기지만 이 부당한 죽음이 만연한 시대에 흑인 아이를 키우기가 두렵다고 했다. 그녀와 남편은 아이를 보호해주시고 부모가 아이에게 가르쳐야 할 지침을 빠짐없이 가르치도록 도와달라고 신께 기도도 한다고 했다. 여기서 지침이란 가게에서는 주머니에 손을 넣으면 안 되고, 경찰이 불러 세우면 어떤 말투를 써야 하지는와, 피부색 탓에 어떤 장소는 안전하지 않다는 것 등이다.

그 엄마는 나에게 부탁하길 친구들, 특히 백인에게 목소리를 높여달라고 했다. 그녀의 가족이 화목해 보인다고 칭찬하고 아들이 귀엽다고 하지만 말고, 그녀의 가족이 다음 희생자가 될지도 모른다는 점을 생각해달라고 했다.

나는 그 말에 정신이 번쩍 들었다. 나 자신이 바보처럼 느껴지고 창피했다. 우리 아이들에 대해 내가 하는 걱정은 고작해야 이런 거였다. '우리가 애들 대학 보낼 돈을 충분히 저축하고 있나?' '애들이 실연이라도 당하면 어떻게 도와주지? 뭐라고 위로해야 도움이 될까?' 나는 온갖 걱정을 사서 하는 예민한 엄마다. 하지만 우리 애들이 해시태그가 될까 봐 걱정한 적은 한 번도 없었다.

지원이 필요한 부모들도 필요한 것을 직접 대놓고 말하지 않는 경우가 많다. 그러므로 어떤 엄마가 지당한 이유로 자기 아들의 미래가 걱정된다고 솔직히 털어놓는다면 우리는 귀를 기울여야 한다. 그녀를 위해 마을이 되어주어야 한다.

이런 상황에서 마을이 되어주고 싶다면 '흑인의 생명이 소중하다'고 말하는 것을 두려워해서는 안 된다. 그 말이 불편하다고 주장하는 이들에게 죄 없는 흑인이 부당하게 목숨을 잃는 것이 훨씬 불편하다고 반박할 만큼 대담해져야 한다. 스스로 인종차별에 반대하기로 마음먹고, 인종차별을 목격하면 지적해야 한다. 아이들에게도 세상의 부당함에 관해 이야기하고 차별의 악순환을 끊는 법을 가르칠 필요가 있다. 부당한 일을 겪은 이가 우리에게 일어나서 목소리를 높여달라고 요청하면 그 말에 따라야 한다. 특히 자신이 특권을 누리고 있으며 그 덕분에 나서기 쉬운 처지라면 더욱 그래야 한다.

마을의 지원이 필요한 엄마가 도움이 필요하다고 크게 소리치지 않고, 속삭임에 가까운 신호만을 보낼 때도 있다. 그러므로 우리는 도움이 필요한 사람이 없는지 눈을 크게 뜨고 살펴야 한다. 팔이 여섯 개인 것처럼 매사를 척척 처리하고 항상 미소 띤 얼굴로 해야 할 일들의 균형을 맞추는 강인한 사람에게도 도움이 필요할 수 있다. 이런 엄마들에게 잠깐 멈춰서 한숨 돌리라고 한 다음 진짜로 어떻게 지내는지 물어보자. 어쩌면 더할 나위 없이 잘 지낼지도 모른다. 아니면 신경쇠약 직전의 상태일 수도 있다. 하지만 묻지 않으면 알 수 없다. 그들이 필요로 할 때 그들을 지원하고 싶다면, 우선 그들과 친해져서 당신은 친절하고 남을 비난하지 않는 사람이므로 도움이나 포옹이 필요할 때 당신에게 와도 안전하다는 사실을 알려주어야 한다.

비소수자로서 소수자인 엄마들과 연대할 때는 분수를 지킬 필요가 있다. 당신은 그들의 영역에 들어온 손님이다. 그러잖아도 힘든 사람들에게 당신의 고통과 고민으로 부담을 주지 마라. 이미 극복하기 어려운 고뇌를 품은 이들에게 당신의 짐까지 떠맡기는 것은 공평하지 않다. 예를 들어 백인인 당신이 블랙 라이브스 매터 시위에 참여했다면 구호를 선창하거나 이목을 끄는 행동을 해서는 안 된다. 대신 오랫동안 그 운동에 몸담았던 흑인 지도자들이 적합하다고 여기는 방식에 따라 연대감을 표하는 것이 바람직하다. 당신의 특권을 이용해 그들을 보호하되, 배우려는 자세로 입을 다물고 귀를 기울여라.

모든 엄마는 무거운 짐을 진 채 남들은 모르는 싸움을 계속한다. 엄마로서 우리는 각자 놀라울 만큼 슬프고 인생이 뒤집히는 사건을 겪지만, 사회는 우리에게 그런 일쯤은 혼자 삭이라고 압박한다. 예를 들어 유산은 매우 흔하며, 많게는 전체 임신의 25퍼센트가 유산으로 끝난다. 전통적으로 여자들은 임신 중기에 접어들어 유산 확률이 현격히 떨어질 때까지 임신 사실을 주위에 알리지 말라는 조언을 듣는다.

나는 12주가 될 때까지 기다렸다 임신을 알리는 것이 모든 임신부가 따라야 할 사회적 표준이라고 생각지는 않는다. 다른 대부분의 육아 관련 결정과 마찬가지로 이것 또한 사람에 따라 완전히 다르다. 엄마가 사생활 노출을 꺼리는 사람이라면 카일리 제너처럼 아홉 달 동안 임신 사실을 숨겨도 되고, 그건 자기 마음이다.

하지만 임신 테스트기에 두 줄이 뜨는 순간부터 아기 엄마가 임신을 축하하고 싶어한다면 나는 꺅 하고 소리를 지르며 기꺼이 함께 축하할 것이다. 만약 이 임신이 유산으로 끝나는 4분의 1에 해당하고 그녀가 혼자 있고 싶지 않다고 한다면 나는 옆에서 귀 기울이고 함께 슬퍼할 것이다. 안정기로 접어들기 전에 축하를 원하거나 상실감에 슬퍼하게 된 임신부도 사랑과 지지를 받는다고 느낄 자격이 있다. 다른 사람의 지지로 마음이 편해진다면 숨기는 것이 사회적 표준이라는 이유만으로 임신부가 혼자서 모든 것을 감당해야 할 필요는 없다.

어떤 여성이 자기가 유산했음을 털어놓는다면 적어도 임신소식을 알렸을 때와 똑같은 정도의 사랑과 지지를 받아야 마땅하다. 마을이 되어주고 싶다면 마음이 불편하다는 이유로 슬퍼하는 사람을 지지할 의무를 피해서는 안 된다.

자기 자신과 자녀를 더 잘 돌보기 위해 엄마에게는 마을이 필요하다. 힘들어하는 티가 나는 엄마가 있는지 주위를 살펴라. 항상 미소 지으며 엄마들과 눈을 맞추고, 안부를 묻고, 귀 기울이고, 공감을 표시하자. 어쩌면 그 엄마는 도움이 필요한데도 어떤 식으로 정보를 찾아야 할지 모르지만, 당신은 알 수도 있다. 이를테면 그 엄마는 아이가 최근에 자폐 진단을 받아서 쩔쩔매고 있는데, 우연히도 당신이 자폐 관련 정보와 지원을 제공하는 아주 유용한 지역 부모 모임을 알고 있을 수도 있다. 우울증에 시달리는 엄마에게 당신이 경험자로서의 조언과 상담사 연락처를 제공할 수도 있다. 아니면 자신이 세상에 존재하는 의미를 확인하기 위해 그저 자기를 알아봐주고 인사를 건네는 누군가가 필요한 엄마도 있다.

마을이 되어준다는 것은 아이들이 공정하게 대우받도록 노력하는 용기 있는 엄마들이 옳은 일을 할 때 함께 일어서서 곁을 지키는 것을 의미하기도 한다. 부모와 아이들이 겪는 문제 중에는 일종의 제도적 변화로 해결해야 하는 것도 있다. 그런 변화를 끌어내기는 쉽지 않으며, 확실히 혼자 해내기에는 몹시 벅찬 일이다.

자기 아이의 권리를 지키려고 일어서는 엄마가 있거든 뒤를 받쳐주자. 아이들이 스스로 인식하는 젠더에 따라 화장실을 쓰면 안 된다거나 흑인 학생의 전통적 머리모양을 검열하는 인종차별적 복장 규정이 지켜져야 한다고 걸고넘어지는 이들이 누군지 보면 답답하기 그지없다. 대체로 불만을 표하는 사람은 직접적으로 영향을 받는 학교 학생들이 아니다. 10대 아이들은 대개 자기 일로 바빠서 교칙을 자세히 읽어보거나 누가 어느 화장실을 쓰는지 일일이 살펴볼 겨를이 없다. 아이들은 신경 쓰지 않는다. 그렇다면 학교 이사회에서 악다구니를 쓰며 도덕적 분개라는 명목으로 기존의 억압적 관습을 방어하려는 사람은 누구일까? 바로 부모들이다.

자기 아이의 권리를 보호하려고 싸움에 나섰다가 맞서야 할 적이 같은 부모라는 사실을 알면 맥이 빠질 수밖에 없다. 안 그래도 힘겹게 싸우고 있는 다른 부모를 더 힘들게 하는 부모는 되지 말자.

까다로운 상황이 벌어질 조짐이 보이면 최대한 빨리 행동을 취하라. 당신 자녀가 상황을 인지하고 있다면 아이에게 학생의 권리를 지키기 위해 나서라고, 혹시 왕따가 벌어지고 있는지 주의해서 살펴보라고, 피해를 받은 학생에게는 조금 더 친절하게 대하라고 일러두자. 피해 학생의 부모가 자기 아이의 권리를 지키기 위해 행동에 나서려고 한다면 당신이 전적으로 지원할 것임을 알려주자. 이럴 때는 뭉칠수록 힘이 강해진다. 학교 이사회에 참석하거나 지역신문에 투고를 하는 등 변화를 일으키는 데 필요한 일이라면 뭐든 기꺼이 나서서 힘을 보태자.

힘들어하는 엄마는 어디에서나 쉽게 찾아볼 수 있다. 마트에 가면 바닥에 누워 떼를 쓰는 아이를 달래려 애쓰는 엄마가 보인다. 학교에 늦은 아이를 허둥지둥 내보내느라 거실화를 신은 채 뛰쳐나온 엄마를 마주칠 때도 있다. 수영장에서는 자외선 차단제를 가져오지 않아 당황하는 엄마도 보인다. 당신도 이런 엄마였던 적이 있으리라. 이런 엄마는 곧 우리다. 인스타그램에 올릴 수 없는 이런 육아의 자잘한 고난은 같은 처지인 다른 엄마가 미소를 띤 채 손을(또는 자외선 차단제를) 내밀며 "정말 잘하고 계신 거예요"라고 한마디만 해줘도 훨씬 견디기 쉬워진다.

우리 주변에는 보이지 않는 곤란에 처한 엄마들이 가득하다. 어쩌면 다들 건강이나 결혼 생활, 직장, 재정, 가족 문제로 남들은 모르는 어려움을 겪고 있을 수도 있다. 하지만 남의 인생을 속속들이 알 수는 없는 법이다. 그러니 엄마들을 보면,

그들이 내가 모르는 싸움을 하고 있을지도 모른다는 생각으로 항상 다정하게 다가가자.

아이들 지원하기

프라이드 행진 참가자들이 낯선 이들의 품에 뛰어든 것은 가슴 아프게 버림받은 과거가 있기 때문이었다. 나로서는 자식이 자기 성정체성을 밝혔다는 이유만으로 자기 손으로 키운 아이를 버리는 게 이해가 안 된다.

나는 남들에게 부모가 어떤 결정을 하든 비난하지 말아야 한다고 조언하지만, 성소수자의 정체성을 타고났다고 자기 아이를 버리는 부모를 호되게 비난하지 않고는 못 배기겠다. 부모의 역할이란 아이가 어떤 선택을 했을 때 그 선택에 대한 책임을 지지 않도록 싸고도는 것이 아니다. 부모라고 해서 아이가 하는 모든 일을 마음에 들어해야 하는 것도 아니다(우리 엄마도 고등학교 시절 내가 하고 다녔던 분홍색 머리와 로커 스타일 옷차림이 무척 못마땅했을 게 틀림없다). 그저 있는 그대로 사랑해주면 된다. 성정체성은 눈 색깔과 마찬가지로 자기 의지로 선택하는 것이 아니다. 하지만 아이를 버리는 것은 부모의 선택, 그것도 변명의 여지가 전혀 없는 선택이다.

그럼에도 그와 같은 일은 숱하게 일어난다. 아이들은 종종 어른들의 잔인한 결정 탓에 견디기 힘든 처지에 놓인다. 이런 상황에서 어른인 우리는 아이들이 잔인한 정책에 희생당하거나 부당한 일을 겪도록 내버려둬선 안 된다.

귀여운 1학년짜리가 친구의 학교 식당 점심 외상값을 마련해주려고 열쇠고리 수백 개를 만들어 팔아서 돈을 모았다는, 소셜미디어에서 도는 '감동 스토리'를 본 적이 있는가? 아이의 착한 마음씨에 감동한 사람들은 앞니 빠진 귀여운 어린이가 커다란 수표를 든 사진과 함께 그 아이가 왜 그래야 했는지를 다룬 기사를 앞다투어 공유했다.

물론 이타적으로 친절을 베푼 아이들은 착할지 모른다. 하지만 어른들은 그렇지 않다. 점심 외상값?! 점심 샌드위치 값을 내지 못해서 창피를 당하는 친구를 구하려고 어린아이가 아동 노동의 세계에 뛰어드는 것을 흐뭇하게 바라봐야 하나? 이 상냥한 아이는 칭찬받아 마땅하지만, 이건 미담이 아니라 디스토피아적 악몽이다.

학교에서 먹는 점심은 모든 아이의 하루에서 필수적인 부분이다. 어른인 우리도 점심식사를 거르면 짜증이 나고 해야 할 일에 집중하기 어렵게 된다. 간헐적 단식 유행이 내 주변 여성들에게 미친 영향만 봐도 점심을 거르면 기분이 나빠지는 게 확실하다. 특히 집에서 밥을 제대로 챙겨 먹지 못하는 아이에게 학교에서 먹는 점심은 더욱 중요하다. 하루를 통틀어 균형 잡힌 식사가 점심 한 끼뿐일지도 모르기 때문이다.

아이들이 점심값을 낼 돈이 없으면 학교가 어떻게 할지 방침을 정해야 한다(가장 쉬운 방법은, 음, 그냥 점심을 먹이는 거다. 애들한테 밥은 먹여야지, 나 참 어이가 없어서). 여러 학교가 돈을 못 내는 아이들에게 대체 식사, 즉 다른 아이들이 먹는 따뜻한 음식 대신 차가운 치즈 샌드위치 같은 것을 주는 대안을 채택했다. 이 학교들은 아이의 손에 "점심값이 필요해요"라는 스탬프를 찍는다. 게다가 식대를 내지 못하는 아이들은 방과 후 활동에도 참여하지 못하게 한다. 이렇게 아이에게(어차피 아이는 돈을 마련할 방법이 없는데도) 당혹감과 수치심을 줘서 점심값을 갚게 하려는 속셈이다.

어떤 학군에서는 점심 외상값이 10달러 이상 쌓인 학생의 부모에게 빚을 갚지 않으면 아이를 위탁가정으로 보낼 수도 있다는 편지를 보내기도 했다. 이런 협박성 편지를 수십 가정에 보낸 학교 직원은 아이에게 아침이나 점심을 제대로 먹이지 못하는 부모를 꾸짖으며, 빚을 갚지 않으면 "해당 관청에 신고할" 수도 있다고 경고했다. 지역 행정 관청에서는 가정 위탁 제도가 부모에게 겁을 줘서 점심값을 내게 하려고 존재하는 것이 아니며 점심값을 못 냈다고 아이를 부모에게서 떼어 놓을 계획은 전혀 없다고 부모들을 안심시켜야 했다.

점심값 사태에서 가장 고통받는 사람은 당연히 아이들이다. 무료 또는 할인된 가격으로 점심을 먹는 수급 자격이 있는 가정도 신청이 늦거나 관료주의적 절차 탓에 승인이 늦어지면 점심값이 밀릴 수 있다. 부모가 경제적 지원을 받아야 할 필요성을 이미 입증했음에도 불구하고 아이에게 점심 외상값이 생기기도 한다는 말이다. 부모가 돈이 없는 건 결코 아이의 잘못이 아닌데도, 실제로 배를 곯거나 창피를 당하는 것은 아이들이다.

사태를 이 지경으로 만든 것은 어른들이므로, 어른들이 나서서 사태를 수습해야 한다. 자기 아이가 다니는 학교에서 점심시간에 이런 조리돌림이 일어나지 않는지 확인해보자. 만약 그렇다면 학교 측에 당신의 염려와 반대 의사를 분명히 표시하라. 문제를 학교 이사회에까지 끌고 올라가고, 다른 부모에게도 점심값 닦달에 반대해달라고 부탁하자.

아동 결식을 줄이고 점심값을 닦달하는 관행을 없애려는 국회 차원의 노력에도 주의를 기울이자. 상원의원 티나 스미스와 일한 오마르는 학교 점심값을 내지 못하는 학생들과 관련된 문제 전반을 연방 차원에서 다루는 '학교 내 조리돌림 금지 결의안'을 발의했다. 이 결의안은 학교가 점심값이 밀린 학생 명단을 발표하거나 학생의 손에 스탬프를 찍는 등의 수치를 주는 관행을 금지하는 것을 골자로 한다. 더불어 무료 또는 할인된 가격으로 급식을 먹을 수 있는 대상 아동의 수를 늘림으로써 아동 결식이라는 문제를 근본적으로 해결하고자 한다.

일정 수준 이상의 가난 속에서 살아가는 아이들은 마을의 도움이 절실히 필요하다. 미국 아동의 20퍼센트 이상이 빈곤 속에서 살아간다. 당신이 아주 평범한 학교에 다니는 자기 아이의 반에 봉사활동을 하러 가서 학생 다섯 명에게 책을 읽어준다면 그 중 한 명은 가난하게 살고 있을 확률이 높다는 얘기다.

연구자들의 주장에 따르면 어린이의 안녕에 가장 심각한 위협이 되는 단일 요소는 가난이다. 가난은 아이들의 집중력과 학습 능력을 저해한다. 사교, 감정, 행동과 관련된 문제를 일으키기도 한다. 아이의 정신·신체 건강에도 악영향을 미친다. 수많은 어린이가 한창 자라야 할 시기에 이런 어려움을 끌어안고 살아간다.

공동체 내의 가난한 아이를 돕고 빈곤 아동 문제 전반을 해결하기 위해 당신이 할 수 있는 일이 몇 가지 있다. 자녀가 다니는 학교의 행정 직원에게 빈곤 아동을 돕기 위해 학교에서는 어떤 활동을 하고 있냐고 물어보자. 이미 다양한 지원 정책을 펼치고 있는 학교도 있을 것이다. 아이들이 미리 제출한 소원 목록에 맞춰 학부모들이 공동으로 명절 선물을 준비해주는 프로그램도 있다. 아이들이 끼니를 거르지 않고 집에 가져가서 먹을 수 있도록 학부모에게 장기 보존 식품을 기증받아서 식료품 저장고를 운영하는 곳도 있다. 남는 학용품을 기부하는 것도 좋은 방법이다. 자녀가 다니는 학교에 이런 지원이 전혀 없다면 학교 측에 아이디어를 내고 그 프로젝트가 자리 잡힐 때까지 돕겠다고 자원해보자.

이미 그렇게 하고 있겠지만, 아이에게 모든 반 친구에게 친절하게 대하라고 가르치자. 나라 전체의 경제적 상황을 분석하거나 처지가 좋지 않은 아이가 있다는 종류의 얘기는 굳이 하지 않아도 된다. 하지만 부모인 당신이 다른 어른을 대할 때 그 사람이 보이지 않는 어려움을 겪고 있을지도 모른다는 사실을 염두에 두어야 하듯이 아이들도 마찬가지다. 그러므로 모든 친구에게 친절하고 공평하게 대해야 한다는 얘기는 꼭 해두는 것이 좋다.

더 큰 규모로 가난 문제를 해결하려면 누가 나서는 것이 가장 좋을까? 딩동댕! 다들 맞히셨겠지만, 정답은 관공서다. 일부 정치인은 종종 가난한 가족에 관한 낭설을 퍼뜨리며 멀쩡한 성인들이 자발적으로 일을 하지 않고 정부 지원으로 생활하면서 매일 랍스터라도 먹는 것 같은 이미지를 만들어내기도 한다. 하지만 영양 보충 지원 프로그램(푸드 스탬프라고도 불림)은 매우 빠듯해서 지원금이 한 끼 평균 1.4달러밖에 되지 않는다. 프로그램 지침에도 이 금액은 "영양학적으로 적절한 식사의 최소 한도"라고 나와 있다. 가난한 부모의 절반 이상은 실제로 일을 한다. 다만 가난에서 벗어날 만큼 돈을 많이 벌지 못할 뿐이다. 정부 지원 수급자들을 '게으르다'고 매도하는 정치인들은 잘못된 이미지를 굳혀서 사람들이 더 자세히 알아보려 하지 않기를 바라는 것뿐이다. 더불어 이들이 정부 지원 예산 삭감을 외치며 수급 자격을 얻기 어렵고 잃기 쉽게 하거나 아예 지원을 끊으려고 하는 것은 말 그대로 어려움에 처한 아이들의 밥줄을 끊는 행위다.

주 정부와 연방 정부에서 어떤 혜택을 제공하는지 주의 깊게 살펴보자. 이런 지원책 덕분에 겨우 음식을 식탁에 올릴 수 있는 가난한 가정에게 지원 중단은 치명적일 수 있다. 가난한 아이들의 부모는 저임금 노동자인 경우가 많으므로 최저임금 인상을 지지하자. 더불어 빈곤 아동 대다수는 전적으로 공공 의료보험 혜택에 기대야 하므로, 이들이 의료 지원을 받을 수 있도록 보험 적용 범위가 줄어들지 않게 지켜야 한다.

일부 유권자와 정치가는 빈곤한 사람이 생기는 건 환경 탓이라고(그리고 드러내놓고 말하지는 않지만, 개인 탓이라고) 주장하지만, 가난한 아이들은 그저 그렇게 태어났을 뿐이다. 선택의 여지가 있었다면 당연히 그 아이들도 찬장은 텅 비어 있고 학교 식당 직원이 "점심값 필요"라는 스탬프를 손등에 찍어주는 환경 대신 음식이 가득 찬 냉장고가 있는 집에 태어나고 싶었으리라. 빈곤층에 대한 정부 지원을 끊으려는 국회의원은 아이들을 다치게 하는 거나 마찬가지다. 따라서 늘 이 문제를 염두에 두고 지역구 국회의원에게 당신 생각을 분명히 전달하자. 그냥 해보는 말이지만, 제프 베조스가 자기 요트 중에 한 척을 좀 싼 것으로 바꾸기만 해도 빈곤 가정의 콩 배급을 줄일 필요가 없지 않을까?

우리는 자기 아이가 아닌 다른 아이의 삶에도 변화를 일으킬 수 있다. 처음에는 자기 아이뿐 아니라 공동체 안의 다른 아이들에게까지 신경을 쓰며 마을이 되어줘야 한다는 임무가 부담스러울 수 있다. 나는 우리 애들에게 짝 맞춰 양말 신기는 것도 벅찬 사람인데, 어떻게 내 자식도 아닌 아이들의 삶에 변화를 일으킬 수 있단 말인가? 하지만 놀랍게도 우리의 아주 작은 실천이 커다란 변화를 불러오기도 한다.

성소수자 아동과 청소년은 이성애자인 또래에 비해 자살률이 훨씬 높다. 레즈비언, 게이, 양성애자 청소년은 비슷한 나이의 이성애자 집단보다 자살을 시도할 확률이 거의 다섯 배나 높다. 트랜스젠더 청소년의 통계를 보면 가슴이 더 아프다. 성년에 이를 때까지 트랜스젠더 청소년 가운데 40퍼센트가 자살을 시도한다.

그렇게나 많은 성소수자 청소년이 우울증을 겪거나 자살을 시도하는 근본적 원인은 이들이 이성애자 또래 집단보다 가족의 거부, 따돌림, 신체적 또는 언어적 성희롱과 학대 같은 문제에 더 심하게 시달린다는 데 있다. 트레버 프로젝트 같은 비영리 단체는 성소수자 청소년, 부모, 교육자, 상담사, 그리고 학생들과 소통하며 이런 비극적 통계를 줄이는 데 조금이라도 도움이 되고자 하는 모든 사람에게 풍부한 정보와 지원책을 제공한다.

한 연구에 따르면 트랜스젠더 청소년이 직장, 학교, 친구들 사이, 가정에서 자신이 원하는 이름을 사용할 수 있는 경우 우울증과 자살 위험이 극적으로 낮아진다고 한다. 얼마나 간단한가?! 어디서든 자기가 불리고 싶은 대로 이름을 사용할 수 있는 트랜스젠더 청소년의 자살 시도 확률은 그렇지 못한 경우보다 65퍼센트나 낮았다. 이 해결책은 놀라울 만큼 간단한 동시에 이치에 맞다. 남들이 내 정체성을 부정하고 나를 내 이름으로 불러주지 않으려고 한다면 굉장한 스트레스가 될게 틀림없다. 상대방이 어떤 이름과 어떤 대명사로 불리길 바라는지를 물어보고 그대로 불러주는 것은 전혀 어려운 일이 아니다. 하지만 누군가가 고유하고 진정한 자신을 있는 그대로 보고 인정해준다는 것은 커다란 차이를 낳는다.

우리 공동체 내의 아이들이 겪을 가능성이 있는 어려움과 고통을 여기에 일일이 나열할 수는 없다. 하지만 트랜스젠더 청소년의 삶에 커다란 변화를 일으키는 것과 똑같은 전략을 모든 아이에게 적용할 수는 있다. 아이들은 자신을 있는 그대로 보아주고, 연민을 보이고, 가치 있는 사람으로 존중해주고, 삶에 필요한 기본 조건을 채워줄 사람이 필요하다.

당신 주변에는 도움이 필요한 아이가 수없이 많다. 그 아이들에게 무엇이 필요한지 생각해서 당신이 할 수 있는 작은 일을 실천하면, 커다란 변화가 일어날 것이다.

자기 돌봄과 공동체 돌봄을 함께 실천하기

앞서 우리는 자기 돌봄이 페미니즘, 사회운동, 정치 활동에 꼭 필요한 요소임을 확인했다. 당연하게도 그건 완벽히 자신에게 초점을 맞추는 활동이다. 이미 말했듯 자기 돌봄은 거품 목욕이나 손발톱 관리만이 아니라 노력, 때로는 매우 큰 노력을 가리킨다. 그런데 어떤 사람들은 스스로 그런 노력을 할 여력이 없고, 그저 생존하는 데에도 타인의 도움이 필요한 경우가 있다.

자기 돌봄의 핵심은 자신을 가꾸고 돌보는 것이며, 여기에는 상담을 받거나 시간을 내서 운동하는 것도 포함된다. 하지만 이런 것들이 가능하려면 어느 정도의 특권을 갖고 있어야만 한다. 당장 가족을 먹일 돈도 모자란다면 돈을 들여 피부 관리를 받는 호사를 누릴 생각은 하지 못할 것이다. 우울증이 심해서 침대에서 나오지도 못할 정도라면 요가는 그다지 도움이 되지 않을 것이다. 그저 살아남기에 급급한 상황에서는 여유를 누릴 생각을 하기 어렵다.

여기가 바로 공동체 돌봄이 필요한 지점이다. 공동체에는 스스로 마을이 되겠다고 마음먹고 도움이 필요한 사람들을 돕겠다고 나서는 사람들이 있어야 한다. 우리는 타인들을 존중하는 마음으로 대하고 그들의 어려움에 공감하며 뜨거운 연민을 보일 줄 알아야 한다.

공동체 돌봄을 실천하기 위해 멀리 갈 필요는 전혀 없다. 최근에 왠지 연락이 없거나 소원해진 듯한 친구에게 연락을 했다면 당신은 이미 이를 실천하고 있는 것이다. 슬퍼하는 친구에게 당신이 잘하는 요리를 해서 들고 가는 것도 여기 속하는 행동이다. 이런 작은 친절은 당신이 아끼는 사람이 자신을 돌보기 어려운 시기를 보내고 있음을 당신이 눈치채고 있다는 표시다. 이렇게 함으로써 당신은 그들에게 마음을 전하고 그들이 조금이나마 자신을 돌보기 쉬워지도록 힘을 보태는 것이다.

공동체 돌봄은 친구에게 밑반찬을 가져다 줄 때와 같은 마음 씀씀이를 자기 테두리 밖으로 확장하는 것이다. 중요한 것은 친절과 공감으로 타인을 환대하는 마음이다.

자기 돌봄은 개인으로서의 당신에게 도움이 되며 가족에게도 이로울 가능성이 높지만, 커다란 사회적 문제에는 도움이 되지 않는다. 반면 공동체를 돌보기 위한 행동은 아주 작은 것이라도 도움이 된다. 자기 아들이 자연스러운 머리모양을 할 수 있도록 하기 위해 학교 이사회에 나온 흑인 엄마 옆 자리를 지키는 것은 제도적 인종차별에 맞서는 행동일까? 그렇다! 당신은 흑인의 자연 모발을 단속하는 것 외에 아무 의미도 없는 케케묵은 인종차별적 복장 규정을 없애는 데 이바지하고 있다. 트랜스젠더 청소년을 자기가 고른 이름으로 불러주려고 노력하는 것은 트랜스젠더 혐오에 맞서는 데 도움이 될까? 물론이다! 당신은 단순히 기본적 예의를 지킴으로써 다른 사람에게 본보기를 보이는 동시에 청소년의 우울증과 자살 위험까지 줄이는 효과를 거두고 있다.

당신은 중요한 사람이며 자신을 돌봐야 하고, 그렇기에 자기 돌봄은 삶에서 필수적인 부분이다. 하지만 당신이 중요한 만큼 당신 주변의 모든 사람도 중요하다. 가끔 그들도 자신이 중요한 사람이라는 말을 듣고 싶을 때, 자신을 돌보는 데 약간의 도움이 필요할 때가 있다. 자기 돌보기는 자신이 더 올바르고 평온해지도록 도와준다. 마찬가지로 공동체 돌보기를 통해 우리는 더 올바르고 평화로운 세상에 한 발짝 더 다가갈 수 있다.

9장
자매의 손을 잡아 일으켜라

다른 여왕의 왕관이 비뚤어졌거든
남들 모르게 고쳐 씌워주는 여자가 되자.
—작자 미상

날씬해져라!(하지만 너무 마르면 안 된다.) 엄마 역할에 당신의 모든 것을 쏟아부어라!(하지만 직장에 다닐 거라면 아이 없는 사람처럼 일해야 한다.) 나이 먹은 티를 내지 마라!(하지만 화장을 떡칠하거나 보톡스를 맞았다고 고백하면 안 된다.) 섹시해져라!(너무 섹시하게는 말고. 쯧쯧, 애엄마가 그러면 쓰나!) 여성스러워져라!(너무 여성스럽게는 말고. 여성성은 남성성보다 열등하니까.) 물을 더 많이 마셔라! 잠을 충분히 자라! 비타민을 챙겨 먹어라!(하지만 항우울제는 먹지 말고 에센셜 오일이나 하이킹을 시도해봐라.)

일상에서 여성과 엄마가 겪는 부담은 어처구니가 없을 정도다. 우리는 모든 사람, 즉 우리 아이, 배우자, 고용주는 물론 사회 전체에 맞춰 온갖 역할을 다 해낸다는 불가능한 기준을 충족하라는 압박을 받는다. 우리가 모든 사람에 맞춰 모든 역할을 해낼 수는 없다. 시간과 에너지를 몽땅 희생하다 보면 자기 자신까지 희생하게 된다. 다른 사람에게 맞추기 위해 삶 전체를 바치는 동시에 진정한 자신을 찾고 자아를 실현하는 것은 불가능한 일이다.

엄마들이 받는 압박과 비난은 대체로 가부장적 사회에서 살아간다는 이유로 여성들만이 겪는 경험이다. 여성에게 해로우며 여성을 부당하게 대우하는 태도가 사회에 만연하고, 이는 남녀 사이의 불평등을 더욱 심화한다. 하지만 더욱 답답한 사실은 남자들만이 자기 이익을 위해 여성혐오라는 구정물에 발을 담그는 것이 아니라는 점이다. 여성이 다른 여성의 발을 걸고 억압에 일조하는 경우도 비일비재하다.

수많은 여성이 외교 정책에 관한 경험이 전혀 없는 성범죄자를 대통령으로 뽑았다. 다수당 소속이자 앞서 대선에 나온 어느 남성 후보보다 경험이 풍부한 최초의 여성 후보를 뉘두고 말이다. 여자들도 여성의 몸을 조롱하고 셀룰라이트를 확대해서 찍은 사진을 싣는 삼류 잡지를 산다. 남자들은 출산 방식이나 모유 수유 여부에 큰 관심이 없지만, 수많은 여성이 다른 엄마들의 결정에 열정적으로 간섭하며 '엄마 전쟁'이라 불리는 갈등을 일으킨다.

이 모든 것은 여성을 나락으로 끌어내릴 뿐인 가부장제를 강화하는 역할을 한다. 여성 문제와 평등 추구를 불편하게 여긴 나머지 페미니스트라는 단어 자체에 거부 반응을 일으키는 여성도 있다. 낭설과 오해 탓에 페미니즘에는 부정적 의미가 덧씌워졌다. 페미니즘은 급진적인 것으로 간주된다. 급진적이라니! 페미니즘은 단순히 남성과 여성이 근본적으로 동등하다는 신념을 토대로 삼는 사상이다. 2020년에 이런 개념을 거부하는 쪽이 오히려 급진적이다.

사람들은 페미니스트라고 불리는 것을 꺼리는 한편 여성혐오자라는 딱지도 거부한다. 하지만 여성혐오자는 실재한다. 그렇다면 미국은 과연 남성이 주도권을 잡고 정치적 권력, 사회적 특권, 도덕적 권위, 그 외 전반적 통제권 측면에서 지배적 위치를 차지하는 나라일까?

한번 생각해보자. 정치적 권력 측면에서 보면 미국에는 남성 대통령이 마흔다섯 명 있었으나 여성은 하나도 없었고, 국회에서는 여전히 남성 의원이 절대다수를 차지하고 있다. 그러니 확인 완료. 사회적 특권 면에서는 남성이 여성에 비해 노력 없이 얻은 특권을 더 많이 누리고 있으며, 직장에서도, 가정에서 성별에 따른 역할에서도 여성보다 더 많은 권위를 행사한다. 확인 완료. 모세부터 소크라테스, 마르크스에 이르기까지 우리의 세계관에 커다란 영향을 미친 종교적·철학적 인물은 대개 남자였고, 지금도 도덕적 권위를 상징하는 인물은

거의 다 남자다. 확인. 당신의 삶에 영향을 미치는 결정을 좌
지우지하는 것은 누구인가? 통제권은 대부분 남성에게 있고,
여성은 자궁경부암 검사만 받으려 해도 여성의 몸이 누구 것
이냐는 해묵은 논란에 휘말린다. 그러니 모두 확인 완료. 우
리는 가부장제 사회에 살고 있다.

　미국에는 남자보다 여자가 더 많이 산다. 숫자로는 밀리지
않는다. 그렇다면 우리는 왜 아직도 가부장제 사회에 살고 있
을까? 그건 우리가 그렇게 되도록 놔두기 때문이다.

　우리가 겪는 문제를 전부 남성 탓으로 돌리고 여성의 가담
은 나 몰라라 할 수는 없는 노릇이다. 여자들 또한 여성의 억
압에 기여하고 여성 해방을 방해했던 역사가 있다. 보수주의
자이자 반(反)페미니스트였던 필리스 슐래플리(성평등헌법수정
안 반대 활동을 활발히 펼쳤던 여성 사회운동가—옮긴이)가 아니
었다면 미국 헌법은 여성에게도 동등한 권리를 보장하도록 개
정되었을지 모른다. 헌법에서 우리의 존재를 생략한 것은 미
국 건국의 아버지들이었지만, 그 상태가 유지되게 한 것은 우
리와 같은 여성이었다. 여성을 억압하는 가부장제를 직접 만
들어내지는 않았을지 모르지만, 우리는 오랫동안 그 존재를
허용했으며 많은 여성이 지금도 그렇게 하고 있다.

　우리는 자신을 들여다보지 않고는 여성혐오에 맞서는 페
미니스트가 될 수 없다. 우리가 서로 형편없이 대하면서 남

들에게는 우리를 대접해달라고 요구하는 것은 어불성설이다. 사람들은 페미니스트라고 불리기를 꺼리지만, 여성혐오자라고 불리는 것은 훨씬 더 질색한다. 하지만 여성혐오자가 없다면 우리가 여성혐오적 개념이 판을 치는 가부장적 사회에 살고 있을 리 없지 않은가? 그러므로 우리는 우리 안에 체화된 여성혐오를 들여다보고 그에 맞서려는 노력을 의식적으로 해야 한다.

인종차별과 반(反)인종차별의 이분법과 마찬가지로 세상에 여성혐오와 반여성혐오만이 있다고 생각해보자. 성별에 관한 당신의 말과 행동은 무조건 이 두 가지 중 하나로 분류되어야 한다. 여성혐오는 여성을 향한 멸시 또는 뿌리 깊은 편견이며, 우리 삶과 사회에 매우 다양한 방식으로 존재한다. 여성혐오의 존재에 너무 익숙해진 나머지 우리는 눈앞에서 여성혐오가 일어나도 알아보지 못할 수도 있다. 반여성혐오는 페미니즘, 즉 남녀평등 지지와 남녀가 근본적으로 동등하다는 믿음을 가리킨다.

여성에 관련된 어떤 생각이나 발언이 제시되면 그것이 페미니즘에 도움이 되고 여성의 지위를 향상하는지, 아니면 여성혐오를 심화하고 여성을 끌어내리는지 생각해보자. 중간은 없다. 깊이 생각할 필요도 없다. 그저 성별에 관련된 그 상황이나 발언이 남녀평등을 촉진하는지 불평등과 억압에 기여하는지만 생각하자. 반드시 둘 중 하나를 골라야 한다면 어느 쪽에 속할까? 다음의 예시를 살펴보고, 각 항목이 여성혐오와 페미니즘 어느 쪽에 속하는지 판단해보자.

◆ "나는 다른 여자들하고 달라" 또는 "나는 다른 여자들하고 친하게 지내질 못하겠어"라는 표현

◆ 당신의 파트너가 아닌 사람이 당신에게 언제 아이를 가질 건지, 둘째는 언제 가질 건지, 언제 그만 낳을 건지 집요하게 물음

◆ 성차별적 농담을 하는 직장 동료

◆ '그날'이라 유난히 까탈스럽게 군다며 상대의 말을 묵살함

◆ 여자는 대통령이 될 수 없다는 생각

여성혐오와 페미니즘 중에서 골라야 한다면 이 예시들은 당연히 전부 여성혐오에 속한다. 이런 자잘한 여성혐오 가운데 여성의 평등이라는 대의에 도움이 되는 것은 하나도 없다. 이제 이런 말이 왜 문제가 되는지 분석해보고, 여성혐오를 배제하고 판을 다시 짜려면 어떻게 해야 하는지 알아보자.

◆ 누군가가 당신에게, 아니면 자기 자신이 "다른 여자들하고는 다르다"고 말한다면 당신은 우선 이런 생각이 들 것이다. '그럼 다른 여자들은 뭔가 잘못됐다는 말이야?' 칭찬이랍시고 하는 이 말에는 여성 대부분이 전형적으로 부적절한 성격 특

성을 보인다는 속뜻이 담겨 있다. 당신 또는 자신은 예외라는 얘기다! 당신은 다른 끔찍한 여자들과 똑같이 행동하지 않는다. 당신은 다르다. 쿨한 여자다. 남자들과 축구를 보면서 차가운 맥주 마시는 걸 좋아한다(스포츠 만세!). 전형적 성별 역할에서 어떤 식으로든 약간만 벗어나면 당신은 칭찬을 받는다. 여기서 문제는 "다른 여자들과 달라"서 당신을 긍정적으로 평가하는 칭찬이 절대다수의 다른 여성에게 결함이 있음을 암시한다는 데 있다. 그건 여성을 비하하고 서로 경쟁시키는 멍청하고 여성혐오적인 발언일 뿐이다.

◆ 남의 자궁 사정까지 파고들어서 언제 아이를 가질 건지, 둘째는 언제 가질 건지, 언제 그만 낳을 건지 꼬치꼬치 묻는 간섭과 오지랖 또한 나쁜 의도는 없었을지 몰라도 여성혐오에 속하는 행동이다. 남자는 대체로 자신의 여성 파트너에 비하면 가족계획 현황에 관한 질문을 그다지 많이 받지 않는다. 하지만 여자는 가임 기간 동안 대략 여섯 시간마다 자궁의 상태에 관한 질문을 받는다. 이는 여성의 궁극적 목표가 아이를 낳아 기르는 것임을 암시한다. 하지만 그렇지 않은 여성도 얼마든지 있다. 게다가 노력 중인데도 임신이 잘 안 되는 여성도 있다. 유산을 여러 번 겪는 여성도 있다. 아이를 더 낳고 싶지 않은 여성도 있다. 어찌 됐든 그건 당신이 상관할 바가 아니니 관두시죠, 참견꾼 여러분.

◆ 직장에서 성차별적 농담을 하는 것은 참으로 재수없는 짓이다. 여성 동료는 지금 일터에 있다는 이유로 웃기지도 않은 농담을 참고 들어줘야 한다. 때로는 여성을 소재로 삼아 무릎을 치며 호탕하게 웃는 사람이 여성의 상사일 때도 있다. 그때마다 여성 직원은 성차별을 지적할 것이냐, 아니면 유머 감각이 없는 예민한 사람이라는 소리를 듣지 않도록 예의 바른 미소를 띨 것이냐의 불편한 선택의 기로에 놓인다. 여성은 자기 경력이 끝장나지 않도록 요령껏 직장 내 성차별과 성희롱이라는 딜레마를 해결하는 법을 배우게 된다. 하지만 성차별을 조금이라도 허용하면 차별은 절대로 사라지지 않는다. 누가 당신을 불편하게 하는 성차별적 또는 성적 농담을 하거든 바로 지적하라. 농담을 이해하지 못한 척하고 상대방이 어떤 부분이 우스운지 설명하도록 유도해서 스스로 자신이 성차별적 얼간이임을 깨닫게 하거나, 아주 침착한 어조로 남자를 소재로 삼은 재치 있고 성차별적인 농담을 똑같이 돌려줘서 상대가 자신의 농담이 부적절했음을 이해하게 하는 방법도 있다.

◆ 여성이 티끌만큼이라도 감정을 드러내면 '그날'이라서 그렇다고 하는 말은 부당하고 치사한 언사다. 이는 여성의 실제 감정을 자신이 제대로 알지도 못하는 무언가의 생리적 부작용일 뿐이라고 치부한다는 점에서 지극히 여성혐오적이다.

창피를 주려는 의도가 깔려 있으며 완벽히 차분하고 관용적이며 쾌활한 태도로 자신을 표현하지 않는 여성에게는 문제가 있다는 의미를 담은 말이다. 누가 당신을 이런 식으로 무시하거나, 월경이 여성을 주기적으로 인간 속의 괴물로 만드는 현상이라는 듯이 당신의 생리 주기에 관해 언급한다면, 여성에게 그런 식으로 말하는 것은 몹시 부적절하다는 것을 알려줘라. 아니면 상대방은 생리 얘기에 전혀 거리낌이 없는 모양이니 아예 이번 기회에 월경에 관해 속속들이 알려주고 요즘 새로 나온 생리컵의 장단점을 논해보자고 하는 것도 좋다.

◆ 유감스럽게도 수많은 사람이 성별만 보고 어떤 후보는 자격이 없다고 판단하는 어처구니없는 잘못을 저지르며, 그런 이유로 정계에서 여성 대표의 수는 한숨이 나올 정도로 적다. 남자와 여자는 본질적으로 동등하다. 남성이라고 정치에 더 적합한 특성을 타고나지 않는다. 유권자로서 당신이 가장 자격 있고 적합한 후보는 누구인지 고민해서 고른 결과가 남성이라면 그건 괜찮다. 양심에 따라 투표하고 그 자리에 가장 알맞다고 생각하는 후보를 고르는 것이 당연하다. 내가 하려는 말은 뭐가 어찌 됐든 여성에게 투표하라거나 그러자고 선동하라는 게 아니다.

내 말은 그저 여성 후보에게도 공평한 기회를 주자는 것이다. 지금은 그런 기회가 주어지지 않고 있다. 소득부터 자녀

교육, 옷차림에 이르기까지 여성 후보의 모든 것은 남성 후보의 정견보다 훨씬 샅샅이 파헤쳐진다. 여성 후보들은 자신이 남자와 함께 토론 무대에 설 자격이 있음을 증명하기 위해 언론의 관심을 얻으려고 끊임없이 싸워야 한다. 그래서 필연적으로 남성 정치인들보다 더 많이 일하고, 기반을 완벽히 다지고, 그녀와 똑같은 경험치를 갖춘 남성이라면 흠잡을 데가 없어 보일 정도가 될 때까지 이력서를 화려하게 채운다.

그런데도 이들은 유권자의 눈에 들지 못한다. 한번 흘끗 쳐다보고는 "에이, 암만 그래도 여자는 안 되지"라고 말하는 사람이 너무 많기 때문이다.

하. 언제가 됐든 우리가 대통령 집무실의 유리 천장을 깰 작정이라면 먼저 이 헛소리부터 집어치우게 해야 한다. 그건 단지 성별 탓에 다른 후보와 같은 기회조차 얻지 못한 여성 후보뿐 아니라 모든 여성에게 모욕적인 태도다.

이런 헛소리가 우리 딸들에게 자신은 특정한 일을 할 수 없다는 메시지를 전한다는 점을 생각해보자. 나는 똑똑한 딸들이 우리나라의 가장 높은 자리에 오르는 꿈을 꾸지 못하게 하는 세상에서 살기를 거부한다. 아이들이 꿈을 꾸고 희망을 품을 수 있게 해줘야 한다.

마치 선심이라도 쓰는 듯한 태도로 여성 후보를 배제하지 마라. 공정하고 객관적인 태도로 선택하고, 여성에게만 별도의 불가능한 잣대를 들이대서는 안 된다. 다른 사람들이 성별만을 이유로 여성 후보를 무시하는 것을 듣거든("글쎄, 다른 사람들이 여자한테 투표하려고 할지 모르겠네"라는 식으로 걱정을 가장하는 말도 마찬가지) 말도 안 된다고 반박하라.

이런 자잘한 여성혐오의 순간은 지극히 자주, 보편적으로 일어나기에 사람들은 해롭지 않다고 그냥 넘기기도 하지만, 사실은 그렇지 않다. 이런 말은 우리가 사는 가부장제 사회와 우리를 내리누르는 억압적 정책에 기여한다. 또한 여성이 다른 여성을 천적으로 여기도록 유도한다. 여성이 백악관에 입성하지 못하도록 막기도 한다.

우리는 여성혐오의 안티테제로서 페미니즘을 실천해야 한다. 자신을 엄격하게 돌아보고 여성혐오에 물들지 않았는지 자신의 언행을 살펴야 한다. 당연히 실수도 저지를 것이기에 늘 페미니즘 실천을 염두에 두고 주의 깊게 행동해야 한다. 실수에 연연하지 말고 그저 배우며 앞으로 나아가면 된다.

자신의 말과 행동이 어떤 식으로 여성혐오에 기여하는지 의식적으로 생각하고, 가부장제를 무너뜨릴 수 있도록 스스로 달라지겠다고 굳게 다짐하자.

엄마 전쟁에 정전을 선언하라

장비를 챙겨라, 제군. 요가 팬츠를 착용하라. 머리는 잔머리가 적당히 삐져나온 올림머리로. 과자도 한 봉지 챙겨라. 공원에서 전우들과 합류한다. 제군은 전쟁에 차출되었다. 엄마 전쟁에.

엄마 전쟁이란 육아에 관련된 다양한 견해를 두고 같은 엄마들끼리 편을 갈라 벌이는 싸움이다. 백신 찬성 대 백신 반대, 마취 없는 출산 대 무통분만, 모유 수유 최고 대 잘 먹는 게 최고, 직장맘 대 전업맘 등 주제는 끝이 없다. 주요 전장은 맘카페, 놀이 모임, 아이들 학교, 그리고 당신 머릿속이다. 참전하라는 명령도 듣지 못했는데 정신 차려보니 전투에 임하고 있을 때도 있다.

부모로서 자신이 내린 결정에 강한 확신이 있다 해도 누군가가 그 결정을 틀렸다고 하면 마음이 몹시 불편할 수밖에 없다. 자기 아이에게는 최고만을 주고 싶기 때문이다. 하지만 당신이 어떤 결정을 하든 누군가는 그게 틀렸다고 생각하게 되어 있고, 개중에는 그 얘기를 당신에게 하고 싶어서 입이 근질근질한 사람도 있게 마련이다. 유난스러운 데다 자기 말만 옳다고 생각하는 엄마들, 줄여서 유난맘들은 틈만 나면 당신 아이가 제대로 된 성인으로 자라지 못할 거라는 말을 당신에게 해주고 싶어서 안달한다.

처음으로 부모가 되면 이제 자신이 작은 생명을 책임져야 한다는 사실을 받아들이는 것만으로도 굉장히 벅차다. 가끔

나는 제빵 믹스로 쿠키를 굽다가 조리법을 잊어버려서 휴지통을 뒤져 포장지를 끄집어내곤 한다. 보일러 필터는 한 번도 갈아본 적 없다. 애들을 어린이집에 데려다준 다음에야 계속 슬리퍼를 신고 있었다는 사실을 깨달을 때도 많다. 이런 내가 부모라니. 참 굉장하다.

하지만 일단 부모가 되면 당신만이 결정해야 하는 수많은 선택의 순간이 찾아온다. 아이 키우기라는 새로운 일을 맡게 된 사람은 부담을 느끼고 자신을 의심하기 쉽다. 당신은 아이에게 가장 좋은 것을 주고 싶기에, 최고의 선택을 하지 못했을까 봐 두려워진다. 끝없는 의사결정이라는 임무와 갓 태어난 아기를 키운다는 새로움은 불안감을 조성하는 최적의 조합이다. 부모 노릇을 하는 데 따르기 마련인 여러 어려움에 집안일 스트레스를 한 스푼, 산후우울감을 한 스푼 더하면 끼니를 때우려고 컵라면에 뜨거운 물 붓는 것조차 용할 지경이 된다.

그래서 다른 엄마가 당신의 결정에 관해 물은 다음 즉각 당신이 틀렸다고 말하면 타격이 크다. 몹시 당황스럽고 걱정이 되어 별별 생각이 다 든다. '아, 세상에. 백신에 알루미늄이 들어간다는데 몸에 나쁜가?' '이 학교는 괜찮다고 생각했는데 지금 보니 쓰레기였네. 이사 가야 하나?' '벌꿀오소리가 내 자궁을 잡아 찢는 것 같아서 무통 주사를 맞았는데, 그냥 이를 악물고 참았어야 하는 거였나 봐.'

엄마 전쟁에 참전하는 병사들이 제공하는 조언은 대부분 의학 잡지에 실릴 만한 것들이 아니다. 구글 대학 학위 소지자인 유난맘들이 퍼뜨리는 말은 대부분 두려움을 자극할 뿐 진짜 정보는 별로 담고 있지 않다. 그러나 모든 것이 새로울 때 올바른 결정을 내려 갓 태어난 아이에게 좋은 것은 뭐든 해주려고 온 힘을 기울이다 보면 잘못된 조언에 눈이 멀어 바보 같은 행동을 하기 쉽다.

처음 엄마가 되었을 때 나는 나중에 생각하면 완전히 말도 안 되는 짓을 수없이 저질렀다. 하지만 당시에는 너무도 확신에 찬 주변 엄마들의 말에 휘둘려서 그게 매우 이성적인 결정이라고 생각했다. 임신하려고 애쓰고 있을 때는 질 훈증법이 효과 있다는 말을 듣고…… (한숨)…… 질에 김을 쐬었다. 임신했을 때는 일상적으로 쓰는 전자기기에서 나오는 전자파를 중화해서 뱃속의 아기를 보호하겠답시고 배를 덮을 담요를 사러 다녔다. 분만할 때는 약품의 도움 없이 아기를 낳아야 한다고 확신한 나머지 생으로 스물네 시간 진통을 겪은 뒤에야(그것도 분만유도제를 최대치로 투여받으면서) 무통 주사를 맞을 생각을 했다.

지금은 내가 그랬다는 사실을 믿을 수 없다. 내가 정말로 내 '질'에 좋은 차를 사러 건강식품 매장에 갔다니. 유사과학 블로그를 읽는 동안 노트북에서 나오는 전자파가 태아에게 해를 끼치지 않도록 보호해줄 마법의 담요도 진짜로 사러 갔다. 무통 주사 없이 스물네 시간을 버텼다고 메달을 받지도 못했고, 무통 주사액이라는 달콤한 성수가 들어가기 시작하고서야 마침내 분만이 진행되기 시작했다.

엄마 전쟁 참가자들은 다른 엄마의 의견을 깔아뭉개며 의기양양하게 말한다. "아는 만큼 보인다잖아요!" 이 말의 핵심은 특정 주제에 관한 정보를 더 많이 얻을수록 더 좋은 판단을 내릴 토대가 마련된다는 뜻이다. 전적으로 맞는 얘기다. 하지만 이 개념은 완전히 변질되었고, 이들이 '아는' 것이 항상 진실은 아니므로 '안다'와 '말한다'의 구별이 사라져버렸다.

유사과학에 발을 담그고 다른 엄마들을 비난하는 엄마 블로거는 엄마 전쟁의 3성 장군이다. 이들은 자기 선택이 최고라고 주장할 뿐 아니라 다른 결정을 내리는 엄마들을 자기 아이에게 신경 쓰지 않는 사람이라고 깎아내린다. 그리고 포장지만 바꾼 유사과학을 자기 주장의 근거로 댄다. 게다가 거의 항상 당신의 고민을 모두 해결해준다는 무언가를 팔아먹으려 든다. "애들한테 그런 화학물질은 필요 없어요. 그냥 라벤더 에센셜 오일만 있으면 돼요! 그런데 제가 마침 그걸 팔고 있네요!" 그들은 이렇게 말한다. 오류투성이 말로 사람을 현혹하는 치사한 상술이다.

두 선택지 중 어느 것이 옳은지 보여주는 근거 자체가 드물거나 없는 경우도 많다. 예를 들어 모유 수유와 분유 수유의 차이(엄마 전쟁의 단골 소재!)는 무시해도 좋을 정도로 적다. 분유는 오랫동안 많이 발전했고, 수많은 가족에게 축복과도 같은 발명품이다. 가끔 모유는 공짜니까 모유 수유가 훨씬 좋다는 사람들도 있다. 글쎄, 그건 여성의 시간이 아무 가치도 없다고 가정했을 때에만 공짜다. 모유 수유에는 노력이 많이 들고, 모든 여성이 다 가능한 것도 아니다. 약 복용처럼 흔한 이유부터 성폭행 PTSD, 모유량 부족, 암 치료 등 모유 수유를 하지 못하는 이유는 아주 많다. 모든 가족에게 모유 수유가 최고라는 포괄적 주장은 공정하지 않고 사실도 아니다. 어떤 식으로든 잘 먹이는 게 중요하다. 어차피 애들은 몇 년만 지나면 소파 밑에서 찾아낸 과자를 주워 먹게 되어 있다.

진짜 문제는 이런 주장이 아무리 우습게 들려도 실제로 해를 끼친다는 점이다. 정신건강을 회복하려고 복용하는 항우울제 탓에 모유 수유를 할 수 없는 엄마에게 필요한 것은 수치심이 아니라 분유 한 캔이다. 안 그래도 엄마들은 매우 힘들다. 같은 엄마로서 상황을 더 힘들게 하는 사람의 말에 귀기울일 필요 없다.

이런 결정은 여성의 고통과 관련되는 경우가 많다. 나는 약물 없는 출산이 최고라고 주장하는 엄마들이 "생명을 낳는 경험을 온전히 느끼고 싶지 않으세요?"라고 하더라는 이야기를 수도 없이 들었다. 글쎄요. 댁은 치아 신경 치료를 온전히 경험하고 싶으신가요? 모든 엄마가 말로 할 수 없을 정도의 고통을 견디는 것을 출산 경험의 이상적 추억으로 삼을 필요는 없는 것 같다.

불안은 엄마 전쟁이라는 불에 기름을 붓는 진짜 원인이다. 나는 어디로 저녁을 먹으러 갈지도 쉽게 정하지 못하는 우유부단한 사람이다. 다른 선택지가 있을 때 자기 결정에 불안감을 느끼는 것은 자연스럽다. 남들이 별로 하지 않는 선택을 하는 것도 어려운 일이다. 어떤 사람들은 자기 결정이야말로 정확하고 다른 사람들은 다 틀렸다고 자랑스레 단언함으로써 이러한 불안감을 과하게 보상하려 든다. 그러면 전쟁 발발. 모든 사람이 키보드를 마구 두드리고 놀이 모임에서 서로 물어뜯으려 한다.

이제 나는 더 많이 알기에 더 잘 판단한다. 다른 엄마가 육아에 관련된 내 결정을 어떻게 생각하는지는 요만큼도 신경 쓰지 않는다. 우리 아이들은 사랑과 보살핌을 잔뜩 받으며 안전하게 지낸다. 나는 다른 엄마들의 압박과 못마땅한 시선에서 나 자신을 해방했다.

다른 사람의 일상적 육아 관련 결정에 관해 내 의견을 주장할 때 지킬 아주 간단한 행동 방침도 정했다. 바로 간섭하지 않는 것이다. 아이가 정말로 학대나 방치 위험에 노출된 경우가 아니라면 끼어들 이유가 없다. 예방접종을 하지 않는다거나 쇼핑몰 놀이 공간에서 천방지축 날뛰는 꼬마 망나니를 부모가 내버려둘 때처럼 다른 아이의 안전을 해치는 선택인 경우에만 염려를 표현하려고 하고 있다. 물론 알고 지내는 엄마가 특별히 육아 관련 조언을 요청한다면 도움이 될 만한 것은 뭐든지 공유하려 한다.

하지만 아이와 관련된 결정을 내리는 데 가장 적합한 사람은 엄마다. 나는 엄마들이 능력과 애정을 모두 갖췄음을 알고 있으며, 가족을 위해 최선의 선택을 하리라고 전적으로 믿는다. 엄마들에게 필요한 것은 모욕이 아니라 응원이다.

서로 따뜻하게 대하자

첫째를 낳고 얼마 되지 않아서 처음으로 아기를 데리고 집 밖으로 나섰을 때의 일이다. 목적지는 동네 우체국이었고, 나는 2박 3일은 너끈할 정도의 짐을 꾸렸다. 거대한 기저귀 가방에 담요와 노리개젖꼭지는 물론 여벌 옷까지 챙겨 넣었다. 우여곡절 끝에 마침내 나는 아기띠로 신생아를 가슴에 안고 어깨에는 기저귀 가방을 멘 채 차에서 내렸다. 집에서 차로 5분 거리인 곳에서 2분이면 끝날 볼일을 보는 동안 혹시 기저귀를 갈 일이 있을지도 모른다고 생각하면서.

잠이 모자라서 멍한 눈을 드니 한 베테랑 엄마가 내 차 옆에 주차된 미니밴에 적어도 세 명 이상은 되는 아이들을 척척 태우는 놀라운 광경이 보였다. 그 엄마도 피곤해 보였지만, 나와는 피곤함의 종류가 매우 달랐다. 잘 관리되고 있는 피로함이랄까. 그녀는 숙련된 안무가의 손길로 아이들을 각자의 자리로 몰아넣었다. 자동문 닫힘 버튼을 누른 다음 그녀는 고개를 돌려서, 잠은 부족하고 노리개젖꼭지는 너무 많은, 안절부절못하고 있는 초보 엄마인 나와 눈을 맞췄다. 그러더니 호의적인 웃음을 터뜨리고는 사람 좋은 미소를 지었다.

그 순간 그녀는 내게 어떤 말이든 할 수 있었다. 앞으로는 푹 잘 날이 없을 거라고 할 수도 있고, 앞으로 겪을 온갖 어려움을 나열할 수도 있고, 사춘기는 지옥이라고 할 수도 있었다. 아니면 수상한 사람처럼 빤히 쳐다보지 말라고. 하지만 그러는 대신 그녀는 강조하듯 손을 들어올리며 이렇게 말했다. "앞으로 재밌는 일이 정말 많을 거예요." 그러고는 미소를 지으며 어린이 동물원처럼 보이는 미니밴을 몰고 유유히 사라졌다.

너무 정신이 없고 피곤했던 나는 제대로 대답조차 하지 못했던 것 같다. 그저 "어, 진짜로요?"라고 말하듯 고개만 끄덕였더랬다. 하지만 그녀의 친절한 행동은 내 마음에 남았고, 종종 내 등을 밀어주었다. 그 짧고 사소한 메시지는 엄마가 되는 길을 향한 길잡이 같았고, 내가 마음을 다잡는 데 큰 도움이 되었다.

나는 가끔 그 순간을 떠올리며, 애들은 금방 커버리니 좀
내려놓고 지금을 즐겨야 한다고 나 자신을 다독였다. 에너지
가 고갈된 느낌이 들기 시작할 때면 이 시기는 쏜살같이 지
나간다는 사실을 되새겼다. 우리 꼬맹이가 30초 안에 화장실
문 따는 법을 배워서 큰일을 보는 혼자만의 시간까지 사라졌
을 때도, 아이들이 10대가 되면 학교에 데려다주면서 포옹하
는 것조차 어색해 하게 되리라 생각하며 웃어넘겼다. 그냥 즐
기자. '앞으로 재밌는 일이 정말 많을 거야.' 나는 스스로 되뇌
었다. 그리고 정말 그렇게 되었다.

그 엄마 한 명이 내게 보여준 친절함은 내가 다른 엄마들
을 대하는 방식에 큰 영향을 미쳤다. 나는 엄마 되기의 현실
적 어려움을 감추려 한 적이 없고, 산후우울증 같은 문제에
있어 다른 엄마에게 도움이 된다면 내 경험도 기꺼이 털어놓
는다. 다만 초보 엄마에게는 늘 긍정적 태도를 보이려고 노력
한다. 처음 아이를 가진 엄마들은 회음부 절개에 관한 끔찍
한 얘기와 청하지도 않은 육아 관련 조언으로 폭격을 당한다.
내 생각에 이들에게는 그저 웃으며 이렇게 말해줄 사람이 필
요하다. "정말 잘하고 있어요. 당신은 참 좋은 엄마예요. 다
괜찮을 거예요."

엄마들과 마주치거든 안심이 되는 미소나 짧은 격려가 필

요해 보이지는 않나 살펴보자. 묵직한 감자 자루로 변신해 몸을 뻗대면서, 혼자서는 바지도 입을 줄 모르는 조그만 인간이 저렇게 큰 소리를 낼 수 있을까 싶을 정도로 악을 쓰는 꼬맹이를 한쪽 팔로 안은 엄마를 보더라도 속으로 욕하지 마라. 그 엄마는 이미 비참한 기분이다. 그냥 웃는 얼굴로 이렇게 말하자. "그맘때가 참 힘들죠." 그런 때는 육아 기술이 진짜 시험대에 오르는 순간이다. 그러니 아이가 난리를 치는 동안 침착함을 유지하는 엄마를 보거든 이런 말로 칭찬해주자. "아까부터 봤는데, 그냥 다 받아주지 않고 참 차분하게 잘하시더라고요. 그게 쉽지가 않은데."

친절의 대상을 엄마들로 제한할 필요는 없다. 다른 여성의 성공을 함께 축하하자. 친구나 지인이 뭔가 대단한 일을 해냈다면 축하해주자. 그들이 당신과 같은 분야에 있거나 당신이 간절히 원하던 일을 해냈다 해도 경쟁심이나 냉소는 접어두고, 축하받아 마땅한 사람에게 축하의 말을 건네자.

여성이 자신의 성공을 공개하거나 거론하면 건방져 보인다는 사회적 편견이 존재한다. 그런 여성에게는 '관심병자'라는 표현이 쓰이기도 한다. 이건 정말 말도 안 된다. 엄마와 아이 둘 중 아무도 울지 않고 아이를 처음으로 어린이집에 데려다줬든 직장에서 승진을 했든 간에 당신이 뭔가를 해냈다면 축하하는 게 당연하다! 성공을 공유하고 싶다면 그렇게 하라.

자신에게 박수를 보내라. 얼마든지 자랑스러워해도 된다! 당신이 어떻게 A 지점에서 B 지점으로 갔으며 어떻게 성공했는가 하는 이야기는 다른 여성에게 길잡이가 될 수도 있다. 비슷한 꿈이 있는 누군가가 당신을 본보기 삼아 같은 목표를 이룰 수 있을지도 모른다.

내가 다른 여성들을 높일 때 자주 쓰는 사소한 방법 하나는 내 마음속 독백을 그냥 말로 하는 것이다. 나는 내가 늘 다른 여성에 대해 속으로만 감탄하면서 그걸 밖으로 꺼내놓지는 않는다는 사실을 깨달았다. 그래서 좀 더 내 마음을 드러내보기로 했다. 예전에는 강렬한 옷차림을 하고 눈에 확 띄는 립스틱을 바른 여성을 보면 속으로 이렇게 생각했다. '와, 진짜 멋지다. 스타일이 참 마음에 드네.' 이제 나는 그런 생각이 들면 그냥 직접, 또는 소셜미디어를 통해 이렇게 말한다. "와, 진짜 멋져요. 스타일이 참 마음에 드네요." 어쩌면 그녀는 자신이 멋지다는 걸 이미 잘 알고 있고 남의 인정은 필요 없을지도 모르지만, 그래도 감탄과 연대감의 표시는 기분 좋은 법이다.

이제 나는 칭찬이나 호의적 생각을 머릿속에만 담아두지 않는다. 어떤 일에 재능이나 소질을 보이는 사람을 보면 대단하다고 바로 말한다. 뭐든 선뜻 내주는 사람을 보면 감사의 마음을 전한다. 나는 가족처럼 사랑하는 친한 친구들과 종종 시간을 보내고, 그 친구들을 만나면 입 밖으로 소리 내어 "내가 사랑하는 거 알지?"라고 말한다. 모두 사소한 표현일 뿐이지만, 다른 사람, 특히 여성에게 품는 따뜻한 마음을 보다 솔직히 드러내면서 내 삶은 상당히 달라졌다.

당신의 꿈이 무엇이든, 당신이 이루려는 것을 이미 이뤘거나 같은 길을 걷고 있는 여성을 찾아보는 것도 좋은 방법이다. 따지고 보면 그 여성은 당신 경쟁자지만, 서로 도와주면서 더 많은 것을 얻게 될 수도 있다. 나는 감사의 마음 외에는 보답할 길이 없는데도 기꺼이 나를 도와주는 낯선 이들의 친절에 놀라고 한없이 겸손해진 적이 많다. 첫 책을 쓰려고 준비하고 있을 때 나는 다른 작가들이 자기 신간을 소개하거나 새 계약과 좋은 비평에 기뻐하는 모습을 보는 게 좋았다. 아직 나는 그 단계에 이르지는 못했지만 그들에게서 많은 영감을 얻었고, 진심으로 축하하는 마음이 들었다.

여성혐오 문화와 내면화된 여성혐오는 여성으로서 살아가는 삶을 적대적인 전쟁터로 만든다. 우리에게는 너무 많은 기대와 캣콜링, 사회적 압박이 쏟아지며, 반면 상냥함과 주머니 달린 옷은 부족하다. 당신이 마주치는 여성을 천적이나 경쟁자 취급하지 말고 당신과 똑같이 이 험한 세상을 헤쳐나가려는 자매로 생각하자. 다른 여성들의 어려움과 성취에 고루 시선을 주고, 다른 여성을 끌어내리는 것이 아니라 일으켜 세우는 역할을 하고 있는지 자신의 태도를 돌아보자.

4부
정치의 주체로 서기

10장
개인적인 것은 여전히 정치적이다

아마도 우리 부모 세대보다도 나이가 많을 페미니스트 집회 구호인 "개인적인 것이 정치적인 것이다"는 오늘날에도 유효하다. 여성으로서의 삶과 정치가 우리 삶에서 하는 역할은 불가분의 관계다. 우리 몸부터 우리가 아이를 키우는 방식까지 정치와 관련되지 않은 것은 없다.

가끔 정치판의 추함과 불화 때문에 "나는 원래 정치에 관심이 없어요"라고 말하며 정치와 시사 문제를 피하는 여성도 있다. 되도록 정치에서 멀리 떨어져서 산다는 이런 선택이 가능한 여성도 있기는 하다. 하지만 이들의 삶 또한 결코 정치에서 완벽하게 분리될 수 없다.

자신은 정치에 연관되고 싶지 않다고 말하는 여성은 있을 수 있다. 하지만 그녀에게 주택담보대출을 해준 은행은 정치와 연관되어 있다. 그녀가 내는 세금에 관련된 표결에 참여하는 국회의원도 마찬가지다. 그녀의 의료보험 적용 여부도 정치적 제도에 달려 있다. 그녀의 자녀가 다니는 학교의 수준 또한 정치의 영향을 받는다. 우리 삶에서 정치가 하는 역할을 무시하는 것은 압제자만 더 편하게 해줄 뿐이다.

게다가 혜택받지 못한 이들은 정치에 훨씬 큰 영향을 받는다. 그래서 '정치에 관심을 두지 않는' 사치를 누리지 못하는 사람이 많다. 감당할 수 있는 가격의 주택을 구하는 것부터 차별과 폭력에 노출되는 것, 의료보험에 이르기까지 자신의 삶에 정치가 어떤 압력을 행사할 수 있는지 잘 알고 있기 때문이다. 정치에 관여하지 않기로 하는 것은 자기 파괴적일 뿐 아니라 선택의 여지가 없는 이들에게 잔인한 처사다.

2016년 대선 이후 자신이 정치에 참여하든 하지 않든 정치가 나라 전체와 자신의 삶에 얼마나 큰 영향을 미치는지 직접 보고 깨달음을 얻은 여성이 많았다. 전에는 한 번도 정치에 관여해본 적이 없었으나 더는 침묵을 지킬 수 없게 된 수많은 여성이 반대의 목소리를 내기 위해 거리로 쏟아져나왔다. 진작 일어났어야 하는 이런 유형의 정치 참여는 필수적이며 사회에 활력을 불러일으킨다.

하지만 더는 무시할 수 없는 변화를 목격하기 전까지 수많은 백인 여성이 정치를 무시했던 것과 같은 방식으로 다른 집단의 여성을 무시해서는 안 된다. 소외된 여러 공동체와 유색인 여성들에게 2016년 대선은 백인 여성들이 느낀 것만큼 충격적이지는 않았다. 그저 차곡차곡 쌓인 차별과 고통이 분명한 형태로 드러난 해였을 뿐이다.

그렇게나 많은 여성이 마침내 미국과 세계에서 일어나는 일에 관심을 보이고 신경을 쓰게 된 것은 멋진 일이다. 하지만 우리는 자신에게 직접 영향을 미치는 일에만 관심을 두어서는 안 되며, "개인적인 것이 정치적인 것"이라는 말이 다른 이들에게는 어떤 의미인지를 늘 염두에 두어야 한다.

사회운동에서 이를 실천하는 방법은 자신이 어디에 초점을 맞추고 있는지를 점검하는 것이다. 앞서 우리는 이미 자신이 가장 열정을 쏟는 문제를 골라냈다. 당신 또한 자신이 고른 문제에 열정을 보이게 된 이유가 따로 있을 것이다. 변화를 위해 나설 때는 자신의 관점과 특권을 비판적으로 검토하며 해당 문제 전체를 포괄적으로 바라보려고 노력해야 한다. 예를 들어 총기 폭력이 당신의 핵심 문제라면, 당신의 아이가 잠재적 희생자가 될지도 모른다는 생각에 학교 총기 사건에만 초점을 맞추지는 말라는 뜻이다. 당신의 걱정은 타당하며 학교 총기 난사는 미국에서 일어나는 빈도로는 고사하고 아예 일어나서는 안 될 끔찍한 문제다. 하지만 이 문제에 초점을 맞추려 한다면 당신은 총기 폭력이 다른 이들에게 미치는 영향도 검토할 필요가 있다. 총기 폭력 문제를 해결하고 싶다면 학교 총기 난사에만 초점을 맞추는 것으로는 부족하기 때문이다. 아동이 학교 총기 난사로 사망할 확률은 지극히 낮아서 6억 1,400만 분의 1에 불과하다. 하지만 총기 폭력은 흑인 아동의 사망 원인에서 상위권을 차지하며, 그들은 종종 자기 집에서 죽임을 당한다. 우리 지역에 살던 일곱 살짜리 디콴테 홉스 주니어는 잠자리에 들기 전에 주방 식탁에 앉아서 간식을 먹다가 유탄에 맞아 숨졌다.

단순히 확률 문제는 아니라는 것은 나도 안다. 총기 폭력을 줄이는 것은 내가 신경을 쓰고 우선순위를 높게 두는 핵심 문제다. 나는 샌디훅 재단 설립자 마크 바든과 함께 극단적 위험 방지 명령(또는 '적색기 법'[위험인물로 판단되는 자에게서 총기를 일정 기간 압수하는 법원 명령—옮긴이]) 법안 통과를 위해 청원 활동 중이었다. 나는 마크가 해왔던 모든 일과 하고 있는 일, 특히 단 두 시간 동안 총기 개혁 법안을 지지하기 위해 켄터키 주 의회까지 와준 것에 직접 감사를 표하고 싶었다.

하지만 그날 내내 나는 계속 그를 만나는 것을 미뤘다. 국회의원들에게 총기 폭력에 맞서 행동해달라고 호소할 때, 마크는 그의 사연을 모르는 사람에게 보여주기 위해 자기 아들 대니얼의 사진을 가지고 다녔다. 사진에는 끄트머리가 곱슬곱슬한 빨간 머리에 앞니가 빠진 채 미소를 짓는 귀여운 사내아이가 찍혀 있었다. 샌디훅 초등학교에서 스물여섯 명의 다른 아이들과 함께 참혹하게 살해당한 소년은 영원히 일곱 살이었다.

마침내 내가 용기를 끌어내 마크에게 말을 붙이며 악수를 청했을 때, 그의 태도는 아주 따뜻하고 친절했다. 나는 그에게 나도 일곱 살짜리 아들이 있고, 그 애 이름도 대니얼이라고 말했다. 내가 그 말을 하자 그의 눈에는 눈물이 고였고, 그의 표정은 내가 느끼고 있는 두려움과 공감이 그대로 반영된 것처럼 보였다. 내가 그를 피했던 이유는 최악의 악몽을 직접 겪으며 살아가는 다른 부모의 눈을 들여다볼 자신이 없어서였다. 나는 마크의 슬픔과 그가 하는 활동을 일곱 살짜리 내 아들 대니얼, 그리고 그 아이가 살아가는 세상과 따로 떼어놓고 생각할 수가 없었다.

마크는 나를 안아주었고, 나는 그의 어깨에 대고 훌쩍이지 않으려고 애를 썼지만 소용이 없었다. 그런 뒤 그는 내 눈을 들여다보며 당부했다. "당신네 대니얼을 꼭 안아주실래요? 저 대신?"

6억 1,400만 분의 1의 확률에 걸려 아이를 잃은 부모의 눈을 들여다본 뒤 나는 통계가 얼마나 무의미할 수 있는지 깨달았다. 단 한 명이라 해도 너무 많다. 2012년 샌디훅 사건 이후 미국 사람들은 다시는 이런 일이 일어나지 않게 하겠다고 맹세했다. 하지만 그후로 이 글을 쓰는 시점까지 이미 2,379건의 총기 난사 사건이 더 일어났다.

나는 정치적 문제에 감정이 얽힐 수 있음을 이해하며, 그게 꼭 나쁘다고 생각지 않는다. 우리는 자신이 끔찍한 현실을 외면하거나 무감각하게 받아들이도록 놔둬서는 안 된다. 감정은 정치적 행동을 끌어내는 강력한 동기다.

총기 폭력이라는 예시에서 알 수 있듯 학교 총기 난사가 아무리 드물다 해도 자기 자녀에 대한 사랑과 두려움에 자극받은 당신이 학교 총기 난사를 막기 위해 나서면 안 될 이유는 없다. 학교 총기 난사는 모두 참혹하다. 스러진 생명은 모두 소중하다. 학교 총기 난사를 근절하는 것은 가치 있는 대의이며, 분명히 밝혀두지만 내 말은 초점을 옮겨야 한다는 것이 아니다.

내가 전하려는 요지는 해당 문제의 범위 전체를 염두에 두라는 것이다. 총기 폭력을 막는다는 예를 계속 사용해서 설명하자면 당신이 지지해야 할 상식적 대처 방안에는 통합 신원조회, 가정폭력범의 총기 구매 제한, 정신건강에 이상이 있는 사람의 총기 구매 제한, 총기용 자물쇠 보급, 경찰의 무력 사용 기준 개정 등이 있다.

총기 폭력과 그로부터 영향받는 사람들을 포괄적으로 살펴보면 문제의 근본을 파헤치기 쉬워진다. 교내 안전에만 초점을 맞추면 학교 총기 난사는 어느 정도 막을 수 있을지 몰라도 총기 살해에 훨씬 취약한 다른 사람들에게는 전혀 도움이 되지 않는다. 하지만 한 걸음 물러서서 총기 폭력이라는 문제에 더 넓은 관점으로 접근하면 당신 자녀의 학교에도 변화가 일어날 수 있다. 앞서 언급한 상식적 대처 방안들은 학교 총기 난사를 방지하는 동시에 가정폭력, 자살, 살인, 사고사, 경찰의 부당 사살 등 더 흔히 일어나는 총기 폭력 사건을 막는 역할을 한다.

개인적인 것은 정치적이었고, 여전히 정치적이며, 아마 앞으로도 계속 정치적일 것이다. 개인적 이유로 정치 활동에 참여하는 것은 아무런 문제가 없을 뿐 아니라 우리 스스로가 계속 나아가며 다른 이들을 자극하는 훌륭한 동기가 된다. 하지만 개인적인 것이 정치적이라는 말을 다른 사람의 처지에서 생각해보는 것도 잊지 말자.

엄마와 사회운동은 어울리는 조합이다

내가 사람들에게 엄마로서의 삶과 정치운동의 접점에 관한 책을 쓰고 있다고 말하면 어떤 사람들은 내 이마에서 유니콘 뿔이 돋아나기라도 한 것처럼 멍하니 나를 바라보았다.

정치운동과 엄마로서의 삶은 그렇게 동떨어진 개념이 아니다. 모든 엄마가 집에서 뜨개질을 하지는 않는다. 다음번 우먼스 마치를 위해 여성 성기를 상징하는 분홍색 모자를 뜨는 엄마도 있고, 뜨개질은 전혀 할 줄 모르며 사회적 변화를 일으키기 위해 자기 공동체를 움직이는 데 모든 시간을 쏟는 엄마도 있다. 다만 분명한 것은 현재 일어나는 사회운동의 선봉에 서 있는 사람들이 바로 엄마들이라는 것이다.

지난 몇 년간 대두된 저항운동을 이끈 지도자들의 면면을 살펴보면 가장 영향력이 큰 이들 중 상당수가 여성임을 알 수 있다. 게다가 그 중 많은 수는 엄마이기도 하다. 이들 중에는 자신이 아멜리아, 알렉스, 베일리, 그리고 소비자금융보호국의 엄마라고 말하는 상원의원 엘리자베스 워런처럼 엄마로서의 삶과 정치운동의 병행을 당당히 드러내는 사람도 있다. 찾아보면 당신이 좋아하는 활동가 중에도 당신과 똑같이 엄마인 사람이 생각보다 많을 것이다.

아이가 다섯이라 산더미처럼 쌓여 있는 빨래를 개던 한 전업주부는 고작해야 1학년인 어린이 스무 명이 초등학교에서 죽임을 당했다는 뉴스를 들었다. 이 상상도 할 수 없는 비극을 다룬 뉴스를 보면서 그녀는 하염없이 흐느꼈다. 하지만 그렇게나 많은 어린이의 무참한 죽음을 마치 피할 수 없는 사고였던 것처럼 이야기하며 애도를 표하는 정치 전문가들을 보고 있자니 아픔은 분노로 바뀌었다. 다음 날 그녀의 분노는 행동으로 변했다.

엄마로서 그녀는 총기 폭력 근절 활동을 위해 다른 엄마들을 모을 수 있으리라 생각했다. 다음 날까지 그녀는 뜻이 같은 엄마 일흔다섯 명과 함께 총기 폭력 근절을 위한 페이스북

페이지를 만들었다. 이듬해가 되자 이 단체 회원은 13만 명으로 늘어났고, 각 주에도 지부가 생겨났다. 2017년에는 회원이 400만 명이 되었고, 빨래 더미 앞에서 흐느끼던 전업주부 섀넌 와츠는 "미국 총기협회 최악의 악몽"이라고 불리게 되었다.

섀넌이 불러일으킨 위협을 깨달은 총기협회는 그녀를 직접적·공개적으로 공격하면서 "와츠의 실체"라는 제목을 붙인 그림을 내걸었다. 옛날 미국 가정주부 스타일 원피스와 와츠의 얼굴을 합성한 그 그림은 전형적인 엄마의 상징이라 할 수 있는 먼지떨이, 다리미, 뒤집개 등을 그녀의 주변에 배치함으로써 전업주부라는 와츠의 역할을 조롱했다.

이것이 아직도 많은 사람이 갖고 있는 엄마의 이미지다. 아직도 엄마란 팬케이크를 뒤집고 가구의 먼지를 터는 존재라고 생각하는 사람이 수없이 많다. 여성혐오자들은 엄마에게 정치란 개념은 어울리지 않는다고, 엄마가 정치운동에 참여하는 건 엄마의 역할에서 벗어나는 것이라고 호도하고자 한다. 하지만 그들은 틀렸다. 지금 우리 사회의 저항운동을 이끄는 주체는 엄마들이다. 빨래를 개다 말고, 자기와 같은 맹렬한 여성들을 조직해서 풀뿌리운동을 한 섀넌 와츠 같은 엄마들 말이다.

섀넌은 놀라운 활동가지만, 열정과 추진력을 빼면 그녀는 다른 엄마들과 다른 점이 전혀 없다. '총기 규제 촉구 어머니회'를 시작하기 전에 그녀에게는 자기 말 한마디로 움직일 수 있는 천 명의 충실한 팔로워도 없었다. 단체 설립에 쏟아부을 수백만 달러도 없었다. 그녀의 성공은 모두 기꺼이 일어나려 했던 자발성, 물러서기를 거부한 의지, 자기 목소리를 찾아낸 힘 덕분이었다.

저항운동은 엄마들이 이끈다. 그것도 특정한 엄마가 아니라 당신과 아주 비슷한 엄마들이. 당신이 존경하는 활동가를 자세히 들여다보면 당신 자신의 모습이 보일 것이다. 당신은 섀넌과 마찬가지로 슬픔을 분노로, 분노를 행동으로 바꿀 능력을 갖고 있다. 하지만 아마도 당신이 세상에 가장 큰 영향력을 미치는 방법은 당신 아이들을 엄마와 똑같이 세상을 바꿀 준비가 된 열정적이고 강하며 맹렬한 사회운동가로 키우는 것일 터이다.

사회운동에 뛰어들어라

엄마와 사회운동은 어울리지 않는다고 오해하는 것과 비슷하게 많은 사람은 사회운동이 실제로는 어떤 모습인지 잘 모른다. 사회운동가라고 하면 수천 명의 지지자가 있는 영향력 있는 사람을 떠올리고, 페미니스트는 모두 길거리에서 브래지어를 불태우는 줄 아는 사람도 적지 않다.

하지만 사회운동은 그보다 훨씬 간단하고 다가가기 쉽다.

트위터 팔로워가 최소 몇 명은 되어야 한다는 조건은 없다. 연회비 같은 것도 없다. 엄마 역할을 해내면서도 그쯤은 충분히 투자할 수 있겠다고 생각되는 만큼의 시간만 들여도 상관없다. 사회운동에 참여하면서 그것을 당신의 가족 중심 생활방식과 아무 갈등 없이 양립시킬 수도 있다.

단순히 말해 사회운동이란 일종의 사회적 변화를 일으키기 위한 노력을 가리킨다. 주로 우먼스 마치 같은 시위와 대형 이벤트 형태지만, 집 밖으로 나가거나 제대로 된 바지를 챙겨 입을 필요도 없는 소셜미디어 캠페인도 사회운동에 속한다. 누구든지 원하기만 하면 사회운동가가 될 수 있고, 또 그래야만 한다. 원하는 사람은 누구나 자유롭게 사회운동에 참여할 수 있는 환경을 유지하는 것이 중요하다.

그렇다면 사회운동을 실천하는 실용적 방법들은 어떤 것이 있을까?

일단 투표가 있다. 선거에 개입하는 외부 세력이 있기는 해도 어쨌거나 우리는 민주주의 사회에 살고 있으며 투표를 통해 자기 목소리를 낼 수 있다. 2016년 대선에서는 유권자의 55퍼센트가 투표에 참여했다. 신분증을 소지하지 않은 사람은 투표할 수 없는 법률이나 불편한 투표 시간 등 유권자가 선거권을 행사하지 못하게 하는 걸림돌은 실제로 존재한다. 하지만 투표하지 않은 유권자들에게 왜 투표소에 가지 않았냐고 물었을 때, 그들은 이런 제약을 이유로 들지 않았다. 대부분 그저 어깨를 으쓱하고는 관심이 없어서 그랬다고 대답했을 뿐이다.

투표는 당신이 민주주의에 참여하는 가장 손쉽고 간단한 방법 중 하나다. 그러므로 당신이 해야 할 가장 중요한 일은 반드시 투표하는 것이다. 4년마다 대통령 선거 때만 투표하는 것이 아니라 모든 선거에 투표해야 한다. 잠깐 시간을 들여 자신의 지역구에 어떤 후보가 출마했는지 알아보자. 같은 지역에 사는 친구들과 가족에게도 투표하라고 독려하라.

미국에서는 투표 참여가 그리 쉽지 않을 때도 있다. 선거일은 평일에 잡히고, 대개 투표는 사람들이 퇴근하는 시간에 마감된다. 자신이 선거인 명부에 올라 있는지 확인하자. 많은 주에서는 투표소에서 신분증을 제시해야 한다. 이런 사소한 장애물에 주의를 기울이고, 그것 때문에 투표하지 않는 사람이 있는지 살펴보자. 그런 사람들에게 사전 투표나 부재자 투표 같은 다른 선택지도 있음을 알려주자. 당신 목소리와 당신 주변 사람들의 목소리가 선거일에 반영될 수 있도록 최선을 다하자.

집을 나서지 않고도 정치운동에 참여하는 또 하나의 방법은 지역신문에 투고를 하는 것이다. 굉장히 전통적인 방식이지만, 때로는 놀랄 만큼 큰 효과가 날 때도 있다. '에이, 설마'

라고 생각할지 모르지만, 아직도 신문을 보는 사람은 본다. 이 방법은 매우 쉽다. 그냥 지역신문사 이메일 주소를 찾아서 메일을 보내면 된다. 시간을 조금 들여 당신의 주장을 간결하게 밝히고 문제의 핵심은 오백 단어 이하로 정리하라. 편지를 보낸 다음 결과를 기다리자.

글의 주제는 백악관에서 심심하면 들리는 차별과 편견에 찌든 언어에 대한 염려 같은 전국적 문제, 당신 지역에서 공직에 출마하는 후보에 대한 지지 표명, 또는 학교 시스템 변경 제안 같은 당신 동네에 영향을 미치는 지역 사회 문제 등 뭐든 상관없다.

두어 해 전에 나는 세 건의 아동 성추행 전과가 있는 성범죄자가 우리 동네의 소방서 부서장으로 뽑혔다는 사실을 알고 기겁을 했다. 이 소방서는 공동체 내에서 정기적으로 아동 관련 활동을 하는 곳이었고, 우리 아이가 다니는 어린이집도 종종 이 소방서로 현장학습을 갔다.

납세자로서 나는 이 성범죄자의 월급을 내고 있었다. 하지만 내게는 그를 선임할지 말지를 결정할 수 있는 투표권이 없었고, 동네 사람 모두 마찬가지였다. 소방서 직원들이 내부 투표를 진행했고, 그들은 주 정부가 자격을 박탈한 성범죄자 외에 다른 사람을 후보로 지명하는 걸 거부했다. 주민들이 항의했지만 소방서 사람들은 성범죄자 편을 들었다.

나는 화가 났지만, 뾰족한 수가 없었다. 그래서 우리 동네 지역신문에 투고를 해, 내 불만을 설명하고 소방서에서 다른 사람, 그러니까 연약한 어린이들을 상대로 추악한 범죄를 저지른 전과가 없는 사람을 새로 부서장으로 뽑을 것을 제안했다. 꽤 많은 사람이 신문에 실린 내 글을 공유하며 자신의 분노를 표현했다. 하지만 소방서에서는 아무 반응도 보이지 않았다.

신문사에 투고를 하면서 나는 그 글을 소방서 예산을 관리 감독하며 그해 그 소방서에 150만 달러를 배정한 위원회로도 보냈다. 나중에 위원회는 만장일치로 해당 소방서에 지급할 예정이던 예산 지원을 끊고 성범죄자가 감투를 쓰지 않은 다른 지서에 그 예산을 배당하기로 의결했다.

변변찮은 내 글이 이런 변화를 끌어냈다고 단언하지는 못하겠다. 이 사례를 통해 내가 말할 수 있는 것은 내가 변화를 촉구했고 그 변화가 실제로 일어났다는 것뿐이다. 나는 내 손이 닿는 자원과 내 목소리를 활용했다. 적어도 내가 보기에는 신문사에 투고를 하는 것은 매우 유효하면서도 손쉽게 할 수 있는 사회운동 방식임이 분명하다.

시위는 오래전에 효과가 증명된 매우 전통적인 정치운동 방식이며, 당연히 오늘날에도 널리 활용된다. 자신의 조국이 더 나은 나라가 될 수 있음을 아는 국민들이 불의와 부당함에 맞서 일어서는 것은 애국적 행위다. 여성 참정권을 위해 싸운 서프러제트(참정권을 뜻하는 'suffrage'에 여성을 뜻하는 접미사 'ette'를 붙인 말로, 20세기 초 영국에서 참정권 운동을 벌인 여성들을 지칭하는 용어다—옮긴이)들은 시위를 활용해서 결국 참정권을 얻어냈다. 인권운동가들은 시위를 활용해 분리 정책을 철폐했다. 변화가 단번에 일어난 사례는 거의 없지만 시위자들이 원했던 변화는 결국 일어났고, 그 시위들은 변화를 이끈 촉매로 인정되어 역사에 남았다.

지금은 극적인 사회 변화의 기운이 무르익은 시대이며, 변화를 요구하는 목소리 또한 매우 높다. 정치학자들의 분석에 따르면 대규모 봉기가 일어나기 전에는 경제적 불평등이 대두되고, 지배계급이 심각한 불균형을 해결하려는 노력은 하지 않고 자기 잇속만 차린다는 여론과 그에 따른 움직임의 징조가 나타나며, 그 뒤에는 원래라면 실현 불가능했을 정치적 대안이 모습을 드러낸다고 한다. 이런 요소는 정치적 혁명의 밑바탕이 된다.

역사적으로 보면 대규모 혁명이 일어나기 전에는 시위가 극적으로 증가한다. 시위를 하는 사람들은 아무도 자기 목소리를 들어주지 않는다고 생각하므로 시위에 나서고, 그렇기에 목청을 더 높여서 자기 말을 들어달라고 요구하는 것 외에 선택의 여지가 없다. 이는 행진, 청원, 불매운동 등 다양한 형태로 나타난다.

저항운동이 거세지면 권력을 쥔 자들은 어떻게 대응할지 결정해야 한다. 불만을 표하는 사람들은 자기 말이 받아들여지지 않으면 목소리를 한층 더 높일 것이다. 평화적 행진이 격렬한 소요로 변하고 지배 권력에 반대하는 사람들이 자기 뜻을 관철하기 위해 극단적 수단을 쓰기 시작하면 저항운동은 이제 사회 비주류에 속하는 철학이 아니게 된다. 저항이 시민의 일상 속으로 들어온다는 뜻이다.

그렇게 되면 정치 환경은 시한폭탄 같은 상태가 된다. 무엇이든 도화선이 될 수 있다. 굳이 대규모 시위나 커다란 사건일 필요도 없다. '아랍의 봄' 같은 최근의 혁명은 부패한 경찰을 향한 생선 장수의 분노라는 지극히 평범한 사건으로 시작되었다. 큰 사건이든 작은 사건이든 상관없다. 뭔가 일어나기만 하면…… 쾅! 혁명 발발이다.

이런 것들이 혁명의 징조이며 역사적으로 혁명이 이런 식으로 일어났다는 이유만으로 지금 미국이 대규모 혁명이 일어나기 직전이라는 얘기를 하려는 것은 아니다. 일부 정치학자들은 미국에 혁명의 때가 다가왔다고 생각지 않는다. 오히려 이미 때가 지났다고 생각한다. 이들은 2007년과 2008년의 경제위기 직후가 혁명이 일어나기에 가장 알맞은 조건이라고 예측했다.

세계적 경제위기는 미국에서 시작되었다. 처음에는 서브프라임 모기지 시장 폭락 사태였다. 다음에는 리먼 브러더스가 무너졌다. 그러자, 어이쿠! 미안, 우리가 세계 경제 체계를 망가뜨렸네요.

그 시기는 혁명이 일어날 수도 있다고 정치학자들이 예견했던 때였지만, 적어도 미국에서는 혁명이 일어나지 않았다. 그렇다면 왜 일어나지 않았을까? 역사적으로 혁명이 일어날 때 국민은 정치체제와 권력층에 철저한 불신을 보인다. 경제위기가 일어났던 해에 사태를 그 지경으로 만든 것은 일반 시민이 아니라 큰 권력을 쥔 사람들이었으므로 그런 불신이 형성될 가능성이 매우 높았다. 하지만 사람들은 아마도 새로 뽑은 오바마 대통령과 괜찮을 거라고 안심시키는 그의 말에 위안을 얻은 듯했고, 정치적 권력을 쥔 이들에 대한 신뢰를 완전히 잃지 않았다. 그래서 전면적 혁명을 일으키는 대신 한 번더 믿어보기로 했다.

일부 정치학자는 실제로 정치적 혁명이 일어났다는 사실을 지적한다. 단지 미국에서 일어나지 않았을 뿐이다. 대신 이란에서 2009년 대통령 선거 이후 일어난 대규모 시위는 혁명이라 할 만했다. 시위에 화합과 희망의 상징을 활용한 이란 사람들은 대선이 부정 선거였으며 무효화되어야 한다고 주장했다.

자, 그러니 여기 아닌 다른 곳이었을 뿐 혁명은 이미 일어났다고 봐야 할 수도 있다. 아니면 여기 미국에서도 일어날 때가 이미 한참 지난 대규모 혁명이 곧 일어날지도 모른다. 누가 알겠는가? 정치학은 완벽하지 않고, 정치학자들의 예견은 어처구니없이 빗나갈 때도 많다. 당연히 나도 모른다. 내가 아는 거라곤 2016년 대선 결과를 보고 하도 충격을 받아서 2020년 대선 결과를 확인하기 전에는 술이라도 좀 마셔둬야겠다는 것 정도밖에 없다. 과거의 실수로부터 교훈을 얻었기에 다시는 말짱한 정신으로 대선 개표 방송을 보지 않기로 했다.

사실 혁명은 재미있지 않다. 대학 시절 당신이 잠시 사겼던, 늘 체 게바라 티셔츠를 입고 다니던 남학생처럼 혁명을 미화하는 사람도 있다. 하지만 그리 아름답지 않은 진실을 들여다보면 혁명 시기의 삶은 전쟁, 끊임없는 갈등, 고통, 고난, 극도의 빈곤으로 점철된다. 물론 결국 정치체제가 개편되기만 한다면 혁명은 치를 만한 가치가 있다는 것도 사실이다. 하지만 일반적으로 평화는 수십 년의 정치적 불안정을 견딘 뒤에야 찾아온다.

나는 우리가 알고 있는 정부를 통째로 전복하는 전면적 붕괴 형태의 혁명을 촉구하는 게 아니다. 평화 시위가 폭력으로 변질되는 모습은 보고 싶지 않다. 모든 게 불타버리고 다시 세워지는 모습을 보고 싶은 것도 아니다. 다만 현재 이 나라는 권력자들과 기존 체제가 모든 사람의 이익을 위해 움직이고 있지 않다는 것이 매우 분명해서, 사람들이 시위에 나설 수밖에 없는 단계에 있다.

그것이 바로 우리가 살아가는 지금, 사회적 담론이 절실히 필요한 이유다. 저항운동은 우리가 아는 미국을 점령하고 끝장내는 대규모 혁명의 신호탄이 아니다. 우리가 '미국을 다시 위대하게'("미국을 다시 위대하게 만들자"가 트럼프의 대선 슬로건이었다―옮긴이) 하거나 위대함을 지켜야 한다고 촉구하는 것도 아니다. 우리나라에는 위대한 것들도 실제로 있지만, 근본적으로 망가진 부분도 상당히 많다는 사실을 알고 있기 때문이다. 제도적 실패와 우리 사회의 망가진 부분에 항의하는 것은 우리가 우리 자신의 목소리에 관심을 집중시킴으로써 변화를 요구하는 방법이다.

미국 역사를 살펴봐도 지금만큼 정치적 시위에 참여하기에 좋은 시기는 없었다. 우리나라 역사에서 가장 큰 시위 1~5위가 전부 2016년 대선 이후에 일어났다. 바로 눈앞에서 역사가 이루어져도 주변에서 늘 일어나는 일이면 눈치채기 쉽지 않다. 미국 역사상 가장 많은 인원이 참여한 시위는 트럼프 취임 직후에 열린 2017년 우먼스 마치였고, 그 다음은 2018년 우먼스 마치, 총기 폭력 반대 시위인 2018년 '우리 생명을 위한 행진', 미국령 푸에르토리코에서 벌어진 2019년 국민 총파업, 2017년 '과학을 위한 행진' 순으로 이어진다. 휴! 요즘 하도 정신없이 일이 벌어지니 대략 백만 명의 과학자들이 모인 시위가 있었는데도 벌써 기억이 가물가물하다.

시위는 효과가 있다. 아마 학교에서 1963년 워싱턴에서 일자리와 자유 문제로 열렸던 행진에 관해 배운 적 있으리라(배우지 않았다면 문제가 있다). 이것이 바로 마틴 루서 킹 주니어가 링컨 기념관 앞에 모인 수많은 사람 앞에서 인종차별 근절을 촉구하며 "나에게는 꿈이 있습니다"로 시작하는 유명한 연설을 했던 행진이다. 이 행진은 1964년 민권법, 1965년 투표권법 제정을 포함해서 시위자들이 요구했던 커다란 사회적 변화를 끌어낸 촉매로 평가받는다.

역사를 통틀어, 어떤 집단이 그냥 좋은 말로 부탁해서 자신들이 원하는 사회적 변화를 얻어냈던 사례는 단 한 번도 없다. 그들은 목소리를 높여야 했다. 싸워야 했다. 자기 목소리를 들어달라고 요구하고, 그 요구가 관철될 때까지 멈추지 않아야 했다. 시위는 근본적으로 미국적이다. 수정헌법 제1조를 실천하고 나라의 건국 과정을 반영하는 것이기 때문이다. 미국을 건국한 이들은 독립을 요구할 때 영국에 절을 하면서 정중하게 "안녕히 가시길!"이라고 외치지 않았다. 그들은 항구에 얼 그레이 홍차를 내던지고 냅다 혁명을 일으켰다.

미래가 어떻게 될지는 나도 모른다. 하지만 우리가 역사에서 분기점이 될 시대에 살고 있다는 건 안다. 증거는 온 사방에 넘쳐난다. 전례 없는 숫자의 사람들이 거리로 나와 염려의 목소리를 높이고 있다. 이건 우리 손자 세대가 역사 수업 시간에 배울 순간들이다. 그 아이들은 실제로 상황이 어땠고 우리는 무슨 일을 했는지 알고 싶어할 것이다.

아이들에게 당신이 당신 자신의 목소리를 찾았으며 남들에게도 들리도록 목소리를 높였다고 말할 수 있도록 노력하자. 당신에게는 목소리가 있다. 때로는 상황이 심각해 보일지도 모른다. 하지만 당신은 무력하지 않다. 자신의 힘을 깨달아라. 자신의 힘을 이해하고 목소리를 찾아내 자신의 요구를 들어달라고 외치는, 당신과 똑같은 여성들이 저항운동을 이끌고 있다. 당신도 그렇게 할 수 있고, 그로 인해 우리나라는 다시 위대해질 것이다.

11장
민주주의란 이래야 한다

트럼프 대통령 취임식 직후 열린 우먼스 마치에서 수많은 여성이 머리 위로 팻말을 높이 들고 워싱턴 D.C. 거리를 행진하고 있을 때, 한 청년이 군중을 내려다볼 수 있는 높은 기둥 위로 올라섰다. 그는 사회운동가 앤젤라 데이비스의 체포 당시 사진과 "유색인 여성을 존중하라"라는 문구가 찍힌 티셔츠를 입고 있었다.

그는 군중을 향해 이렇게 선창했다. "민주주의가 뭔지 보여줘!"

군중은 이렇게 화답했다. "이게 바로 민주주의야!"

"민주주의가 뭔지 보여줘!"

"이게 바로 민주주의야!"

다양한 모습을 한 수많은 여성들이 함께 나아가는 가운데 남성이 길가에서 응원을 보내는 광경은 매우 훈훈했다. 하지만 안타깝게도 이는 미국 민주주의의 현주소와는 거리가 멀었다.

2018년은 여성들에게 기록 경신의 해였다. 전보다 많은 여성 의원이 당선되어 116대 국회는 미국 역사상 그 어느 때보다도 여성 하원의원 비율이 높았다. 게다가 알렉산드리아 오카시오코르테스는 지지 기반이 확고한 남성 민주당 후보를 상대로 당내 경선에서 막판 역전승을 거뒀다. 이후 그녀는 겨우 스물아홉의 나이로 하원에 입성한 최연소 여성 의원이 되었다. 오카시오코르테스와 다른 유색인 여성이자 초선 의원인 라시다 털리브, 아이아나 프레슬리, 일한 오마르(이 네 사람을 '스쿼드'라고 부른다)는 진보적 제안으로 하원을 뒤흔들어놓았다. 낸시 펠로시는 하원의장 자리를 되찾았다. 정계 여성들에게는 기념할 만한 해였다.

하지만 그럼에도 불구하고 하원의 여성 의원 수는 전체 의석 중 아직 4분의 1에도 미치지 못한다. 하원 소속 의원 441명 가운데 106명이 여성이고, 상원의원 100명 중에서 25명이 여성이다. 국민을 대표하는 여성 정치인이 늘어난 것은 커다란 성취이며 축하할 일이다. 하지만 25퍼센트의 대표가 미국의 여성들을 제대로 대변한다고 보기는 어렵다.

우리가 우리의 이익을 대변해달라고 뽑은 사람들은 자신이 대표하는 주민들을 반영해야 마땅하다. 그런데 미국 국민의 대다수는 백인 남성이 아닌데도 국회의원 대다수는 백인남성이다. 히스패닉이 아닌 백인은 미국인의 61퍼센트지만, 국회에서는 비율이 78퍼센트로 올라간다.

현재 미국에서는 국민 전체를 대표하지 못하는 사람들이 나라를 통치하고 법을 제정한다. 법을 만드는 이들이 자신을 뽑아준 사람들에게 귀 기울이지 않고 자기 이익을 위해 탐관오리 짓을 할 때 여성과 유색인, 이민자 공동체를 억압하는 법률이 생겨난다. 하원의 75퍼센트가 남성이 아니라 여성이었다면 과연 가족계획연맹의 예산이 취소되는 폭거가 실제로 일어났을까? 하원의 78퍼센트가 유색인이었다면 우리 정부가 여전히 군인 가족이 받을 돈을 빼내서 미국과 멕시코 국경에 장벽을 세우는 데 쓰고 있었을까? 확신할 수는 없지만, 현재 하원의 성별과 인종 비율로는 확인할 길이 없다.

자신의 이익이 대변되기를 바란다면 그렇게 해줄 만한 사람을 대표로 뽑아야 한다. 물론 국회에 여성이 많아진다고 해서 그들이 모두 당신이 관심을 쏟는 정책을 통과시켜주는 것은 아니다. 당신이 좌우 중에서 어느 쪽을 지지하든 세상에는 당신과 정치적 성향이 다른 여성도 수없이 많다.

하지만 앞서 얘기한 대로 개인적인 것은 실제로 정치적이며, 여성은 여성의 문제를 잘 안다. 여성 국회의원이 많아지면 지금보다 더 나아질 수밖에 없다. 산모 사망률 증가나 임신 의료 지원 감축처럼 다수를 차지하는 남성 국회의원의 입법 탓에 여성이 겪는 막대한 손해는 제쳐두더라도 일부 남성 국회의원들의 언행을 다룬 뉴스를 읽다 보면 밥상을 뒤집고 싶어진다. 예를 들어 공화당 주 상원의원 조이 헨슬리는 여자들이 미친 듯이 탐폰을 사재기할지도 모른다는 이유를 대며 생리용품 면세에 반대했다.

이게 바로 여성이 소수인 정치계의 실제 모습이다. 여자들이란 면세로 탐폰을 살 기회가 생기면 종말 대비론자들처럼 사재기에 눈이 뒤집힐 거라고 생각하는 남성 국회의원 탓에 우리는 매달 쓰는 생리용품을 살 때 세금을 내야 한다.

민주주의에는 더 많은 여성 대표가 필요하다. 그러기 위해서는 우선 더 많은 여성이 선거에 출마해야 하고, 우리는 그 여성 후보들이 당선될 수 있도록 지원을 아끼지 않아야 한다.

'내 편' 찾아내기

나는 바이블 벨트에 속하며 선거 때면 온통 공화당의 새빨간 색으로 물드는 중부 지역에서 태어나 자랐고 지금도 살고 있다. 그런 내가 페미니스트이자 진보적 사회운동가가 되었다는 것이 때로는 〈매트릭스〉의 버그처럼 느껴지기도 한다.

하지만 지역 정치에 더 깊이 관여하면서 나는 다른 민주당 지지자들이 입버릇처럼 하던 말을 체감하게 되었다. "이곳에도 파랑이 산다." 맞는 말이다. 물론 여기서는 남부 연합기가 휘날리는 모습이나 "미국을 다시 위대하게"라고 적힌 모자를 쓰고 다니는 사람을 쉽게 볼 수 있다. 그리고 선거운동 광고에서 본 대로 안전모를 쓴 공화당원이 옥수수밭을 헤치고 나오는 장면이 펼쳐져도 별로 어색하지 않다. 하지만 여기에도 놀라울 만큼 진보적인 사람들이 산다.

내가 사는 작은 중서부 도시만 해도 인권변호사 댄 캐넌 등 민중들의 삶과 정의를 위한 싸움에 막대한 영향을 미친 인물들이 있다. 댄은 마침내 미국 대법원에서 동성결혼 합법화를 끌어낸 기념비적인 오버거펠 대 호지스 사건에서 주도 자문 변호인을 맡았다. 한편 우리 지역 정치단체에서 가장 활발히 활동하는 회원들은 여성이며, 내가 가족처럼 끔찍이 아끼는 사람들이다. 나와 관심사를 함께하며 같이 싸우는 이들은 내가 만나본 사람 가운데 가장 친절하고 열심히 일하고 남을 잘 챙긴다. 그리고 항상 내게 영감을 주고 지원을 아끼지 않는 멋진 이들, 만난 것 자체가 축복이며 내 가장 소중한 친구인 사람들도 있다.

보수색이 강한 지역에 살면서 나와 생각이 비슷한 진보주의자들을 찾아냈을 때, 나는 어릴적 보물찾기에 성공했을 때처럼 짜릿한 느낌을 맛봤다. 당신이 관심을 갖고 있는 바로 그 문제를 해결하기 위해 자신의 넘치는 재능과 열정을 쏟아부으며 노력하고 있는 사람들은 어디에나 있다. 당신이 아직 그런 사람들을 발견하지 못했다면 이제 주변을 둘러볼 때다.

선거 정보나 선거운동, 후보 지원, 또는 그와 비슷한 정치 활동에 관심이 있다면 여러분이 살고 있는 지역의 정치단체를 찾아보자. 요즘 가짜 정치 뉴스의 온상 취급을 받고 있기는 하지만 페이스북은 여전히 진보적 친구를 새로 만나기 좋은 수단이다. 대도시에 살고 있다면 도시나 구 이름과 정당 이름을 함께 검색해보자. 예를 들어 '민주당 제4구' 같은 식으로 검색하면 된다. 나처럼 시골에 사는 사람이라면 살고 있는 군 이름과 정당 이름으로 검색해보자.

이런 정당 지부는 전국적으로 운영되며, 대개 신입 당원이 들어오면 열렬히 환영해준다. 가입하고 나면 선거와 관련된 중요한 정보, 후보와 직접 대화할 기회, 지역 내 지원 등을 제공받을 길이 열린다. 새빨간 주에서 작은 파란 점으로 살아가기는 쉽지 않지만, 당신을 온전히 이해하고 상황을 더 나아지게 하려고 노력하는 멋진 사람들로 이루어진 공동체에 들어가면 살기가 훨씬 수월해진다.

극도로 고립된 지역에 살고 있어서 가까운 곳에서 모이는 정치단체를 찾을 수 없다 해도 '내 편'을 찾는 방법이 아예 없는 건 아니다. 기존의 마음 맞는 친구들과 시간을 더 많이 보내도 좋고, 당신이 사는 지역에 해당하는 문제가 아니라 당신이 관심 있는 문제에 초점을 맞추는 전국 규모 단체에서 새 친구들을 찾아볼 수 있다. 요즘은 뭐든 그렇지만, 이런 단체도 당신이 선호하는 웹사이트에서 검색만 하면 쉽게 찾을 수 있다.

자신이 속할 공동체를 찾는 다른 방법은 당신의 '핵심 문제'에 관심이 있는 사람들을 찾아내는 것이다. 예를 들어 총기 폭력을 줄이고 상식적인 총기 개혁안 입법을 지지하는 것이 당신의 핵심 문제라면 당신이 사는 지역의 '총기 규제 촉구 어머니회' 지부를 찾아서 모임에 참석하자. 인종차별을 줄이는 것이 당신의 최우선 관심사라면 지역 흑인들이 운영하는 단체에서 봉사할 방법을 찾아보자. 당신이 재생산 권리에 초점을 맞추고 있다면 훈련을 받은 후 병원 경호 인력으로 봉사하며 낙태를 원하는 여성들이 무사히 병원에 들어가도록 도울 수도 있다.

어디에 있든 당신은 혼자가 아니다. 당신 주위에는 당신이 당황할 때 공감하고, 선거 패배에 똑같이 슬퍼하고, 당신과 마찬가지로 싸우고 있는 멋진 사람이 여럿 있다. 사회운동은 함께할 때 한결 쉽고 훨씬 효과적이다. 당신 편은 분명히 있다. 당신은 그저 그들을 찾아내기만 하면 된다.

선거에 출마하는 여성 지원하기

지역 내에서 정치 활동을 하며 만난 '내 편' 중 한 명이자 친한 친구가 내게 중요한 질문이 하나 있다며 문자메시지를 보냈다. 거기에는 학창 시절 조회 시간에 열애 중인 커플이 보내는, "날 좋아해? '예, 아니요'에 체크하기" 같은 쪽지가 떠오르는 질문이 있었다. 그녀의 질문 내용은 "내 선대위원장이 되어줄래요?"였고, 아래에는 '예'와 '아니요' 체크 박스가 딸려 있었다. 그런 제안이라면 거절할 이유가 없었기에 나는 신이 나서 곧바로 '예'라고 대답했다.

선거운동은 공직에 출마하는 여성을 지원하는 최고의 방법이다. 알렉산드리아 오카시오코르테스 같은 여성은 신발 밑창이 죄다 닳을 때까지 집집마다 돌아다니며 선거 유세를 했다고 한다. 여전히 정치적 성공 여부는 열정적인 발품으로 정해질 때가 많으므로 발로 뛰어줄 사람은 많으면 많을수록 좋다.

처음에는 선거운동에 참여하는 데 부담을 느끼는 사람이 많다. 이들은 유권자가 전화를 끊어버릴까 봐, 욕을 할까 봐, 면전에서 문을 쾅 닫을까 봐 걱정한다. 음, 선거운동 전단을 돌리려고 문깨나 두드려보고 후보의 공약을 알리려고 유권자에게 전화깨나 걸어본 사람으로서 말하자면…… 맞다. 그런 일은 일어나게 되어 있다. 하지만 그렇게 자주는 아니다. 설령 그런 일이 일어난다 해도 마음 상해 하지 말고 툭툭 털어버리면 된다. 그건 당신 탓이 아니고, 당신을 향한 공격도 아니다. 어쩌면 그 사람은 보수 논객이 나오는 토크쇼를 보고 있었는지도 모르고, '좌파에게 본때를 보일' 기회만 노리고 있었는지도 모른다. 그게 당신이라는 사람과는 관계없다는 사실을 기억하고 그냥 넘어가라. 그들에게 당신 시간이나 에너지를 빼앗길 필요 없다. 하지만 이런 일을 몇 번 겪다 보면 어차피 얼마 안 가서 눈 하나 깜짝하지 않게 될 것이다.

자신의 생활방식과 시간, 능력에 적합한 방식으로 선거운동에 참여할 수 있다. 앞서 말했듯 당신 시간의 주인은 당신이므로 당신이 지지하는 후보를 위해 시간을 얼마나 쓰고 싶은지를 가장 먼저 생각해야 한다. 그 후보의 공약이 너무나 마음에 들어서 그 사람의 당선을 위해서라면 뭐든지 하고 싶을 수도 있겠지만, 그렇다고 해도 당신이 깨어 있는 시간 전부를 선거운동에 쏟아부어야 한다는 뜻은 아니다. 적당히 선을 긋고 무리는 하지 마라. 당신이 후보를 위해 전화를 돌릴 시간이 한 시간뿐이라 해도 후보들은 그 한 시간을 무척 고마워할 것이다.

요즘 종종 보이는, '게으름(slack)'과 '사회운동(activism)'을 하나로 합친 '슬랙티비즘(slacktivism)'이란 신조어는 별로 큰 노력을 들이지 않고 소셜미디어나 청원을 활용해서 정치적·사회적 변화를 끌어내려는 풍조를 가리킨다. 이 말은 주로 밀레니얼 세대와 그들이 활용하는 사회운동 방식이 게으르고 비효율적이라고 비웃을 때 쓰인다.

내 생각은 어떠냐고? 나는 '슬랙티비즘'의 팬이다. 전통적 방식의 선거운동은 오늘날에도 여전히, 특히 지방 선거에서 가장 많이 쓰인다. 여기에는 유권자가 사는 집 문을 두드리거나 전화를 거는 방법이 포함된다. 슬랙티비즘을 비판하는 이들은 이런 방식을 사용하지 않는다고 밀레니얼의 노력을 깎아내린다. 하지만 밀레니얼 세대는 다른 밀레니얼들이 현관문을 열어주지 않을 것임을 이미 알고 있다. 범죄 실록 팟캐스트를 너무 많이 들어서 연락 없이 찾아오는 사람은 죄다 연쇄 살인마라고 지레짐작하기 때문이다. 휴대폰으로 걸려오는 전화도 받지 않는다. 밀레니얼에게 휴대폰은 그런 용도가 아니기 때문이다. 이런 선거운동 방식 대신 밀레니얼 세대가 소셜미디어를 통해 유권자와 소통할 더 효과적인 방법을 찾아냈다면 그건 당연히 효율적인 선거운동이다.

이렇게 달라진 환경은 선거운동에 참여해서 후보를 지원하고 싶긴 하지만 시간이 없거나 아이를 유모차에 태우고 동네를 돌아다니며 자기네 후보에게 투표해달라고 유권자들을 설득하고 싶지는 않은(실제로 한다면 하루에 만 보 걷기쯤은 거뜬하겠지만) 바쁜 엄마에게 안성맞춤이다. 아이들을 다른 사람에게 맡기거나 집에서 나갈 필요 없이, 유권자 전화번호 목록을 받아서 집에서 전화를 돌릴 수도 있다. 소셜미디어를 통해 당신이 특정 후보를 지지하는 이유를 공유하며 선거운동을 할 수도 있다. 너무 사소해서 보탬이 되지 않는 노력 같은 건 없으며, 어떤 도움이든 당연히 환영받는다.

선거운동에 들일 시간은 없지만 금전적 지원은 할 수 있다면 당신이 지지하는 후보에게 후원금을 내는 방법도 좋다. 후보자와의 간담회 자리를 마련한다면 지역 유권자는 후보와 찬찬히 이야기를 나눠볼 기회를 얻고, 후보는 기금을 모금하고 선거운동을 본격적 궤도에 올릴 수 있어 큰 도움이 된다. 지지 후보를 위해 더 많은 후원금을 모금하고 싶다면 자신이 왜 이 후보를 후원하는지 공개적으로 밝히고 다른 이들에게도 함께하자고 독려해보자. 혼자서 해도 되고, 다른 모금 단체와 함께 활동해도 된다.

정치 무대에서 여성의 목소리를 더 잘 대변하기 위해 전장에 나선 여성 후보자는 극심하고 부당한 검증 절차를 겪게 된다. 자기가 속한 공동체를 더 나아지게 하고 자신이 중시하는 문제를 해결하기 위해 기꺼이 그런 가시밭길에 올라선 여성 후보에게는 당신의 도움이 필요하다. 우리의 목소리가 더 잘 반영되기를 바란다면 우리는 더 많은 여성을 공직에 앉혀야 한다. 그리고 더 많은 여성이 당선되기를 바란다면 그들의 노력에 힘을 보태야 한다. 그러니 정치적 야망을 품은 여성을 후원하고, 그들의 싸움이 승리로 끝날 수 있도록 아낌없이 지원하자.

직접 출마하기

처음으로 공직에 출마하기 위해 우리 군 청사에 발을 들일 때 나는 유치원생 첫째의 손을 잡고 둘째가 탄 유모차를 밀고 있었다. 거기서 나는 우리 지역 공원을 수리하고 지역공동체에 힘이 되고 싶다는 포부를 밝혔다. 담당 공무원에게 서류를 제출하고 미니밴을 주차해놓은 곳까지 유모차를 밀며 돌아오는 내내, 첫째아이는 눈에 띄는 사람 모두에게 "우리 엄마 찍어주세요!"라고 소리쳤다.

내가 입후보한 자리는 몇몇 공공시설을 관리하고, 공과금을 내지 못하는 주민을 긴급 지원하고, 지역 행사를 주관하는 등의 일을 하는 지역위원이었다. 인디애나 주에 있는 조그만 우리 마을 공원을 멋지게 고쳐보고 싶은 내 욕망에 딱 맞는 직책이었다.

지역위원회의 공석은 세 자리였다. 출마한 후보는 재선을 노리는 공화당 소속 현직 위원 둘, 새 공화당 후보 하나, 민주당 후보 하나, 그리고 나였다. 내가 나에게 투표하라고 설득해야 하는 사람들 중 60~65퍼센트는 2016년 대선에서 트럼프를 찍은 사람들이었다. 하지만 나는 희망을 품었다. 내 공약은 당파와는 별 상관이 없었다. 나는 공원을 수리하고, 납세자의 돈을 좋은 곳에 쓰고, 어려운 사람을 돕고 싶은 것뿐이었다. 내가 도전한 자리는 아주 작은 지역위원직이었다. 이 위원회는 부활절 달걀 찾기 같은 동네 행사를 기획할 뿐 낙태 허용 같은 민감한 문제를 결정하는 곳이 아니었다.

그래서 나는 출마하기로 했고, 왜 내가 위원을 맡을 자격이 있는지 유권자들에게 설명했다. 나는 후보들 중에서 가장 나이가 적었고, 유일한 엄마였다. 나는 아이 둘을 태운 왜건을 끌고 돌아다니며 셀 수 없이 많은 문을 두드렸다. 마당에서 나를 빨리 쫓아내고 싶어 안달인 사람들도 있었다. 그러면 나는 내 이름과 내가 출마한 공직 이름을 반복해서 말하며 묵직한 왜건을 끌고 예의 바르게 물러났다. 그런가 하면 물난리나 위험한 도로 같은 지역 문제를 누군가에게 얘기할 기회가 생겨 무척 좋아하는 사람도 있었다. 나이 지긋한 유권자에게는 부재자 투표 방법을 알려드렸다. 한번은 선을 지킬 줄 모르는 우리 아들이 한 유권자의 집에 무작정 뛰어 들어가서 편안하게 자리를 잡고 앉은 적도 있었다.

무리는 하지 않기로 미리 정했다. 자금이 빠듯했기에 집에 있던 열 전사지 커팅 기계로 선거운동 티셔츠를 만들어서 내내 입고 다녔다. 몇몇 고마운 친구들과 지역 주민들의 후원 덕택에 홍보용 입간판도 만들 수 있었다. 나는 미니밴을 타고 온 동네를 돌며 가장 잘 보일 만한 자리마다 입간판을 세웠다. 커피를 마시러 가도, 햄버거를 먹으러 가도, 적신호에 차를 세워도 내 간판이 눈에 띄도록 했다. 소셜미디어에 선거 정보와 선거운동 자료도 올렸다.

나는 확실히 경쟁자들보다 훨씬 열심히 노력했다. 내가 알기로 그 자리에 입후보한 사람 가운데 집집마다 찾아다니며 유세를 한 후보는 나뿐이었다. 간판을 세운 후보는 딱 한 명 더 있었다. 후보 두 명은 그냥 선거 당일 투표소 밖에서 선거운동을 했을 뿐이었다. 현직 위원이었던 남성 공화당 후보는 무슨 선거운동을 했는지 알 수도 없었다. 유세도, 간판도, 소셜미디어 홍보도, 공동체 봉사도 없었다. 그저 투표용지의 이름 옆에 공화당이라고 써놓은 것이 전부였다.

몇몇 사람과 얘기를 나누면서 나는 패배할 가능성도 있다는 점을 어렴풋이 인지하기는 했다. 내가 우리 민주당 가족으로 여기는 상냥한 여성 한 분은 이렇게 말했다. "자, 뭐가 어떻게 되든 포기하지 마세요! 당신이 열심히 하는 모습이 참 좋고 계속 함께 활동했으면 하거든요." 더 직설적인 친구 한 명은 이렇게 말했다. "에이, 져도 괜찮아." 나는 왜 그들이 이론상으로나마 패배를 논하는지 이해할 수 없었다. 나는 지려고 선거에 출마한 게 아니었다. 이건 소속 정당 싸움도 아니고, 난 그저 공원 그네를 좀 고치고 싶을 뿐이었다. 그래서 질 마음이 전혀 없었다.

몇 달 동안 나는 당선을 위해 할 수 있는 모든 일을 했다. 내가 어려운 싸움을 하고 있다는 사실은 알고 있었다. 선거는 기본적으로 숫자 싸움이다. 다른 선거구의 예전 선거 결과를 검토해본 나는 이기려면 정확히 몇 표를 얻어야 하는지 알아냈고, 그 표수를 확보하기 위해 최대한 많은 사람과 접촉하려고 노력했다. 한 명 한 명 대화를 나누거나 연락을 할 때마다 생각했다. '좋아, 한 표 더 확보.' 그러면서 신발 밑창이 다 닳을 때까지 브롱크스와 퀸스 거리를 걸으며 유권자를 만났다는 오카시오코르테스를 떠올렸다. 이건 국회의원 선거가 아니고 나도 오카시오코르테스가 아니었지만, 불리한 상황이라는 건 마찬가지였기에 있는 힘껏 노력했다.

자. 그래서 진보 성향의 젊은 유대인 엄마는 수십 년간 꾸준히 공화당을 지지해온 지역에서 공화당원이 차지하고 있던 위원 자리를 획득했을까? 대답은 '아니오'다. 친애하는 독자 여러분, 나는 이기지 못했다. 그것도 그냥 진 게 아니라 참패했다. 기억하실지 모르지만, 내가 출마한 위원 자리는 셋 남아 있었다. 공화당 소속 세 명이 세 자리를 다 가져갔다. 나는 큰 차이로 꼴찌였다.

선거 결과가 상당히…… 뭐랄까, 일방적이었기에 초저녁에 이미 졌다는 사실이 확실해졌다. 새로 사귄 '내 편', 다른 후보들의 선거운동도 도왔던 나는 즉시 다른 지역의 선거 개표로 관심을 돌렸다. 다른 선거구에서 나와 똑같은 자리에 출마했던 친한 친구 한 명, 군 의회 의석 하나, 판사직 하나 등 이긴 곳도 몇 군데 있었다. 하지만 대부분은 패배였다. 나는 능력 없는 남자들을 상대로 열심히 싸우는 뛰어난 여성들을 친구로 얻었지만, 그들의 패배를 지켜봐야만 했다. 주 의회로 말하자면 우리는 주 정부 공직 선거에서 모조리 패배했고, 국회의원 의석은 단 하나도 가져오지 못했다.

수많은 선거운동에 참여했으며 여러 후보가 나타났다가 사라지는 모습을 지켜봐온 그 상냥한 여성이 아직 투표가 시작되기도 전에 내게 포기하지 말라는 격려의 말을 건넨 것은 선거의 현실을 잘 알기 때문이었다. 보수색이 강한 지역에서 진보 후보는 지고 또 진다는 혹독한 현실을 마주할 수밖에 없다.

같은 해 나는 실제로 우리 당에 주어지는 자리 중 두 개, 즉 선거구장과 당원대회 대표를 맡았다. 공직 가운데 가장 기본이며 말단인 자리라고 할 수 있다. 그래도 중요한 일을 맡는, 상당히 멋진 자리다(당신이 나처럼 정치 마니아라면)!

각 선거구에는 공화당과 민주당 각각 한 명씩 선거구장이 배치된다. 선거구장은 선거일에 푸틴이 몰래 숨어 들어오거나 하는 일이 없도록 투표소를 관리 감독한다. 유권자들에게 투표를 독려하고 투표소 위치를 알리는 등의 기초 작업도 맡는다. 미셸 오바마는 회고록 『비커밍』에서 부친이 선거구장이었으며, 선거구를 순회하며 유권자를 만나러 다니는 아버지를 따라다니면서 자신이 처음으로 정치에 관심을 두게 되었다고 설명했다.

주 당원대회 대표는 해당 기수의 정당 공약 선정에 관여하고, 주 전체에서 출마하는 후보들을 직접 대하고, 여성 당원 조직 등 특정 조직 사람들을 만나고, 주 정부에 출마할 주요 후보를 투표로 정한다. 예를 들어 2010년 대표들은 투표를 통해 피트 부티지지를 주 정부 재무장관 후보로 확정했다(그도 낙선했다). 아마도 민주당 전당대회에서 천장에서 풍선이 쏟아지자 힐러리 클린턴이 깜짝 놀라는 사진이나 동영상을 본 적 있으리라. 주 당원대회도 그것과 상당히 비슷하지만, 규모가 작고 CNN에서 취재를 나오지 않는다는 점이 다르다.

각 주 정당 지부는 매 기수 정당 공약을 공개하며, 주 전체의 정당 후보는 그 공약을 토대로 선거운동을 벌인다. 당원대회 대표는 공약을 보충, 생략, 변경하는 작업에 참여하므로 대표로 일하는 것은 지지 정당 지부에 영향을 미칠 흥미로운 기회가 될 수 있다.

정당 공약에 영향을 미칠 권한은 당신의 정치적 우선순위를 관철할 절호의 기회다. 정당 공약에서 변경할 점을 제안할 기회를 잡은 나는 총기 박람회에서 구매자들이 신상 조회 없이 바로 총을 살 수 있도록 허용하는 법률상의 맹점을 해결하자는 의견을 냈고, 이 제안은 공식적으로 공약에 포함되었다.

정당 공약에는 너무 먼 얘기로 들리는 제안, 이를테면 마리화나 합법화나 유권자 자동 등록, 보편적 의료보험 같은 것이 포함되기도 한다. 이곳 인디애나에서는 일요일에 맥주를 살 수 있게 된 것도 얼마 되지 않았다. 보수적 법률과 정책이 아직 대세이며, 정치 환경은 보편적 의료보험 같은 진보적 제안에 호의적이지 않다. 공약은 정당 후보의 지침 역할을 하기도 하지만, 이 주에서 이 정당을 지지하는 이들이 어떤 사람이며 무엇을 중시하는지 보여주는 설명에 가깝다. 민주당은 성소수자의 권리를 지킬 것을 확언한 반면, 우리 주 공화당 지부는 공약에 "결혼은 한 남성과 한 여성의 결합"이라고 정의하는 대목을 집어넣었다. 미국 정부에서 동성결혼을 완전한 합법으로 인정하고 3년 뒤에 일어난 일이었다. 이렇듯 공약은 꼭 정책 제안만이 아니라 사람들에게 정당의 정체성을 보여주는 역할을 한다.

당원대회 대표와 선거구장은 둘 다 엄마로서의 내 역할과 병행하기에 딱 좋았다. 정당과 선거에 영향을 미칠 기회가 생기면서도 부담은 그리 크지 않은 자리기 때문이다. 그래서 바쁜 엄마의 전형적 스케줄에도 어렵지 않게 끼워넣을 수 있다. 게다가 재미도 있다. 실제로 나는 매우 즐거웠다. 내 주변에서 일어나는 일을 정치적으로만 바라보고 선거 결과와 정책 통과에 초점을 맞춘다면 상황은 꽤 암울해 보인다. 하지만 정당 활동과 지역 정치에 참여하면서 나는 놀라운 일을 하는 멋진 사람들을 잔뜩 만난다. 그래서 좌절감을 느끼기보다는 의욕이 샘솟는다.

이런 활동을 하며 내가 특히 매력적이고 의욕을 자극한다고 생각한 부분은 다른 사람의 이야기를 듣는 것이었다. 주 전당대회에 갔을 때, 나는 부통령 마이크 펜스의 친형인 그레그 펜스를 상대로 하원의원에 출마하는 아름답고 강인한 흑인 여성의 연설을 들을 수 있었다. 제닌 리 레이크가 초점을 맞추는 문제는 여성 인권과 성소수자 차별이었다. 그녀는 당당히 여성의 선택권을 지지하고 보편적 의료보험을 옹호했다. 인디애나 주의 소도시 먼시를 기반으로 활동하는 그녀는 데이비드 레터맨(코미디언이자 NBC와 CBS에서 활동했던 토크쇼 진행자―옮긴이)이 고향에 왔다가 그녀가 마이크 펜스의 형과 맞붙는다는 얘기를 듣고는 당장 지갑에 있는 돈을 모두 털어 후원금으로 냈다는 이야기를 들려주었다.

그녀도 낙선했다.

우리가 주로 듣는 건 알렉산드리아 오카시오코르테스와 아이아나 프레슬리 같은 여성 국회의원의 이야기지만, 그것은 그들의 성공이 그만큼 눈에 띄기 때문이다. 유감스럽게도 현실에는 아이아나 프레슬리 같은 진보의 승리 이야기보다는 제닌 리 레이크 같은 패배 이야기가 훨씬 많다. 선거에 나서려면 질 각오를 해야 한다는 것이 가혹한 현실이다. 상대 정당이 차지하고 있는 자리를 빼앗을 작정이라면 성공할 확률은 훨씬 더 낮아진다. 누군가는 지게 되어 있고, 그게 당신일 수도 있다.

그래도 한번 해보자. 뭐 어떤가? 세상에 나가서 자신이 이루고 싶은 꿈을 좇다 보면 언젠가는 어느 정도의 실패를 겪게 마련이다. 실패를 인격적 결함으로 여겨서는 안 된다. 실패는 성공으로 가는 여정의 한 단계일 뿐이다. 스스로 자랑스러울 만한 선거운동을 하라. 열심히 노력하고 신념을 지켜라. 패배한다 해도 가슴을 펴고 당당하게 다시 시작하라.

연방 정부 공직이 걸린 큰 선거뿐 아니라 작은 지방 선거에서도 우리를 대변할 여성이 더 많이 필요하다. 더 많은 여성이 공직에 앉으려면 더 많은 여성이 출마해야 하고, 우리는 이 여성 후보들을 한껏 후원해야 한다. 공직에 출마하는 데 필요한 건 사진 딸린 신분증, 주소지, 법률상의 기본 요건 충족, 일을 맡으려는 의지 정도뿐이다. 이걸 다 갖췄다면 출마하라! 출마하고 싶지 않다면 여성 후보를 위해 선거운동에 참여하라! 선거운동 참여가 내키지 않거나 불가능하다면 그 여성들이 당선되도록 당신이 할 수 있는 일을 하고 투표하라.

제닌 리 레이크는 2018년 그레그 펜스에게 패배했다. 하지만 현재 그녀는 다시 도전하는 중이다. 이게 바로 여자가 할 일이다. 원래부터 우리가 쉽게 얻을 수 있는 건 없었다. 우리 자리는 거저 주어지지 않으므로 우리는 싸워야 한다. 패배하거든 다시 일어서면 된다. 아이아나 프레슬리 의원 등 싸워서 이긴 여성들을 보며 의욕을 얻자. 동시에 제닌처럼 싸우고 또 싸우는 여성도 영감의 원천으로 삼자.

나는 당신이, 그리고 당신 같은 여성들이 출마했으면 좋겠다. 당신이 이길 수 있을지는 나도 모른다. 하지만 당신이 출마하지 않으면 이길 일도 없다는 사실, 세상에는 당신 같은 여성이 공직에 앉아 자신을 대변해주기를 원하는 수많은 여성이 있다는 사실은 안다. 그러니 당당히 나서라. 계속 도전하고 싸워라.

12장
엄마가 세상을 구한다

　이 책이 아직 걸음마 단계일 때 우리 교구 랍비님과 책에
관한 얘기를 나눈 적이 있다. 당시 나는 애들이 잠자리에 든
다음, 둘째가 어린이집에 가 있을 때, 밝히기 조금 부끄럽지만
애들이 넷플릭스에 푹 빠져 있을 때 같은 자투리 시간에 글
을 쓰고 있었다. 랍비님이 내게 어떤 책이냐고 물었을 때, 나
는 사랑으로 악을 압도할 수 있는 사람으로 우리 아이들을 키
우는 법에 관한 책이라고 대답했다.

　전에는 한 번도 이 책을 그런 식으로 설명한 적이 없었다.
내 출판 에이전트, 출판사 담당자, 택시기사, 남편 등 이 책이
어떤 책이냐고 물었던 그 누구에게도 그런 식으로 말하지는
않았다. 하지만 다른 사람은 몰라도 랍비님이라면 내 말뜻을
이해해주시리라는 확신이 있었다.

　유대교에서는 악의 끔찍함을 절대로 완전히 잊지는 말라고
가르친다. 우리 유대교 회당에는 아름다운 철제 촛대가 있다.
유대교의 가장 큰 축일인 속죄일이 되면 그 촛대를 예배실로

가져와 초를 켠다. 거의 내 키만큼 큰 이 촛대에는 가지가 여섯 개 달려 있고, 이 가지는 각각 홀로코스트에서 목숨을 잃은 유대인 백만 명을 상징한다. 그러니 합쳐서 600만 유대인.

고전 명작 〈쉰들러 리스트〉를 봤다면 아마도 이 말을 기억할 것이다. "한 생명을 구하는 이는 온 세상을 구하는 것이다." 이 구절로 유대인들은 쉰들러가 유대인의 생명을 구함으로써 인간성을 구원했음을 표현했다. 이 말은 원래 유대교율법과 신학을 집대성한 문헌인 탈무드에 나오는 구절이다.

이 말의 속뜻은 누구나 각자 자기 안에 온 세상만큼의 힘을 품고 있다는 것이다. 모든 생명은 무한한 잠재력을 지니며, 세상에 머무는 동안 인류에 엄청나게 큰 공헌을 할 수도 있다. 그리고 아이를 낳으면 그 아이가 세상에 아주 놀라운 방식으로 이바지할 수도 있다. 다음 세대도 마찬가지다. 그 한 사람의 후손이 셀 수 없을 만큼 늘어나고 그들이 모두 세상을 조금씩 나아지게 하려고 자신이 할 수 있는 일을 하는 것이 계속 반복된다. 인류를 위한 도미노처럼. 이렇게 해서 한 사람에게서 출발해 세상 전체가 창조된다. 탈무드에 나오는 이 개념대로라면 사람은 누구나 자기 안에 세상 전체를 품고 있는 셈이다. 그러므로 사람 한 명을 죽이면 실현 가능했던 세계 하나가 파괴된다. 반대로 위기에 처한 생명을 구하면 실현 가능한 세계 하나가 구원받는다.

이것이 바로 쉰들러가 구해낸 유대인들이 그에게 전하고자 했던 의미다. 그의 행동은 자기 눈앞에 있던 1,200명의 유대인을 구한 것에 국한되지 않는다. 모든 사람에게는 미래의 세계가 존재하므로 그는 세상을 구한 것이다. 아니 더 구체적으로 말하자면 세상을 1,200번 구한 것이다.

유대교에서 이 원칙은 모든 생명이 지니는 무게와 생명 하나하나의 소중함을 설명할 때뿐 아니라, 방관자에게 앞으로 나서서 위기에 처한 생명을 보호해야 할 도덕적 의무가 있음을 가르칠 때도 널리 쓰였다. 또한 평화와 평화주의를 지지해야 할 근거로도 활용되었다.

현대를 살아가는 유대인들이 모인 앞에 홀로코스트에서 목숨을 잃은 600만 명의 유대인을 상징하는 촛대를 내오는 의식에 커다란 의미를 부여하는 것도 바로 이러한 믿음이다. 수많은 세계가 파괴되었다. 수많은 세계가 구원받았다. 우리 유대인은 양쪽의 증거를 늘 똑똑히 바라보고 기억한다.

그래서 랍비님에게 악의 존재에 대해 이야기하는 것이 전혀 거북하지 않았다. 랍비님은 눈 하나 깜짝하지 않았다. "어휴, 파라, 오늘 왜 이렇게 부정적이에요?"라고 말하지도 않았다. 우리에게 악은 예전에도 지금도 늘 존재하는 현실이기 때문이다. 우리는 예전에 세상을 파괴했던 악을 기억한다. 지금도 우리는 세상을 파괴하는 악과 대치하고 있다. 2018년 혐오에 눈이 먼 한 남자가 AR-15 돌격소총을 들고 피츠버그의 유대교 회당에 쳐들어갔던 사건은 지금까지 미국 내 유대인 공동체에서 가장 사상자가 많이 나온 비극으로 남았다. 그렇기에 우리는 세상을 구하기 위해 할 수 있는 일을 해야 한다는 도덕적 의무를 이해한다.

홀로코스트 희생자의 기억을 간직한 이들은 다른 사람들에게 대학살 자체를 알리거나 단순히 희생자를 기리는 것에서 멈추지 않는다. 그들은 그런 일이 다시 일어나는 것을 막기 위해 그 시점 전에 무슨 일이 일어났는지를 사람들에게 알리려고 노력한다. 미국 홀로코스트 추모 박물관 관장인 사라 블룸필드는 《워싱턴 포스트》와의 인터뷰에서 이렇게 말했다. "나치는 1933년 1월에 하늘에서 뚝 떨어진 게 아닙니다." 박물관에서 배울 수 있는 섬뜩한 역사적 교훈이 이 말에 담겨 있다. "홀로코스트는 살해로 시작된 게 아니었어요. 그건 말에서 시작되었죠."

그런 말의 잔재가 다시금 들려오는 현재의 분위기는 몹시 뒤숭숭하다. 네오나치인 리처드 스펜서가 이 나라는 백인 소유이며 그들이 "먹느냐 먹히느냐"의 갈림길에 서 있다고 주장하면서 성난 사람들을 결집시키는 모습을 보면, 홀로코스트가 일어나기 전에 퍼졌으며 아돌프 히틀러의 사상에도 영향을 미친, '생존을 건 인종 간의 투쟁이 벌어진다'던 낭설이 떠오른다. 백악관에 앉은 성범죄자는 툭하면 파시즘적 헛소리를 해대며 외국인 혐오에 기반을 둔 잔인한 정책들을 통과시킨다. 사람들은 타인의 고통에 너무 무감각해진 나머지, 그런 정책이 아니라 실제로 생명을 구할 수 있는 정책이 입안되도록 변화를 끌어내려 노력하지 않는다. 그저 기도하는 손 모양 이모티콘에 애도의 마음을 담아 보내는 것으로 끝낸다.

상황은 확실히 좋지 않다.

때문에 내가 랍비님에게 이 책에 관해 말하며 아이를 잘 키워서 악을 물리칠 수 있도록 엄마들에게 힘을 주고 싶다고 설명하자, 그녀는 내 생각이 참으로 합당하다는 듯 고개를 끄덕였다. 나는 악을 사랑으로 변화시키고 더 희망찬 미래를 창조한다는 추상적 개념을 랍비님에게 어떻게든 말로 설명하려고 애를 썼다. 하지만 이야기를 하면 할수록 코미디에 나오는 술 주정뱅이처럼 자꾸 말이 꼬여서 횡설수설하고 말았다.

그런데도 랍비님은 이렇게 반응했다. "아하! 악을 회유한다는 말이군요."

그녀는 악을 회유한다는 개념을 다룬, 창세기에 나오는 '야곱의 사다리' 이야기를 몇몇 랍비가 각각 다르게 해석한 책을 추천해주었다. 자, 친애하는 독자 여러분, 당신이 유대인이나 기독교인이 아니라 해도 상관없다. 이런 가르침은 유대 신비주의, 즉 카발라에 뿌리를 두고 있으며, 카발라는 2000년대

초에 유명인들 사이에서 크게 유행했다. 유대인, 기독교인, 또는 마돈나가 아니어도 이 개념을 이해하거나 여기서 교훈을 얻는 데 아무 문제가 없다.

먼 옛날 한 여성 랍비는 유대교의 경건주의 종교 개혁인 하시디즘을 통해 "악에서 사랑의 뿌리를 찾아내어 악을 회유하고 사랑으로 바꾸라"는 원칙을 배웠다고 말했다. 수백 년 뒤 유대교 학자들은 이 말과 거기 숨은 맥락을 토대로 이론을 만들어냈고, '사악한 타자'라는 개념에 도달했다.

타자란 셰익스피어의 작품과 윤리학 연구에서 나온 용어다. 타자는 단순히 어떤 식으로든 당신 자신 또는 현재의 상태와 다른 누군가를 가리킨다. '타자화'란 누군가를 사회의 주변부에 있는 사람이라고 정의하고 꼬리표를 붙이는 것을 뜻한다. 타자화는 역사적으로 인종차별과 집단 학살에 활용되었다. 예를 들어 특정 집단에 '불법 이민자'라는 딱지를 붙이는 것은 구조적 타자화에 해당한다. 따라서 이는 아주 오래전부터 일어났으며 현재에도 존재하는 현상이다.

이 오래된 맥락 안에서 '사악한 타자'란 우리가 자신과 다르다는 이유로 혐오의 시선으로 바라보는 누군가를 가리킨다. 하지만 문헌과 이론을 연구하는 이들은 사악한 타자가 우리 자신의 반영일 수도 있다고 말한다. '다름'은 환상일 뿐이라는 뜻이다. 악을 저지를 가능성을 없애려면 우리는 이른바 사악한 타자에게서 우리가 싫어하는 점을 사랑으로 바라보아야 한다. 이런 사상을 받아들이면 우리는 실제로는 타자가 아니었던 존재를 받아들임으로써 악을 타파할 수 있다.

　지나치게 무거운 얘기란 건 안다. 그래도 조금만 더 들어주기 바란다.

　유대교에서는 적이나 사악함 같은 개념이 자주 등장한다. 유대인의 역사에는 우리를 죽이려고 하는 이들이 끊임없이 등장했기 때문이다. 거의 모든 유대인 축일은 '그들은 우리를 죽이려 했지만 실패했어요. 음식을 먹으며 축하합시다'라는 공식을 따른다. 세상에는 악이 존재한다. 우리는 악을 물리치고 싶지만, 그 안에 남아 있는 선함은 희생하고 싶지 않다. 이건 사실 매우 어려운 일이다. 악을 목격하게 되었을 때란 언제인지, 그럴 때 당신이 어떻게 반응하는지 한번 생각해보자. 2017년 백인 우월주의자 집회가 열리는 광경을 보았을 때는 어떨까? 하켄크로이츠(나치를 상징하는 갈고리 십자가 문양—옮긴이) 완장을 찬 네오나치들은 "너희는 우리를 대신할 수 없어!"(유색인에게 백인의 자리를 빼앗긴다는 생각에서 나온 구호—옮긴이)라고 외치며 버지니아 주 샬러츠빌 거리를 행진했다. 편견과 혐오에 맞서기 위해 이 집회를 반대하러 나섰던 헤더 헤이어는 살해당했다. 이 사건 이후 논평을 요청받은 도널드 트럼프는 어느 쪽이 악당인지 제대로 지목조차 하지 못했다(힌트: 그건 나치다. 나치는 항상 악당이다. 이 문제로 전쟁까지 일어났다. 그것도 제일 큰 전쟁 두 개 중 하나).

악을 목격한다는 것은 이런 거다. 한 손에 대나무 횃불을 들고 다른 한 손으로 나치식 경례를 하는 청년들이 나오는 뉴스를 보면서 나는 악의 존재를 느꼈다. 그러자 내 안에서 내가 좋아하지 않는 수많은 감정, 슬픔, 절망, 두려움, 분노, 억울함 등이 한꺼번에 쏟아져나왔다.

'악 회유하기'의 토대가 되는 생각은 순수한 마음과 강한 정신력이 있는 사람이라면 악을 행하는 이의 뿌리에 아직 남은 선한 부분에 도달해 그들을 빛 쪽으로 끌어올리고 선한 방향으로 돌릴 수 있다는 것이다. 이러한 사상에는 악을 교정해서 선하게 바꿀 수 있다는 생각이 깔려 있다.

하지만 이건 너무 무리한 임무다. 어떻게 악의 뿌리에 도달한단 말인가? 나치 군단의 행렬을 이끄는 리처드 스펜서에게 무작정 다가가서 "자, 리처드, 문제의 뿌리를 파헤쳐보도록 하죠. 당신의 어린 시절은 어땠나요? 괴롭힘을 당했나요? 뭔가 어긋나기 시작한 건 언제죠?"라고 물어야 하나? 증오를 내뿜는 사람을 사랑을 발산하는 사람으로 바꾸어놓을 의지가 있다고 해도 그건 악을 행하는 사람 안에 아직 선함이 남아 있을 때만 통하는 얘기다.

정신분석을 통해 악을 행하는 이들의 뿌리를 파헤쳐서 선

하게 바꾸어놓겠다고 편견에 찌든 사람, 성차별주의자, 타인
종 혐오자 등 당신이 싫어하는 특성을 보이는 이들을 일부러
찾아가는 것은 좋은 생각이 아니다. 그건 위험을 자초하는 행
동이다. 타인을 바꾸어놓는 것은 가능할지는 몰라도 개연성
있는 계획은 아니다. 당신이 통제할 수 없는 변수가 너무 많
기 때문이다.

하지만 여성혐오와 편견, 차별에 맞서 보다 올바르고 따뜻
한 세상으로 향한다는 같은 목적을 이루기 위해 당신 능력으
로 충분히 통제할 수 있는 요소들도 있다. 실제로는 결코 타자
가 아니었던 악을 끌어안기 위해 우리는 자신이 미워하는 악
에 스스로 어떤 식으로 기여하고 있는지 살펴봐야 한다. 다시
말해 반인종차별과 페미니즘을 실천해야 한다는 말이다. 이
건 우리가 얼마든지 통제할 수 있는 방법이다. 성차별과 편견
을 타파하기 위해 우리는 먼저 자기 자신을 들여다보고 우리
자신이 끊임없이 발전해야 하는 존재임을 받아들여야 한다.

사회운동에 참여할 때 우리는 깊은 연민을 느낄 줄 알아
야 한다. 타인이 받아 마땅한 공감과 연민을 숨 쉬듯 자연스
럽게 내보여야 한다. 그러면 그 사랑은 우리 배우자에게, 공동
체에, 같은 엄마들에게, 우리 아이에게, 그리고 우리 자신에게
로 확장될 것이다.

우리는 세상의 악과 부당함에 맞서면서 악 또한 우리의 일

부가 될 때까지 결코 발걸음을 늦추지 말아야 한다. 끊임없이 희망을 품고 더 나은 미래를 위한 싸움에 계속 초점을 맞춰야 한다. 우리와 우리 아이들은 그런 미래를 누릴 자격이 있다.

엄마로서 우리는 막중한 책임이 있다. 〈쉰들러 리스트〉에서 언급된 탈무드의 한 구절처럼 생명 하나는 세상 하나에 해당한다. 우리는 새 생명을 만들어냈고, 우리 아이들은 각자 세상 하나만큼의 잠재력을 품고 있다. 우리가 아이를 키우는 방식, 우리가 아이에게 가르치는 것은 아이의 세상에 고스란히 반영된다.

사람들은 시간 여행에 관한 수사적 질문을 던지고 과거로 돌아가서 의미 없어 보이는 사소한 행동을 함으로써 현재에 엄청난 영향을 미치는 상상을 하며 재미있어한다. 하지만 지금 어떤 행동을 해야 미래에 커다란 영향을 미칠까 하는 질문은 거의 하지 않는다.

사실 자신이 1930년 나치를 막기 위해 어떤 행동을 했을지, 1960년 인권운동을 어떤 식으로 도왔을지 궁금해 할 필요는 전혀 없다. 당신이 그때 했을 법한 행동은 지금 하고 있는 행동과 다르지 않다. 역사는 지금도 일어나고 있다. 우리 손주들은 지금 이 역사적인 시기에 당신이 무엇을 했는지 물을 것이다. 지금 뭘 해야 당당하게 대답할 수 있을까?

부당함에 둘러싸여 있다는 느낌이 들 때는 압박감이 너무 커서 자신에게는 거기 맞설 만한 힘이 없다는 생각이 들기 쉽다. 하지만 당신에게는 이미 힘이 있다. 사랑으로 아이를 키우는 매 순간 당신은 인류의 미래를 보고 있는 셈이다.

마틴 루서 킹은 이런 말을 했다. "도덕적 섭리는 아주 긴 호를 그리지만, 결국 정의를 향해 구부러진다." 킹 목사는 생전에 자신이 추구하던 정의를 보지 못하고 세상을 떠났지만, 사회운동을 통한 그의 노력은 결국 열매를 맺었다. 진보는 느릴 수도 있고, 우리는 여전히 부당함이 넘쳐나는 세상에 산다. 하지만 전반적으로 과거의 사회운동 덕분에 우리는 더 올바른 세상으로 몇 발짝 성큼 내딛는 진전을 경험했다.

도덕적 섭리가 그리는 호는 저절로 구부러지지 않는다. 우리가 미래의 정의를 위해 부단히 노력해야 하는 이유다. 편견과 성차별, 혐오에 맞설 줄 아는 아이를 키우는 것이야말로 호를 구부리는 데 필요한 힘이다. 우리 아이들에게 사랑을 가르치면 아이들은 악을 넘어서는 법을 배울 것이다. 인류의 미래는 아이들에게 달려 있기에 엄마의 육아는 무엇보다도 강력한 사회운동이 된다. 세상을 구하고 싶다면 미래를 키워내는 것부터 시작해보자.

감사의 말

책을 쓴다는 내 평생의 꿈을 이루겠다고 배짱을 부렸던 과거의 나 자신에게 감사하고 싶은 마음입니다. 하지만 당연하게도 이 꿈은 혼자 이뤄낸 게 아니었고, 운 좋게도 나는 지혜와 애정 어린 지원으로 나를 떠받쳐준 최고의 아군들과 함께할 수 있었습니다.

내 남편 패트릭, 결혼 뒤에 엄청나게 달라진 여자를 계속 사랑해줘서 고마워. 당신은 내가 가능하리라고 생각했던 것보다 훨씬 멀리까지 나아가도록 내 등을 밀어주었지. 내 삶과 꿈을 함께하고 싶은 사람은 당신 말고는 아무도 없어. 사랑해.

우리 자랑스러운 아이들 대니얼과 페넬로페, 너희들을 내 품에 안기 전까지 엄마는 한 사람의 마음이 얼마나 큰 사랑을 담을 수 있는지 몰랐단다. 마감이 다가올 때면 엄마가 계속 놀아줄 수는 없다는 걸 어른스럽게 이해해줘서 고마워. 너희의 영혼과 마음이 얼마나 다정한지 늘 깜짝깜짝 놀란단다. 너희가 매일 보여주는 상냥함을 닮은 세상을 위해 엄마는 끝까지 싸울 거야. 영원히 사랑해.

사랑하는 부모님, 10대 시절 제가 머리를 분홍색으로 물들였을 때도, 어른이 되고 나서 온갖 소동을 벌였을 때도 항상 조건 없는 사랑과 지지로 저를 맞아주셨죠. 지금 제가 이런 여자로 자라도록 제게 교훈을 주시고 가치관을 심어주신 걸 늘 감사드려요. 제가 두 분 모두를 무척 사랑하고 존경한답니다.

소중한 가족과 친구 여러분, 항상 제 곁을 지켜주셔서 고맙습니다. 이 책의 시작 단계에서부터 저를 믿어주고 계속 나아가라고 격려해주셨던 분들을 결코 잊지 못할 거예요. 셀 수 없을 만큼 여러 번 아이들을 봐주신 우리 엄마와 시어머니, 작은 승리를 축하해준 내 친한 친구들, 여기까지 온 것은 여러분 모두의 덕분이기에 아무리 감사를 표해도 모자라네요.

열정적인 내 에이전트 앨리스 스필버그, 당신은 이 책이 이런 모습으로 태어나게 해준 일등 공신이에요. 당신의 반짝이는 조언이 최종 결과물에 큰 영향을 미쳤죠. 당신의 전문성, 유머, 상냥함, 인내심이 없었다면 나는 처음으로 책을 내는 과정을 끝까지 소화할 생각조차 하지 못했을 거예요. 처음부터 이 프로젝트를 믿어주고 열정적으로 출판까지 나를 이끌어줘서 고마워요.

내 계약 담당자 브렌다 나이트, 편집자 야디라 페랄타와 로

빈 밀러, 그리고 망고 출판사 여러분, 여러분의 통찰과 창의성, 조언에 마음으로부터 감사를 표합니다. 처음부터 여러분이 보여주신 열의 덕분에 나는 망고와 함께하게 되어 다행이라고 생각했고, 지금도 여전히 기회를 주신 데 대해 진심으로 감사하고 있습니다.

마지막으로 모든 독자 여러분, 우리가 더 잘할 수 있다는 생각에 진지하게 귀 기울이고 마음을 쏟아준 것에 감사드립니다. 여러분의 재능, 공감력, 옳은 일을 하겠다는 지칠 줄 모르는 의지로 아이들에게 더 공정한 세상을 물려주게 될 것을 믿어 의심치 않습니다.

페미니즘하는 엄마

**불평등을 강요하는 세상에서
우리 아이를 행복한 인간으로 기르는 법**

1판 1쇄 발행 2022년 7월 25일

지은이 파라 알렉산더

옮긴이 최다인

펴낸이 김찬

펴낸곳 도서출판 아고라

출판등록 제2005-8호(2005년 2월 22일)

주소 경기도 고양시 일산동구 정발산로 15 415호

전화 031-948-0510

팩스 031-8007-0771

ISBN 978-89-92055-78-9 03330

* 책값은 뒤표지에 있습니다.

* 원고투고: bookeditor@daum.net